인간 같은 동물,
동물 같은 인간

인간 같은 동물,
동물 같은 인간

동물과 인간에 대한 편견을 넘어서

이정전 지음

여문책

chapter 3 동물도 고상한 감정을 가지고 있다

chapter 4 동물 사회도 인간 사회와 크게 다르지 않다

chapter 5 인간 사회의 우스꽝스러운 단면들

사람들은 편 가르기를 좋아한다. 나와
남, 우리 집단과 다른 집단, 우리 민족과 다른 민족, 우리나라
와 외국 등. 단순히 편 가르기로 끝나지 않는다. 대부분의 경
우, 편 가르기에는 감정이 끼어든다. 좋은 사람과 나쁜 사람,
좋아하는 집단과 싫어하는 집단, 호감 가는 민족과 혐오감을
주는 민족 등. 그런데 이런 감정의 밑바탕에는 편견과 오해가
깔려 있기 쉽다. 예컨대 무슬림에 관해 잘 알지도 못하면서 무
슬림을 별로 좋아하지 않는 사람들이 많다. 특히 미국에서 그
렇다고 한다.

사람들이 서로 편 가르기를 좋아한다고 하지만, 가장 큰
그림의 편 가르기 대상은 단연 인간과 동물이다. 많은 사람이
동물을 비하하고 때로는 경멸한다. 싫어하는 사람에게 우리는
통상 "짐승 같은 놈!"이라든가 "짐승보다 못한 놈!"이라고
욕한다. 동물에 대한 지나친 비하나 경멸은 동물학대를 낳는

다. 문제는 동물에 대한 이런 차별이 인간에 대한 차별로 이어진다는 것이다. 동물학자들은 동물에게 잔인한 사람이 인간에게도 잔인하기 쉽다고 입을 모은다. 그리고 동물이 의외로 영리한 까닭에 그렇게 비하하고 경멸할 대상이 아니라고 하면서 동물의 영리함을 구체적으로 들려준다.

　　이 책의 목적은 크게 두 가지 사실을 강조함으로써 동물과 인간에 대한 편견을 줄이려는 것이다. 첫째는 동물이 인간과 크게 다르지 않다는 점이고, 둘째는 인간이 동물과 별반 다르지 않다는 점이다. '인간 같은 동물'의 측면이 있고, '동물 같은 인간'의 측면도 있다. 우리가 동물에 관해 잘 모르던 과거에는 동물 차별이 어느 정도 용인될 수 있었을지 모른다. 동물이 아주 열등한 존재로 인식되었기 때문이다. 그러나 자연을 관찰하고 동물을 살펴보는 각종 기기가 발달함에 따라 동물 연구가 더욱 활발해지면서 동물에 관해 우리가 모르던 새로운 사실들이 많이 쏟아져 나왔다. 동물도 부모에게 효도하며, 전체를 위해 자기희생을 하고, 동료와 협동도 하고, 연애하고 질투하고 사랑도 한다. 우애·효도·절제·협동 등 우리 인간 사회에 있는 좋은 것들이 동물 사회에도 있다. 그런가 하면 폭력·전쟁·사기·강도·미신 등 인간 사회에 있는 나쁜 것들이 동물 사회에도 존재한다. 동물 사회의 사기 수법은 인간의 뺨을 친다. 많은 동물이 각종 미신을 믿고 이상한 행동을 한다. 동물에 관해 쏟아져 나온 이런 새로운 사실들을 놓고 보면, 동물이 인간과 뭐가 그렇게 다른지를 새삼 깊이 생각해보게 된다.

근래 동물에 관한 연구가 활발해짐과 동시에 인간에 관한 연구도 활발해지고 있다. 특히 자연과학자가 인간에 관한 연구에 본격적으로 참여하면서 인간에 관해서도 새로운 사실들이 많이 밝혀지고 있다. 그런 가운데 의외로 우리 인간이 그리 똑똑하지 못하며, 착각도 많이 하고, 우스꽝스러운 행동 역시 많이 한다는 점도 밝혀졌다. "어리석은 자여, 그대 이름은 인간이니라"라는 말을 새삼 떠올리게 한다.

흔히 인간은 생각하면서 행동하는 존재라고 말하지만, 일상생활에서 욕망에 휘둘려 감정적으로 행동하는 때가 훨씬 더 많다. 그런가 하면 아무런 생각이나 감정도 없이 기계적으로 행동하는 때도 의외로 무척 많다. 변호사·의사·교수·고위 관료 등 고급 두뇌활동을 한다고 여겨지는 사람들도 매사 깊이 생각하면서 업무를 처리하지는 않는다. 그럴 수도 없다. 인간의 두뇌능력에 한계가 있기 때문이다. 오랜 경험을 통해 요령이 생기면 직감에 따라 기계적으로 처리하는 부분이 많아지게 되며, 그렇게 해도 별 탈이 없다. 그래서 노련한 고참들이 큰소리치게 된다. 그러나 직감에 따라 기계적으로 행동하는 것은 동물의 특징이기도 하다. 이런 점에서도 인간이 동물과 별 차이가 없어 보인다.

물론 감정적 행동이나 착각, 어리석음 등 인간의 결함이나 약점은 예로부터 잘 알려져 왔고 소설이나 다양한 문학작품의 단골 소재였다. 그렇기는 하지만 근래에 와서 달라진 것은 그런 것들을 과학적으로 그리고 체계적으로 설명하게 되었다

는 점이다. 욕망에 휘둘려 감정적으로 행동한다고 해서 그것
이 종잡을 수 없이 막 나간다는 의미는 아니다. 많은 경우 예측
가능하다. 그래서 그런 행동을 과학적이고 체계적으로 설명할
수 있다. 이른바 행동경제학은 그런 시도의 좋은 예다.

어떻든 인간과 동물에 관한 연구들이 활발해지고 많아짐
에 따라 새로운 사실들이 드러나면서 이제 우리는 태곳적부터
내려온 "인간은 무엇인가?"라는 질문과 "동물은 무엇인가?"
라는 질문에 좀 더 잘 대답할 수 있게 되었다. 이 책은 그런 대
답을 담아보려는 의도에서 시작되었다.

지난 수십만 년 동안 인간과 동물 사이의 관계는 복잡하
게 발전해왔다. 이 관계에는 크게 두 가지 측면이 있다. 한편으
로는 동물이 이용의 대상이었고, 이 결과 동물의 가축화가 활
발하게 이루어졌다는 점이다. 다른 한편으로는 동물이 공격의
대상이 되었고, 이 결과 수많은 동물이 인간 때문에 멸종되었
다는 점이다. 그러자 근래 동물의 멸종에 대한 경각심과 동물
보호에 대한 인식이 크게 높아졌다. 동물보호단체도 많이 생
겨났고, 동물을 보호하기 위한 제도와 법률도 제정되었다. 하
지만 동물보호단체들은 여전히 동물보호가 제대로 이루어지
지 못하고 있다고 목소리를 높인다. 결국 동물보호가 왜 필요
한지에 대한 인식이 높아져야 한다는 것이다. 인간과 동물의
공존은 결국 인간을 위한 것이다. 이 책은 바로 이 점을 자세히
살펴보고 강조하려는 뜻도 담고 있다.

근래 동물애호가나 동물보호론자가 동물권을 주장하기

도 한다. 그 이유는 그것이 인간과 동물의 건전한 공존에 큰 도움이 될 뿐만 아니라, 나아가 인간과 인간 사이의 건전한 공존에도 도움이 된다고 보기 때문이다. 반려동물보호가 아이들의 교육에 좋다는 주장도 있다. 인간에 비하면 매우 짧은 반려동물의 삶이 생로병사를 다 보여주기 때문에 삶에 관해 깊이 생각해볼 기회를 주기 때문이라고 한다. 반려동물이 인간을 오래 살게 만든다는 주장도 있다. 반려동물이 인간에게 즐거움과 위안을 주기 때문일 것이다. 홀로 사는 사람들이 많아지는 세상에서 반려동물은 그런 사람들에게 큰 위안이 되기도 한다.

chapter

1

인간과 동물에 관한
새로운 사실들

진화라는 거대한 사건은 어떤 목표나 목적이 없으며,
생명의 드라마에서 '우연'이 매우 중요한 역할을 한다.

짐승 같은 놈?

그러면 당신은 짐승을 잘 알고 있습니까?

"인간이란 무엇인가?" 이 질문은 태곳적부터 제기되어 온 케케묵은 질문이요, 이에 대한 철학자들의 얘기를 우리는 신물 나게 들어왔다. 그런데도 근래에 와서 인문사회과학자들이 새삼스레 이 질문을 제기하고 있을 뿐만 아니라, 심지어 자연과학자들도 이런 질문을 던진다.

"동물이란 무엇인가?" 이것도 태곳적부터 제기되어온 케케묵은 질문이다. 서양에서는 그리스 시대에 아리스토텔레스가 스스로 이 질문을 제기하면서 '동물학'이라는 학문을 열었다는데, 근래 생물학자들이 다시 이 질문에 천착하면서 연구에 열을 올리고 있다. 미국의 한 학자가 생물학자들의 연구 주제들에 대한 통계를 내보았더니 성말 공교롭게도 성별로 차이가 있었다. 동물이나 식물의 경쟁관계에 관한 연구의 거의 대부분은 남성 생물학자들이 수행하고 있었고, 서로 돕는 공생에 관한 연구의 거의 대부분은 여성 생물학자들이 수행하고

있었다.[1]

근래 동물에 관한 연구가 크게 발전하고 동물에 대한 새로운 사실들이 많이 발굴되면서 우리 인류가 매우 오랫동안 동물에 관해 잘못된 생각을 많이 가지고 있었음이 드러났다. 그런 오해 중의 하나는 아마도 인간이 동물과는 차원이 다른 특별한 존재라는 생각일 것이다. 하지만 동물을 깊이 살펴볼수록 인간과 동물의 차이는 점점 엷어진다. 사실 우리는 인간 자신도 동물이라는 것을 잘 알고 있다. 그런데도 "짐승 같은 놈!" 혹은 "짐승보다도 못한 놈!"이라고 말하면, 그건 대단한 욕이 된다. 이런 욕을 하는 사람들을 만나면, 동물학자는 아마도 "그럼 당신은 짐승이 무엇인지 잘 알고 있습니까?"라고 되묻고 싶을 것이다.

인간은 모든 영장류 중에서 가장 큰 두뇌를 가졌다고 스스로 자랑한다. 하지만 두뇌만이 아니라 성기도 가장 크다는 사실은 감추려 애쓴다고 꼬집는 학자도 있다. 동물과 구별되는 인간의 가장 큰 특징으로 흔히 인간은 생각하는 존재라는 점을 꼽는다. 고상하게 말하면 인간은 '이성'을 가진 존재라는 것이다. 칸트를 비롯한 수많은 철학자가 오직 인간만이 이성을 가진 존재라고 주장해왔다.

이런 주장들은 마치 인간만이 머리를 쓰고 생각하는 존재인 것처럼 들린다. 과연 그럴까? 동물도 각종 도구를 이용하며, 음식을 나누어 먹고, 약자를 보살피고, 부모에게 효도하며, 줄을 서서 자기 차례를 기다리기도 한다. 심지어 각종 사기도

치고 강도질도 하는데, 머리가 여간 좋지 않으면 그런 짓을 할수 없다. 잘 훈련된 침팬지는 놀라운 암기력을 보이는데, 한 침팬지는 암기력 경쟁에서 카드 한 벌을 통째로 외우는 인간 암기왕의 체면을 여지없이 뭉개버렸다고 한다. 근래 동물학자들이 발표하는 동물들의 다양한 행동 사례를 보면, 오직 인간만이 머리를 쓰는 존재라는 주장에 고개를 갸우뚱하게 된다.

　일부 인간 중심주의 사고방식을 가진 학자들은 단순히 인간과 동물을 구분하는 데 그치지 않고, 한걸음 더 나아가 오직 우리 인간만이 할 수 있고, 동물은 할 수 없는 온갖 일들을 열거함으로써 인간의 우월성을 구체적으로 부각하고 싶은 충동을 참지 못했다. 어떤 학자들은 인간의 성행위도 동물의 성행위와 아주 다르다고 주장하기도 했다. 예를 들면 인간은 마주 보고 성행위를 많이 하는데, 이것을 '선교사 체위missionary position'라나 뭐라나 하면서, 하느님이 우리 인간에게 성행위를 하면서도 서로 대화를 할 수 있게끔 특별히 허락해주신 성스러운 체위라고 떠들어댔다. '정상 체위'라고도 하는 이 성스러운 체위가 동물계에는 전혀 없고 있을 수도 없는 것으로 오랫동안 알려져 왔다. 그런데 최근에 그 체위가 침팬지의 일종인 보노보(피그미 침팬지)에서 본격적으로 발견되었다. 야생 보노보의 경우에는 약 3분의 1 정도가 서로 마주 보고 교미하며, 인간이 사육하는 보노보의 경우에도 반 이상이 마주 보고 교미한다는 자료도 나와 있다. 하느님은 인간뿐 아니라 보노보에게도 성스러운 체위를 허락하신 셈이다.

우리 주위에서 흔히 보는 개나 돼지처럼 다른 동물들도 아무 곳에서나 마구 교미한다고 생각하기 쉽다. 하지만 야생 상태의 동물들은 그렇지 않다고 한다. 지상에서 가장 빠른 동물인 치타를 예로 들어보자. 인류가 옛날부터 수천 년 동안이나 치타를 몹시 가축화하고 싶어 했지만 그 노력이 번번이 틀어진 것도 바로 교미시키기 어렵다는 문제 때문이었다고 한다. 인도 무굴제국의 어느 황제는 치타를 1,000마리나 길렀다. 그러나 돈 많은 여러 군주가 큰 투자를 했는데도 그들의 치타는 모두 야생 상태에서 사로잡은 것들이었다. 사육 상태에서 치타를 번식시키려는 군주들의 노력은 번번이 수포로 돌아갔다. 왜 그럴까? 야생 상태에서는 치타 수컷들이 암컷 한 마리를 며칠 동안이나 쫓아다니면서 열심히 구애활동을 해야만 눈에 띄지 않는 곳에서 은밀히 교미할 수 있게 된다. 동물이라고 해서 아무 곳에서나 암컷을 마구 덮치지 못한다는 것이다. 그런데 우리에 갇힌 치타들은 대개 그처럼 복잡한 구애활동 자체를 하려고 들지 않는다. 그러다 보니 가축으로 만들 수가 없었다는 것이다. 남미 안데스의 야생 낙타도 그렇다고 한다.

키싱구라미라는 물고기가 있는데 키스하는 장면을 자주 연출한다. 물고기가 키스한다고 하면, 어떤 사람은 "물고기가 무슨 키스를 해? 그냥 입을 맞추는 거지"라고 말하면서 핀잔을 준다. 침팬지나 원숭이들도 키스를 자주 한다고 말하면, "동물이 무슨 키스를 해? 그냥 입을 맞추는 거지"라며 퉁을 놓기 일쑤다. 이렇게 핀잔을 주는 사람들은 분명 입맞춤과 키

스는 전혀 다른 것이며 오직 인간만이 키스한다고 생각하는 것
같다. 정말 그럴까?

예를 들어보자. 침팬지보다 약간 체구가 작은 보노보는
무척 온순하고 사교적인 동물이다. 그런 보노보를 사육하고
있는 동물원에 새내기 사육사가 들어왔다. 그는 보노보와 친
해지려고 자주 보노보에게 가까이 접근했다. 보노보도 그 사
육사를 친근하게 맞아주었다. 점점 더 친해지다 보니 어떤 보
노보는 입맞춤 시늉까지 하게 되었다. 하루는 이 사육사가 전
보다 더 보노보에게 가까이 다가갔더니 한 녀석이 이 사육사에
게 입을 비쭉 내밀었다. 사육사도 무심코 입을 쭉 내밀고 입맞
춤 시늉을 했다. 그러다가 소스라치게 놀랐다. 보노보의 혀가
사육사의 입속으로 쑥 들어왔기 때문이다. 이 사육사는 동물
도 키스한다는 사실을 확실하게 깨달았을 것이다.

침팬지·보노보·오랑우탄과 인간은 서로 사촌지간이라
고 한다. 침팬지는 서로 싸우기를 잘하는데 싸우다가 상대를
죽이는 일도 종종 발생한다. 하지만 보노보가 서로 싸우다가
상대를 죽이는 사례는 아직 한 건도 보고된 적이 없다고 한다.
이런 점에서 인간은 그 사촌 중에서 침팬지에 훨씬 더 가까운
것 같다. 우리 인류는 보노보를 본받아야 할 것이다.

지난 수십 년간 과학과 기술이 발달하면서 특히 야생 동
물에 관한 탐사와 연구가 광범위하고 깊이 있게 이루어지고 있
다. 그러면서 동물에 대한 새로운 사실들이 놀라울 만큼 많이
쏟아져 나왔다. 예를 들면 개미는 농사도 짓고 가축도 기른다.

어른 공경·효심·남 돕기·협동·정의감 등 인간 사회에서 나타나는 거의 모든 좋은 것이 동물 사회에도 그대로 나타난다. 이뿐만이 아니다. 폭력·전쟁·노예·강도질·도둑질·사기 등 우리 인간 사회에서 흔히 볼 수 있는 온갖 사악한 현상이 동물 사회에도 역시 고스란히 나타난다. 그런가 하면 동물 사회에 있는 거의 모든 나쁜 것이 인간 사회에도 분명히 있다. 이렇게 보면 인간과 동물의 구분이 애매해진다.

　동물 사회에 대한 방대한 자료가 축적되면서 자연히 "인간이 동물과 뭐가 그렇게 다른가?"를 묻게 되고, 한걸음 더 나아가 "인간이란 무엇인가?"를 묻게 된다.

"인간아, 딴 짓 그만하고 새끼나 많이 낳아라!"

　하느님이 자신의 형상에 따라 인간을 창조했다는 말도 있듯이, 과학혁명 이전 실로 수천 년 동안 서양에서는 인간이 하느님의 선택을 받은 특별한 존재라고 생각해왔다. 고대 그리스인은 바로 자신들이 사는 곳이 우주의 중심이라고 믿었다. 우주가 지구를 중심으로 돌고 있고 그 지구 위에 군림하는 인간은 우주의 중심에 있는 존재요, 최고로 존엄한 존재라고 믿어 의심치 않았다. 지구가 둥글다는 사실은 그리스 학자들도 알고 있었다. 기원전 241년경 그리스의 천문학자 에라스토테네스는 막대기만 가지고 최초로 지구의 둘레를 계산했는데,

오늘날의 추정치와 큰 차이가 없다고 한다. 그리스인들은 이 세상이 인간이 살기에 적합하도록 만들어진 것처럼 생각했다. 인간이 살아가기에 알맞은 온도를 유지하기 위해 태양은 지구에서 적절한 거리에 위치하며, 지구의 대기에 포함된 산소는 인간이 생존하기에 이상적인 농도를 유지하고 있다는 것이다. 그러나 오늘날의 생물학자들은 전혀 다른 주장을 편다. 지구의 환경이 우리 종에 맞추어진 것이 아니라 우리 종이 환경에 잘 적응했다는 것이다.

　　그리스 시대 이후 코페르니쿠스의 지동설이 나오기 전까지 인간은 우주의 중심에 있는 최고로 존엄한 존재라는 사고방식이 실로 오랫동안 인류를 지배해왔다. 그런 인간 중심주의 사고방식이 지동설의 등장으로 무너지기 시작했다. 지구는 우주의 중심은커녕 태양계의 중심에도 있지 않다. 그러나 지구가 태양 주위를 돌고 있다는 주장, 즉 지동설이 당시에는 너무나 충격적이고 기분 나쁜 것이어서 인류가 이를 받아들이기까지는 많은 희생과 세월이 필요했다. 지동설을 주장하는 사람은 사형에 처해야 마땅하다고 생각할 만큼 당시에는 우주가 지구를 중심으로 돌고 있다는 생각, 다시 말해 천동설에 대한 세상 사람들의 믿음이 굳건했다. 가장 널리 알려진 사례로 이탈리아의 수학자이자 천문학자인 갈릴레오 갈릴레이를 들 수 있다. 그는 코페르니쿠스의 지동설을 지지했다는 이유로 두 번이나 로마 교황청의 종교재판을 받아야 했다. 교황청은 다음과 같이 판결했다. "태양이 세상의 중심에 있으며 조금도 움직이지 않는다는 생각은 멍청하고 어리석은 철학이고, 정식으로 이단이다."[2] 당시 이런 교황청의 판결을 지지하면서 지동설이 이단이라고 주장하는 사람들은 그 근거로 성경 구절을 인용했다. 예를 들면 「시편」 104편 5절에는 "땅에 기초를 놓으사 영원히 흔들리지 아니하게 하셨나이다"라는 구절이 나오고, 「전도서」 1장 5절에는 "해는 뜨고 해는 지되 그 떴던 곳으로 빨리 돌아가고"라는 구절이 나온다. 이 구절들을 문자 그대로 해석하면, 지구는 움직이지 않고 태양이 지구 주위를 돈다고 생각할 수도 있다.

천동설에 대한 믿음이 그토록 굳건했던 한 가지 이유는 당시 기독교의 가르침 탓이기도 하겠지만, 참인지 아닌지를 떠나서 그것이 당시 사람들의 마음에 쏙 드는 매우 좋아할 만한 이론이었기 때문일 수도 있다. 천동설은 인간이 우주의 중심에 있는 특별한 존재라는 믿음을 충족시키는 과학 이론이기도 했다.

그러나 아무리 천동설에 대한 믿음이 강했어도 지동설을 지지하는 과학적 증거들이 쏟아져 나오면서 그 믿음도 서서히 무너지기 시작했다. 우리 인간과 같은 생물체가 지구에만 있다고 단언할 수도 없다. 헤아릴 수 없이 많은 우주의 천체 중 그 어느 곳에는 인간과 비슷한 생명체가 존재할지도 모른다. 아직 발견하지 못했을 뿐이다. 공상과학 만화나 소설은 인간보다 우수한 외계인의 얘기를 우리에게 자주 들려주고 있다.

비록 지동설이 빠르게 천동설을 대체하면서 인간이 우주

의 중심에서 추락했으나, 이 지구에서 인간은 다른 생물체와 비교가 안 되는 영특하고 가장 우월한 존재라는 믿음만은 지킬 수 있었다. 하지만 찰스 다윈Charles R. Darwin(1809-1882)의 진화론은 그런 믿음마저 부수어버림으로써 인간의 자존심에 다시 한 번 큰 상처를 주었다. 인간이 원숭이의 자손으로 격하되었기 때문이다. 사실 다윈은 이런 말을 하지는 않았다. 그는 침팬지의 조상을 거슬러 올라가다 보면 어느 지점에서 인간의 조상과 만난다고 말했을 뿐이다. 이것이 다윈의 '공통 유래 이론'의 내용이다. 사람이 속한 영장류에는 크게 두 종이 있는데, 유인원과 원숭이가 그것이다. 오늘날 지구상에는 193종의 유인원과 원숭이가 살고 있다는데 그 가운데 딱 한 종만 빼고 나머지는 모두 온몸이 털로 덮여 있다고 한다. 그 예외가 바로 '호모 사피엔스'라고 자처하는 인간이다. 그래서 어떤 학자는 인간을 '털 없는 원숭이'라고 불렀다.[3]

    다윈이 그 존엄한 인간을 동물과 동격으로 놓았으니, 당시 사람들의 기분을 몹시 상하게 했을 만도 하다. 특히 가톨릭계가 크게 반발했다. 그러나 이 공통 유래 이론은 오늘날 생물학자들 대부분이 받아들이는 이론이다. 이 이론은 우리가 어떤 존재이고 왜 존재하는지에 대한 과거의 신념을 뿌리째 흔들었다. 요컨대 인간은 하느님이 특별히 신경을 써서 창조한 존재가 아니라 별로 특별할 것도 없는 하나의 동물에 불과하다는 것이다. 어떻든 다윈의 공통 유래 이론은 성서의 창조론을 배제하고 철학자들이 주장하던 인간 중심주의 전통을 벗어나는 획기적인 전기를 마련했다.

다윈의 공통 유래 이론이 발표된 지 100년쯤 지나서 '유전자 이론'이 등장했다. 이 이론 덕분에 공통 유래 이론은 더욱더 확고한 이론적 발판을 가지게 되었다. 이 새로운 이론에 따르면 인간을 포함한 지구상의 모든 생물은 유전자를 지니고 있는데, 바로 이 유전자가 생명을 주관하는 주체라는 것이다. 그 유전자의 목적은 복제를 통해 자기 자신을 널리 퍼뜨리는 것이다. 우리 인간은 각자 나름대로 인생을 즐기려고 온갖 짓을 다하지만, 인간이 지닌 유전자는 "인간아, 딴 짓 그만하고 새끼나 많이 낳아라!"라고 명령한다. 유전자의 이런 명령을 충실히 따르는 생명체는 번성하고 그렇지 못한 생명체는 도태되는 것이 자연의 법칙이다.

일개미와 일벌 자신들은 새끼를 낳지 않으면서 오로지 여왕개미와 여왕벌에게 충성을 다하고 애벌레를 도맡아 기르기만 한다. 좀 깊이 생각해보면 이상해 보이기까지 한다. 왜 그렇게 일방적으로 자기희생을 할까? 수수께끼처럼 보이는 이 현상은 유전자라는 렌즈를 통해서 보면 한순간에 명료해진다. 유전학자가 입증했듯이, 군체 곤충은 여왕벌과 여왕개미의 번식을 도와줌으로써 자신이 스스로 번식하는 것보다 더 많은 유전자를 다음 세대에 전할 수 있다. 다시 말해 각각의 일개미와 일벌은 여왕개미와 여왕벌이 낳은 애벌레, 곧 그들의 자매를 통해 유전적 영속성을 추구한다는 것이다.

유전자 이론에 따르면 어떤 개체의 행동을 결정하는 일관된 기준은 그 개체 자신의 이익도 아니고 그가 속한 집단이나 가족의 이익도 아니다. 개체는 오로지 유전자의 이익을 위해 행동한다. 인간의 자존심을 몹시 상하게 하는 이런 충격적인 주장은 도킨스Richard Dawkins의 '이기적 유전자'라는 개념을 통해 널리 알려지게 되었다. 도킨스에 따르면 어느 경우에나 예외 없이 생명체들은 그들 자신의 유전자나 그 유전자의 사본이 살아남아 복제할 기회를 증대시키는 방향으로 행동하도록 설계되어 있다.[4] 우리 인간은 수십만 개에 이르는 그런 유전자를 짊어지고 다니는 운반자에 불과하다고 도킨스는 말한다. 막말로 표현하면 인간은 하느님이 특별히 창조한 존엄한 존재에서 '유전자의 꼭두각시'로 전락한 셈이다.

'반쪽짜리 눈'이 뭐 어때서?

다윈의 『종의 기원』은 1859년에 출간되었다. 이 획기적인 책에서 다윈은 당시까지 단편적으로 논의된 진화에 관한 이론을 하나로 체계화했고, 진화가 발생한다는 다수의 증거를 면밀하게 제시했으며, 새로운 생물 종이 형성되는 메커니즘을 밝혔다. 다윈은 진화가 일어나는 원인이 바로 생존투쟁이며, 그것도 다른 종과의 경쟁이 아니라 같은 종 내 구성원 간의 경쟁이라고 주장했는데, 맬서스의 『인구론』을 읽고 나서 이런 사실을 확실히 깨닫게 되었다고 한다.

진화론은 몇 개의 명제에 바탕을 둔다. 즉, 모든 생물이 간단한 형태에서 복잡한 형태로 진화했고, 인간은 동물에서 진화했으며, 조그마한 변화가 점진적으로 축적되면서 진화가 진행된다는 것이다. 자연계에서는 환경에 적합한 종이 더 잘 살아남기 마련이다. 이런 현상을 자연선택 혹은 적자생존이라고 하며, 다윈의 진화론에서 가장 핵심적인 개념이므로『종의 기원』에서 이를 자세히 다루고 있다.『종의 기원』의 제1장은 사람이 기르는 동식물의 변이를 다루고 있는데, 개·소·돼지와 같은 동물이나 딸기·감자 등의 식물에서 변종이 일상적으로 얼마나 흔한지를 지적한다. 여러 세대에 걸친 교배를 통해 사람들은 자신들이 원하는 변종을 만들어내는데, 이 변종은 조상들과 다른 모습을 가지게 된다. 말하자면 사람들이 인위적으로 변종을 선택한다는 뜻이다. 이런 '인위선택'에서 다윈은 '자연선택'의 개념을 유추했다. 인간에 의한 인위적인 선택 교배가 변종을 만들어낸다면, 자연에는 자연선택이 그런 변종을 만들어낼 수 있다는 것이다.

진화론의 명제와 자연선택의 메커니즘이 결합하면 진화 과정은 그 어떤 초월적 존재나 초자연적인 힘이 개입하지 않는 상태에서 자연적으로 진행되는 과정이라는 자연주의적 세계관이 나온다. 이 세계관에 따르면 진화라는 거대한 사건은 어떤 목표나 목적이 없으며, 생명의 드라마에서 '우연'이 매우 중요한 역할을 한다. 기독교의 가르침과는 달리 인간의 출현 혹은 인간과 같은 지적 존재의 출현이 필연이라는 법은 없다.

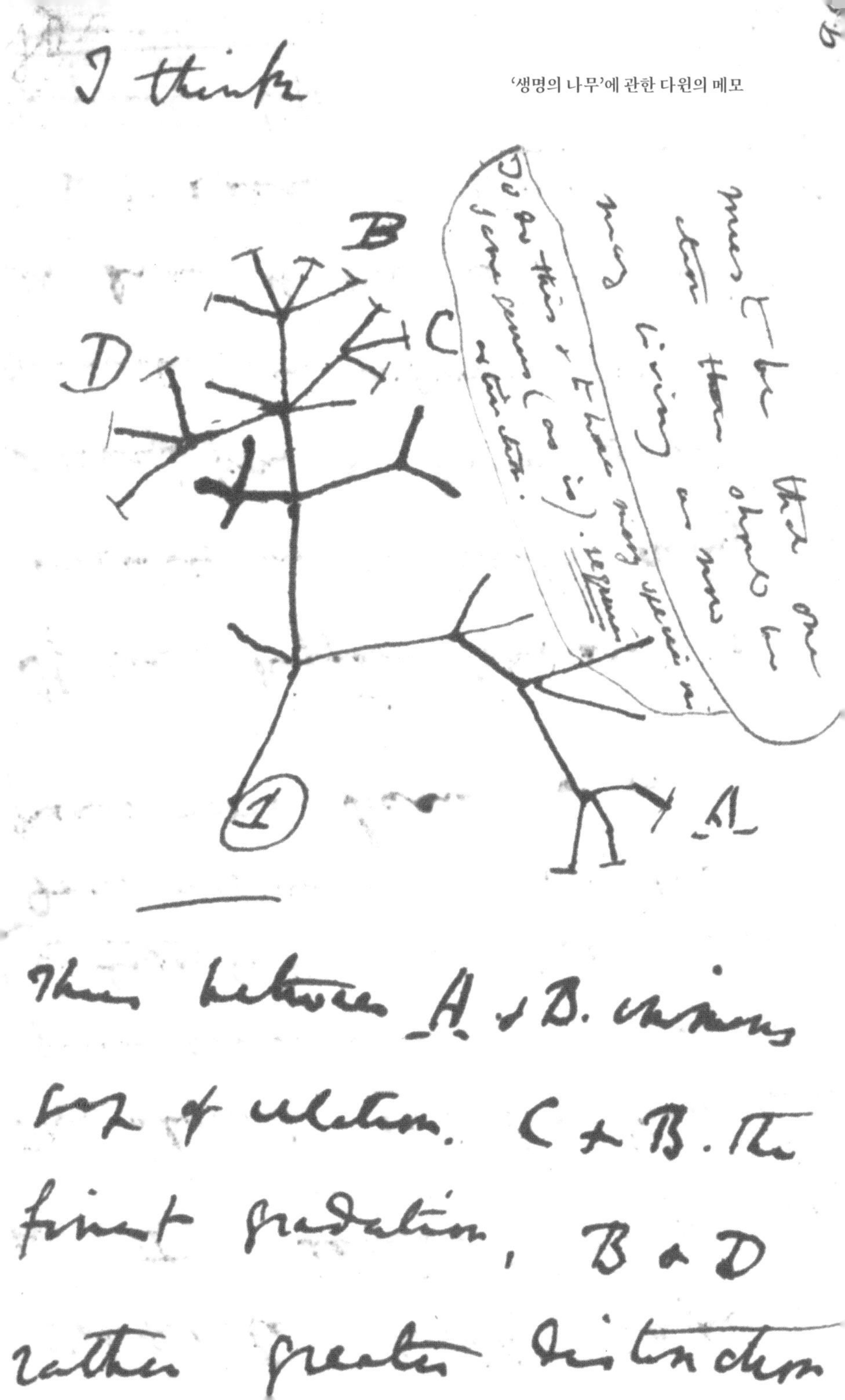

'생명의 나무'에 관한 다윈의 메모

인간도 동물과 마찬가지로 자연적으로 진행되는 과정에 따라 출현한 존재다.

지금은 '진화'나 '자연선택'이라는 전문용어가 일상 언어처럼 쓰이고 상식으로 여겨지지만, 『종의 기원』이 출간된 19세기 후반의 상황에서는 매우 파격적이고 충격적인 개념이었다. 우선 고귀하고 존엄한 인간을 동물로 격하시킨 것은 참을 수 없는 모욕이라고 여겼다. 코페르니쿠스나 뉴턴이 몰고 온 태풍은 다윈에 비하면 태풍이라고 말하기에도 쑥스러울 정도다.

학계도 거세게 반발했는데, 당대 최고 거물급 학자조차 분을 참지 못하고 소매를 걷어붙였다. 이 학자의 반론에서 핵심은, 조그마한 변화가 점진적으로 축적되면서 진화가 진행되었을 리가 없다는 것이었다. 예를 들어보자. 사슴은 목이 짧고 기린은 목이 길다. 진화론이 옳고 사슴이 진화해서 기린이 됐다면, 사슴보다는 목이 길고 기린보다는 목이 짧은 녀석들이 다수 존재해야 한다. 그러나 이것은 불가능하다. 아래쪽에 있는 풀이나 나뭇잎은 사슴이 다 먹어치우고 위쪽에 있는 것들은 기린이 다 먹어치우기 때문에 중간에 있는 풀이나 나뭇잎은 존재할 수 없고, 따라서 사슴보다 목이 길고 기린보다 목이 짧은 녀석은 먹을 것을 찾지 못하므로 살아남을 수가 없다. 그러므로 기린은 사슴이 진화되어 나타난 것이 아니라 생태계에 알맞게 특별히 창조된 것이라고 볼 수밖에 없다. 다시 말해 '도약'에 의해 만들어진 것이라는 얘기다.

사슴과 기린의 예가 마음에 들지 않는다면 사람의 눈을 보

자. 만일 진화론이 옳다면 최초의 눈은 형편없이 보잘 게 없는 것이지만, 이것이 조금 더 개선된 눈으로 발전하고, 그다음 이 것이 조금 더 발전해서 '반쪽짜리 눈'이 되며, 또 이것이 점진적으로 발전해서 온전한 눈이 된다. 그러나 진화론에 반대하는 측은 형편없이 보잘것없는 눈이나 '반쪽짜리 눈'이 무슨 소용이냐고 묻는다. 소용없는 것은 존재할 수도 없다. 그러므로 진화론은 옳을 수가 없다는 주장이다.

하지만 진화론을 지지하는 측은 하찮은 눈이나 '반쪽짜리 눈'이라도 없는 것보다는 낫고, 그 나름대로 기능을 가지고 있으므로 얼마든지 존재할 수 있다고 주장한다. 아마도 태초의 극히 원시적인 눈은 오직 밝은 것과 어두운 것만을 구별할 수 있었을지도 모른다. 그러나 밝은 것과 어두운 것만 지각하는 눈이라도 생존하는 데는 큰 도움이 될 수 있다. 그 하찮은 눈이나 '반쪽짜리 눈'이 아주 조금씩 오랜 세월에 걸쳐 개량될 수도 있다. 수십억 년이라는 엄청나게 긴 세월이 주어지면 아주 사소하지만 수없이 많은 진보가 쌓이고 쌓여서 하찮은 눈이 '반쪽짜리 눈'이 되고 차츰 온전한 눈으로 진화하는 기적은 얼마든지 있을 수 있고 실제로도 있는 일이다.

사실 자연 상태에서는 눈이 없는 동물들도 적지 않다. 예를 들면 진드기는 후각을 통해 먹이에 접근한다. 나뭇가지에 올라가 있다가 포유동물이 풍기는 특유의 냄새를 맡으면 진드기는 그 포유동물 위로 떨어진다. 그다음에는 털이 없는 부분을 찾기 위해 촉각을 이용한다. 그래서 적당한 곳을 찾으면 그곳의 피부조직 안으로 머리를 박고 따뜻한 피를 빨아먹는다. 알을 품은 암컷 진드기에게 이것은 피의 만찬이 된다. 피를 빨아먹은 후 땅에 떨어져서 알을 낳은 후 곧 죽기 때문이다.

설령 눈이 있어도 신통치 못한 경우도 있다. 파리의 눈이 그렇다. 거미는 곤충들이 많이 지나가는 통로에 거미줄을 치는데, 엉성한 파리의 눈에는 섬세하게 짜여 있는 이 거미줄이 잘 보이지 않는다. 그래서 파리는 아무런 경고를 받지 못한 채 자신의 생명을 빼앗는 거미줄을 향해 날아간다. 하지만 그런 신통치 못한 눈을 가진 파리도 우리 인간이 무척 성가셔 할 정도로 번성한다.

다윈의 진화론은 학계뿐 아니라 기독교계로부터 거센 항의를 받았다. 다윈은 생전에도 기독교 성직자로부터는 "영국에서 가장 위험한 인물"이라는 소리를 들었고, 상당수의 기독교인이 그를 "악마의 사도"라고 비난했다. 지금까지도 기독교계는 서슴없이 다윈을 비난하고 진화론을 비판한다. 그러나 다윈을 그렇게 욕하면서도 정작 목회자나 독실한 기독교인들 가운데 다윈의 명저인 『종의 기원』을 읽어본 사람이 과연 얼마나 있을지 의심스럽다고 비아냥대는 이들도 있다. 아마도 거의 없을 거라고 한다. 문제는 다윈을 잘 알지도 못하면서 비난하거나 있지도 않은 얘기들을 흘린다는 것이다. 예를 들면 다윈이 죽기 전에 진화론을 철회하고 기독교로 돌아왔다는 둥, 새로운 종은 만들어지지 않는다고 말했다는 둥, 기독교계 안에서 다윈이나 진화론에 관련된 부정확하거나 근거 없는 이야기들이 설교를 비롯한 여러 가지 매체를 통해 확대 재생산되고 있다고 한다. 2009년 교육방송 매체인 EBS가 〈신과 다윈의 시대〉라는 다큐멘터리를 제작하면서 진화론에 관해 여론조사를 한 결과, 응답자의 62.2퍼센트가 진화론을 신뢰한 반면 30.6퍼센트는 믿지 않았다. 이 결과를 보면 아직도 적지 않은 사람이 진화론을 믿지 않는다는 것을 알 수 있다.

　　어떻게 보면 기독교계의 반발은 당연해 보인다. 기독교는 하느님이 의도적으로 인간을 포함한 모든 생물체를 계획적으로 창조했다고 주장하는 데 반해, 진화론은 생명체의 발생과 진화가 자연적으로 진행되었으며, 이 과정에서 우연이 중요한 요인이었다고 주장한다. 인간을 보는 시각도 문제가 된다. 기독교는 인간이 하느님의 형상에 따라 창조된 특별한 존재라고 주장하면서 인간의 유일성과 독특성 그리고 존엄성을 강조한다. 이에 반해 진화론은 인간이 단순한 형태의 생명체에서 유래했으며 인간도 동물이라고 주장함으로써 인간의 유일성이나 윤리적 우월성을 부정한다. 사실 인간도 동물에 불과하다고 굳이 강조하는 진화론의 태도는 당시 기독교인뿐만 아니라 수많은 보통사람의 기분을 상하게 만들었다.

　　이같이 진화론은 기독교의 세계관과 전혀 다른 새로운 창조 이야기와 인간관을 제시하는 까닭에 진화론과 기독교는 양립할 수 없는 것처럼 보인다. 그러나 긴 세월이 지나면서 기독교계 안에서도 진화론을 인정하고 진화론과 기독교의 가르침을 조화시키려는 움직임이 나타났다. 진화론에서 말하는 진화

과정이 사실은 하느님이 이 세상을 창조할 때 이용한 하나의 방법이므로 성서와 모순되지 않는다고 볼 수 있다. 자연선택 은 진화를 일으키는 몇 가지 방법 가운데 하나이며, 진화의 메커니즘 역시 하느님 계획의 일부라는 것이다.

그럼에도 여전히 학계에서조차 진화론에 대한 비판이 나온다. 우선 진화론이 과연 과학이냐는 의문이 제기된다. 진화론은 생명이 출현한 원인이나 그 목적에 관해 구체적으로 설명하지 않는다. 합당한 원인을 찾아 결과를 조리 있게 설명해주는 것이 바로 과학이다. 배가 아파 병원에 갔더니 의사가 "당신 사촌이 땅을 샀지요?"라고 말하면서 그 때문에 배가 아픈 것이라고 진단해주면 사람들 대부분은 무척 어이없어할 것이다. 분명히 진화라는 대사건은 있는데 그 원인도 모르고 목적도 모른다고 하면, 진화론이 엄밀한 의미에서 과학인지가 의심스러워진다.

그러나 지난 150여 년 동안 발견된 진화의 증거들이 압도적으로 많은 까닭에 오늘날 생물학자를 비롯한 현대 과학자들은 진화론을 단순한 이론이라고 생각하지 않는다. 지구가 태양 주위를 돌거나 지구가 평평하지 않고 둥글다는 주장처럼 진화를 잘 확립된 자명한 사실로 받아들인다. 사실, 진화론 자체도 진화하고 있다. 지난 수십 년 동안 생물학자들은 진화론에 관련된 여러 이론을 묶어서 '신다윈주의'를 확립했는데, 이런 움직임을 주도하는 한 학자는 "진화 개념을 통하지 않고는 생물학의 그 무엇도 의미가 없다"라고 단언한다.[5]

과학혁명 이전 수천 년 동안 "인간은 무엇이며, 어떤 존재이고, 어떻게 살아야 하는가?"라는 질문은 거의 전적으로 철학이나 인문학의 영역으로 간주되었다. 그러나 뉴턴의 과학이론과 다윈의 진화론이 날이 갈수록 위세를 떨치자 근래에 와서 다시 진지하게 제기되는 이런 질문에 관한 토론에 생물학과 생명공학 등 자연과학계도 가세하고 있다. 요즈음에는 그 질문에 관해 오히려 자연과학자들이 더 큰 목소리를 낸다는 인상마저 준다.

구역질나는 더러운 이론

우리는 흔히 '증기기관'이라고 하면 제임스 와트를 연상하고, 그가 증기기관을 처음 발명한 사람으로 생각한다. 하지만 와트보다 앞서 증기기관을 개발한 사람이 여럿 있었고, 이들은 증기기관에 대한 특허권까지 가지고 있었다. 다만 와트는 기존의 증기기관에 새로운 장치를 부착해 효율을 높였을 뿐이다. 이같이 우리는 '발명가'에 대해 잘못 생각하는 경우가 적지 않다. 발명왕이라고 불리는 토머스 에디슨도 마찬가지다. 우리는 에니슨이 백열전구를 발명했다고 알고 있지만, 에디슨 이전에 백열전구 비슷한 것들이 많이 있었다. 에디슨이 축음기를 발명했다고들 하지만, 그는 자신이 만든 축음기가 어떤 용도로 쓰일 것인지조차 몰랐다. 그가 생각해낸 한 가지

용도는 유언을 기록하는 것이었다. 나중에 어떤 회사가 그의 축음기를 이용해서 동전을 넣으면 음악이 나오는 기계를 개발했다. 이것이 시장에서 인기를 끌자 에디슨은 자신의 발명품이 '천박한' 용도로 쓰이는 것에 분노했다. 하지만 그런 천박한 용도가 보편화되는 추세를 보고 훗날 에디슨도 그것을 인정하기에 이르렀다.

찰스 다윈이라고 하면 우리는 제일 먼저 진화론을 연상하면서 그가 진화론을 창시한 인물로 생각하는 경우가 많다. 그러나 진화론은 다윈의 독창적인 아이디어가 아니다. 다윈의 대표작으로 꼽히는 『종의 기원』에는 '진화'라는 단어조차 나오지 않는다. 사실 진화론에 대한 사회적 거부감이 대단했기 때문에 이 이론이 사회적으로 용인되기까지는 긴 세월이 필요했다.

의사였던 다윈의 할아버지 이래즈머스 다윈은 여러 권의 책을 썼는데, 그중 하나는 진화에 관한 자신의 생각을 자세히 설명한 것이었다. 시인이기도 했던 그는 단순한 생명이 진화하여 오늘날의 다양한 종이 생겨났다는 이야기를 시구에 담아 들려주었다. 진화에 대한 강한 사회적 거부감을 그도 알고 있었지만, 그런 걸 의식할 필요가 없을 만큼 자신이 충분히 늙었다고 생각하고 자신의 생각을 공공연하게 발표했다. 다만 그 생각을 시로 표현했기에 거부감이 그만큼 적었을지도 모른다. 하지만 역시나 그의 책에 대한 평은 대부분 혹독했다. 당시 영국의 대표적인 시인이자 비평가였던 새뮤얼 테일러 콜리지는

다윈의 대표작으로 꼽히는『종의 기원』에는
'진화'라는 단어조차 나오지 않는다.
사실 진화론에 대한 사회적 거부감이 대단했기 때문에
이 이론이 사회적으로 용인되기까지는 긴 세월이 필요했다.

찰스 다윈을 유인원으로 묘사한 만화(1871)

"인간이 오랑우탄 같은 상태로부터 발달해 나왔다"는 주장에 '구역질'이 난다고 일갈했다.

그러나 우리에게도 잘 알려진 프랑스인 라마르크는 다윈의 할아버지와 비슷한 생각을 했고, 이것을 좀 더 완성된 형태로 발전시켰다. 이것이 훗날 '라마르크주의'라는 이름으로 알려지게 됐다. 그는 지구가 항상 변화하고 있으므로 생물은 여러 다양한 환경에 적응하기 위해 끊임없이 변해왔으며, 이 결과 생물의 다양성이 이루어졌다고 주장했다. 그는 이른바 '용불용설'도 주장했는데, 잘 쓰이는 장기는 발달하지만 쓰이지 않는 장기는 쪼그라들거나 퇴화하여 결국 사라지게 된다는 것이다. 두더지가 시력을 잃는 것이 그 예다.

하지만 라마르크의 주장 역시 사회적 역풍을 맞았다. 그 한 가지 이유는 동물의 진화과정에 명확하게 인류를 포함했기 때문이다. 이런 식의 주장은 당시에는 구역질나는 정도가 아니라 매우 위험한 생각으로 간주되었고, 신성모독으로까지 여겨졌다. 당시 진화론은 확실히 반기독교 사상으로 인식되어 있었다.

한편 라마르크의 진화사상을 한층 더 발전시킨 책이 발표되었는데, 이 책의 저자는 영국의 외과의사 로런스William Lawrence다. 그의 책이 사회적 물의를 일으키자 법원은 저작권의 무효를 선언하기도 했다. 이런 이상한 일이 벌어진 뒤에도 여러 학자가 진화에 관한 주장을 내놓았지만, 번번이 사회적 지탄의 대상이 되고 말았다. 프랑스의 귀족이자 외교관이었던 어느 자연과학자가 "물고기가 결국에는 사람으로 발달하였다"라는 글을 담은 책을 발표했다가 격렬한 반발을 샀다. 당시 작가이자 계몽사상가로 18세기 유럽 최고의 지성인으로 꼽혔던 볼테르조차 이 학자에게 '협잡꾼'이라며 욕을 퍼부었다.[6]

자고로 획기적인 생각은 강한 사회적 거부감과 파문을 일으키기 마련이다. 진화론과 같은 획기적이고 모욕적인 아이디어는 더 말할 나위가 없다. 그러나 사회적 거부 반응이 거센 와중에도 진화론이 계속 여러 학자의 입에 오르내리더니 노골적으로 인간과 동물을 한데 묶어서 똑같이 다루어 연구하는 학자들이 줄을 이었고, 진화에 관한 다양한 주장이 나오기 시작했다. 자연선택은 진화론의 핵심 개념이므로 진화론을 펴는 학자들은 대체로 자연선택을 핵심 주제로 삼아서 여러 가지 획기적인 주장을 폈다. 예를 들면 자연선택이 다른 동물과 마찬가지로 인간에게도 적용되며, 자연선택에 따라 새로운 종이 만들어질 수 있다는 것이다.

어떻든 진화에 관한 주장이 점차 객관적이고 과학적인 증거를 바탕으로 체계적으로 제기되면서 점점 더 강한 설득력을 가지게 되었다. 예를 들면 어떤 지질학자가 수많은 화석을 수집하고 여기에 담긴 기록을 지질학적으로 분석했다. 그리고 그 결과를 바탕으로 동물 형태가 단순한 것에서 복잡한 것으로 나아갔으며 그것이 궁극적으로 인류까지 이어졌다는 주장을 담은 책을 출간했다. 이 책에 대한 대중매체의 초기 서평은 호의적이었다. 그러나 이내 과학계와 신학계 주류가 핵주

먹을 휘두르며 달려들었다. 그 수많은 공격 중 가장 눈에 띄는 것은 케임브리지 대학교 석좌교수를 역임한 신부이자 다윈에게 지질학을 가르쳤던 스승인 당대의 한 거물급 학자의 공격이었다. 그는 친지에게 보낸 편지에서 그 책을 '더러운 책'이라고 부르며 여성 비하의 냄새가 물씬 풍기는 다음과 같은 글을 썼다. "나는 이 책이 여자의 손에 의해서 쓰였다고밖에 생각할 수 없네. 겉보기로는 너무나 우아하게 잘 차려입었어." [7]

우습게도 이렇게 혹독한 비판이 쏟아지자 그 지질학자의 책은 더욱더 잘 팔렸다. 그러나 그 책에 대한 과학계와 신학계의 강한 반발을 목격한 다윈은 비록 마음속으로는 자신의 진화 이론을 거의 완성해놓은 상태였지만, 이를 공개하지 않고 일단 입을 다물기로 했다. 이렇게 다윈이 주저한 또 한 가지 이유는, 지질학자로서 확고한 위상을 누리고 있는 터에 생물학에 속하는 진화의 개념에 관해 생물학계에는 아무 지분도 없는 자신이 왈가왈부하는 것은 주제넘은 일이라고 생각했기 때문이다. 흔히 우리는 다윈을 생물학자로 생각하지만, 사실 그는 지질학계에 몸담고 있었고 스스로도 지질학자라고 여기고 있었다. 하지만 그는 진화에 관한 자신의 생각을 조금씩 글로 정리해놓고 아내에게 편지까지 써놓았다. 그 편지에는 자신이 갑자기 죽을 경우, 그 글들을 모아 책으로 출판해달라는 부탁이 담겨 있었다.

다윈은 지질학자라서 진화에 관해 말하기를 꺼렸다

다윈은 의사의 집안에서 태어났으므로 그의 아버지도 그가 의사가 되기를 바랐다. 하지만 마취학이 없던 시절이라 수술을 받는 환자들이 엄청나게 고통스러워하는 모습과 피를 봐야 하는 상황에 적응하지 못하고 1827년에 에든버러 대학을 떠났다. 이후 아버지의 권유에 따라 케임브리지 대학 신학과에 들어갔다. 이때 그는 성직자나 신학자가 되기로 마음을 먹었는데, 성직자나 신학자가 되면 여유 시간을 많이 가지게 되므로 그가 원래 원했던 지질학 연구도 겸할 수 있다고 생각했기 때문이다. 물론 성직자나 신학자는 돈을 많이 버는 직업이 아니지만, 다윈은 원래 부유한 집안에서 태어났으므로 돈벌이 걱정에서 자유로울 수 있었다.

그 당시 영국의 지식인들 사이에서 신학은 큰 관심을 모으는 인기 분야였다. 그래서 다윈도 대학교에 다닐 때『자연신학』이라는 책을 늘 옆에 끼고 다녔다는 유명한 일화가 있다. 뉴턴도 물리학 외에 신학 연구에도 몰두했다는 것은 잘 알려져 있다. 사실 천재 중에는 여러 분야에 걸쳐 관심과 재능을 보인 사람들이 적지 않다. 아마도 그것이 천재의 한 특징인지도 모른다.

다윈이 진로를 놓고 고심하던 때, 마침 남아메리카 탐사에 참여하라는 제안을 받았다. 젊은 그에게는 거절할 여지가 없는 제안이었다. 남아메리카의 동해안을 따라 내려가다가 대

륙 남쪽 끝을 돌아 서해안으로 올라온 다음 태평양을 건너 오
스트레일리아와 아프리카 남단을 돌아 복귀하는 야심 찬 탐사
였다. 1831년 아직 23세도 되지 않은 다윈은 마침내 비글호에
올라 5년간의 항해를 시작하게 되었다. 다윈은 이 긴 여행에서
자신이 발견한 것들을 수시로 지질학회 회원들에게 보냈고,
그것이 지질학회에서 발표되었다. 1836년 잉글랜드로 돌아오
자 다윈은 거의 즉각 지질학회의 석학회원에 선출되었다. 다
윈은 여러 편의 논문을 발표하여 지질학에 기여함으로써 화려
하게 지질학자로서 입지를 굳혔다. 그러나 이때 이미 다윈은
진화에 대한 이론을 마음에 담고 있었으며, 남아메리카 여행
에서 생물 종의 멸종과 새로운 종의 생성을 보이는 화석의 증
거를 직접 목격하고 진화가 사실임을 확신하게 되었다. 다만
생물학에 관계된 것이라 지질학자로서 입을 다물고 있었을 뿐
이다.

　　그러던 다윈이 진화에 관해 입을 열게 된 계기는 학문적
동료인 월리스Alfred R. Wallace의 권고 때문이었다. 다윈과 월리
스는 각기 독자적으로 진화라는 어마어마한 생각을 거의 똑같
은 시기에 해냈는데, 이것은 실로 놀라운 일로 꼽힌다. 한 사람
이 생각했어도 놀라운 일을 두 사람이 동시에 따로따로 생각했
기 때문에 더욱더 그렇다.

　　외국에 있었던 월리스는 신의 창조를 주제로 한 당시 지
질학회 회장의 연설을 전해 들었는데, 이 연설에는 진화를 뒷
받침하는 증거가 화석 기록에 나타난다는 것을 인정할 수 없다

는 내용이 담겨 있었다. 이 내용이 너무나 터무니없다고 생각한 월리스는 반론을 썼고 이것이 학술지에 실렸다. 월리스는 현재 지구상에서 볼 수 있는 생물 형태는 실제로 "오랫동안 끊임없이 이어진 변화"의 결과물이라고 주장하며, "하등동물로부터 고등동물로 발달한 흔적을 화석에서 볼 수 있다는 것에는 반박의 여지가 없다"고 단언했다. 다윈처럼 월리스 역시 자신의 논문에서 '진화'라는 단어를 언급하지 않았다.

월리스의 논문은 당시 그다지 의미 있는 반향을 일으키지 않았고, 그래서 월리스로서는 좀 의아했다. 그러던 차에 늦게나마 다윈의 편지가 도착했다. 그 편지에는 다음과 같은 내용이 실려 있었다. "당신의 논문을 보니 우리가 많이 비슷하게 생각하고 또 어느 정도 비슷한 결론에 다다랐다는 걸 더욱 잘 알 수 있었습니다. 연감에 실린 논문과 관련하여 당신 논문의 거의 모든 낱말이 진실이라는 데 동의합니다." 이 편지를 받고 월리스는 기뻐하며 친구에게 자랑했다고 한다. 그 후에도 월리스와 다윈은 편지를 주고받았는데, 월리스의 논문에 대해 다음과 같은 다윈의 논평을 담은 편지도 있었다. "그 논문에서 당신의 결론에 동의하기는 하지만, 제가 당신보다 훨씬 앞서 나아가고 있다고 생각합니다." 다윈은 월리스보다 나이가 훨씬 더 많았다.

월리스는 25세 때 친구와 함께 아마존 지역으로 탐사 여행을 갔는데, 이때 그는 자신의 자서전에 다음과 같은 글을 남겼다. "종의 기원이라는 커다란 문제는 이미 내 마음속에서 뚜렷하게 모양이 잡혀 있었다." 월리스가 아마존을 향해 출항한 일차 목적은 영국에서 신사계급 과학자로서 정착할 수 있을 만큼 충분히 많은 돈을 벌겠다는 것이었고, 두 번째 목적은 종의 기원이라는 수수께끼를 풀겠다는 것이었다. 그러나 그는 다윈이 이미 이 수수께끼를 풀었다는 사실을 알지 못했다.

　다윈과 달리 월리스는 남미와 서남아시아 지역을 탐사하면서 매우 긴 기간을 외국에서 지냈다. 보르네오에서는 아프리카 밖에서 유일하게 사람과에 속하는 동물인 오랑우탄과 마주쳤으며 이상한 개구리도 발견했다. 발에 커다란 물갈퀴가 있어서 나무에서 떨어질 때 활공하거나 부드럽게 떨어질 수 있는 개구리였다. 그때까지 서양 과학계에 알려지지 않은 동물이었으므로 이것이 월리스의 '발견' 중 하나로 간주되었고, 지금도 '월리스날개구리'라 불린다.

　동물 중에는 자신이 살고 있는 곳의 배경색과 똑같은 색(보호색)을 띠는 까닭에 눈에 잘 띄지 않는 녀석들이 있다. 월리스가 관찰한 길앞잡이도 그중 하나다. 월리스는 동물이 이런 보호색을 띠는 현상이 오랜 기간 수수께끼였다고 말하면서 다음과 같이 설명했다. "오랜 세월 동안 수많은 다양한 색깔이 나타났겠지만, 적으로부터 숨기에 가장 적합한 색을 띤 종족들이 필연적으로 가장 오래 살아남을 것이다." 이것은 자연선택에 따른 진화를 간결하게 표현한 것이다. 살아서 번식하는 개체는 주위의 조건에 가장 적합한 것들임이 분명하다. 월리스는 스스로 진화론자라고 확실히 밝히지 않으면서 진화론

월리스는 이상한 개구리도 발견했다. 발에 커다란 물갈퀴가 있어서
나무에서 떨어질 때 활공하거나 부드럽게 떨어질 수 있는
개구리였다. 그때까지 서양 과학계에 알려지지 않은
동물이었으므로 이것이 월리스의 '발견' 중 하나로 간주되었고,
지금도 '월리스날개구리'라 불린다.

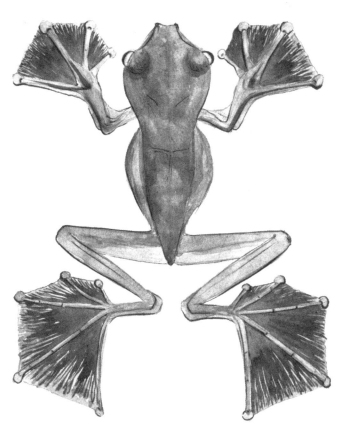

월리스날개구리를 묘사한 그림(1855)

의 설명과 완전히 일치하는 방식으로 여러 가지 증거를 내놓았다. 이 방대한 증거들을 바탕으로 종의 기원에 관한 책을 쓸 계획을 가지고 있었으나, 다윈이 선수를 쳐서 『종의 기원』을 내놓자 월리스는 자신의 계획을 조용히 접었다.

다윈이 살던 19세기에만 하더라도 하느님이 진화의 과정을 설계했고, 모든 동식물은 이 과정에 따라 진화한다는 생각이 지배하고 있었다. 물론 다윈은 당시의 이런 통념을 거부한 반면, 월리스는 이에 동조했다. 말년에 열렬한 심령주의자가 되었던 월리스는 어떤 초월적 존재가 진화를 설계하고 유도한다고 믿었다. 하지만 월리스는 다윈이 죽은 뒤에도 자연선택에 따른 진화론을 지지하고 대변하는 데 앞장섰다. 그는 언제나 이 이론을 '다윈주의'라고 불렀다. 월리스는 말년에 1년 가까이 미국과 캐나다 등지에서 순회강연을 성공적으로 수행했고, 강연자료를 바탕으로 『다윈주의』라는 책도 썼다. 어느새 월리스는 다윈 자신보다 더 다윈주의자가 되어 있었다.

약아빠진 동물들

아프리카 사바나의 한 침팬지 공동체는 사냥할 때 뾰족한 막대를 쓴다.
이것은 충격적인 사실이었는데, 사냥무기는 인간에게만 독특하게 나타난
발전으로 생각하고 있었기 때문이다.

동물도 추리한다

서양에서는 이미 그리스 시대부터 많은 학자가 동물에 관해 깊은 연구를 해왔다. 아리스토텔레스는 그중 한 사람일 뿐이다. 그런데 한 가지 특이한 점이 있다. 똑같이 위대한 서양 철학자로 꼽히는 아리스토텔레스와 데카르트의 동물에 대한 시각이 정반대라고 할 정도로 다르며, 이들의 생각이 오늘날에도 은연중에 영향을 주고 있다는 것이다. 우선 데카르트는 동물이 생명을 가진 '자동기계'와 다를 바 없으므로 동물이 내는 소리는 시계의 태엽이 내는 소리와 같은 것이라고 설명했다. 자동기계이므로 고통도 느끼지 않을 것이다. 따라서 동물에 대한 생체실험도 얼마든지 용인될 뿐만 아니라 인간은 동물을 자기 마음대로 활용할 권리를 갖는다. 아무런 고통도 느끼지 못할 터이니 각종 동물학대도 별로 문제될 것이 없다는 시각이다.

데카르트와는 대조적으로 아리스토텔레스는 동물이 감각기관을 가진 존재이며 쾌락과 고통을 느끼는 존재임을 분명히

했다. 하지만 동물은 행복을 느끼지는 못한다고 주장했다. 그는 동물에게는 이성이 결핍되어 있으며, 동물은 시각·청각·후각 등 각종 감각에 따라 움직이면서 먹이를 조달하고 종을 번식시킬 뿐이라고 여겼다. 예를 들어 진드기가 광각과 후각을 바탕으로 객체를 확인하면, 그다음에는 자신의 침으로 이 객체의 표피에 구멍을 뚫고 피를 빨아먹는다. 이같이 동물은 지각을 바탕으로 자신의 생명에 중요한 객체를 파악하고 이용한다. 진드기에게 이 객체는 포유동물이다.

아리스토텔레스는 동물의 특징으로 감각기관의 인도를 받아 움직인다는 점을 꼽았다. 이런 점에서 식물은 동물과 아주 다른 존재라고 그는 보았다. 식물은 움직이지 않으므로 감각능력도 없다. 이런 생각을 바탕으로 아리스토텔레스는 '자연의 사다리' 이론을 폈다. 이에 따르면, 식물은 동물을 위해 존재하며 식물과 동물은 인간을 위해 존재한다. 그러나 현대에 와서 아리스토텔레스의 이런 주장은 빛을 잃었다. 예를 들면 파리지옥이나 끈끈이주걱은 식물로 분류되지만 곤충이 접근하면 곧바로 잡아먹는다. 감각능력도 없고 운동능력도 없다면, 이들이 어떻게 곤충을 잡아먹을 수 있다는 말인가?

아리스토텔레스 이후 동물에 대한 생각에도 많은 변화가 있었다. 동물도 보고 듣고 느낀 것을 기억할 뿐만 아니라 이를 바탕으로 추리도 할 수 있음이 밝혀졌다. 언뜻 믿기지 않지만 유인원을 대상으로 한 IQ 테스트는 '정상적 인간'에 근접하는 지능을 가지고 있다는 결과를 내놓았다.[8] 유인원들의 추리능

력을 밝힌 실험이 있다. 한 침팬지가 보는 앞에서 실험자가 과
일이 든 상자 두 개를 들고 실험실로 들어갔다. 한 상자에는 사
과가, 다른 상자에는 바나나가 들어 있었다. 잠깐 한눈을 팔던
침팬지는 그 실험자가 사과를 먹으면서 실험실에서 나오는 것
을 보았다. 실험자가 떠나자 침팬지는 상자 속을 들여다볼 수
있게 되었는데, 언제나 실험자가 먹지 않은 과일이 있는 상자
쪽으로 갔다. 비록 자기 눈으로 직접 보지는 못했지만, 나머지
상자에는 여전히 실험자가 먹지 않은 과일이 있을 거라고 추리
했던 것으로 보인다.

다른 예를 들어보자. 고양이가 나무 위로 올라가면 개는
그 나무를 향해 짖는다. 고양이가 담벼락을 타고 창고 지붕 위
로 옮겨가면, 개는 나무를 향해 짖지 않고 이번에는 창고 지붕
을 향해 짖는다. 고양이가 다시 뛰어서 건물 환기통 속으로 들
어가 버리면, 개는 환기통을 향해 짖다가 만다. 비록 보이지는
않지만, 고양이가 환기통 속에 있다고 추리하고 이를 확신하
기 때문이다. 일찍이 그리스의 한 학자는 동물의 추리능력에
관해 다음과 같은 예를 들었다. 맹수 사냥에 동원된 개가 세 갈
래 길을 만났다. 개는 곧장 맹수가 남긴 냄새를 이리저리 맡아
보기 시작했다. 그런데 두 길에서는 냄새가 나지 않았다. 그러
자 이 개는 나머지 길의 냄새도 맡아보지 않고 그대로 그 길로
내달았다. 길은 세 개밖에 없고 그중 두 길에서는 맹수 냄새가
나지 않았으니 맹수가 나머지 길로 갔을 거라고 그 개가 추리
했다는 것이다.

　　동물은 경험을 축적함으로써 배울 수 있으며 지각에 근거해 지속적으로 자신의 확신을 수정한다. 확신을 수정한다는 것은 참된 확신과 거짓 확신을 구별한다는 뜻이다. 경험을 바탕으로 생각한다는 점에서 동물은 인간과 비슷하다. 동물은 이성을 가지고 있지 않다고는 하지만, 모든 경험 이전에 자기보존과 번식을 위해 자신에게 적합한 것이 무엇인지를 인식할 수 있다. 그리고 각자 나름대로 문제해결 능력을 가지고 있다. 동물은 단순히 환경에 따라 수동적이고 기계적으로 움직이는 존재가 아니라는 것이다.

　　동물은 언어를 가지고 있지 않으므로 사람처럼 생각이라는 것을 하지 못한다는 주장도 있다. "언어가 없으면 사고도 없다"는 주장은 오래전부터 있었고 지금도 일부 학자가 이런 생각을 가지고 있다. 그렇다면 언어장애인은 의식이 없다는 말인가? 갓난아이는 의식이 없다는 말인가? 왜 언어가 의식의 전제가 되어야 하는지 의문이 제기된다. 사실 동물도 그들 나름의 언어로 의사소통을 한다. 유인원은 상당히 높은 수준의 의사소통을 한다는 사실이 밝혀졌다. 예컨대 원숭이는 여러 종류의 울음소리로 의사소통을 한다. 동물학자들이 자세히 관찰해본 결과, 어떤 울음소리는 "조심해! 독수리야!"를 의미한다는 것을 알아냈다. 그런 다음 이것을 녹음해서 들려주었더니 원숭이들은 모두 하던 일을 멈추고 공포에 질려 하늘을 올려다보았다. 어떤 울음소리는 "조심해! 사자야!"라는 뜻인데, 이것을 녹음해서 들려주자 다들 황급히 나무 위로 뛰어 올라갔다.

놀라운 기억력을 가진 동물,
꾀를 쓰는 동물

인간과 동물의 가장 큰 차이점은 무엇인가? 이 질문에 보통 사람들 대부분은 아마도 인간은 생각하는 존재이고 동물은 그렇지 않다고 대답할 것이다. 좀 고상하게 표현한다면, 인간은 '이성'을 가진 존재지만 동물은 그렇지 않다는 것이다. 이런 점에서 인간은 동물과 차원이 전혀 다른 존재라는 생각이 과거 2,000여 년 동안 인류 사회를 지배해왔다. 지난 수십 년간 동물학자들이 수많은 실험과 관찰을 바탕으로 '동물도 생각한다'는 주장을 내놓았지만, 뿌리 깊은 인간 중심주의 사고 방식에 젖어 있는 사람들은 그런 주장을 일소에 부쳤다.

한 심리학자는 정상적인 정신 발달 과정에 따라 도덕적 판단의 수준을 다음과 같이 여섯 단계로 나누어 파악할 수 있다고 보았다.

① 처벌을 피하기 위해 규칙과 권위에 단순히 복종하는 단계

② 보상과 교환이라는 이득을 얻기 위해 집단행동에 순응하는 단계

③ 착한 소년 지향 단계, 즉 타인의 혐오나 거부를 피하기 위한 순응 단계

④ 의무 지향 단계

⑤ 준법 지향 단계, 계약의 가치를 인식하는 단계

⑥ 양심 또는 원칙 지향 단계, 악법을 무효화할 수 있다는 원칙을
우선적으로 신봉하는 단계

　　인간의 경우, 대부분은 4~5단계까지 도달한다. 그렇다면
동물은 어떨까? 비비 원숭이와 침팬지들의 도덕적 수준은 대
략 4단계까지는 올라간다고 한다.[9] 영장류의 도덕적 수준이
인간 대부분의 도덕적 수준과 비슷하거나 약간 낮을 뿐이라는
것이다. 동물학자들은 대부분의 사람이 실제로 동물이 얼마나
똑똑한지 상상도 하지 못한다고 말한다. 과학기술의 발달과
더불어 동물들을 탐색하고 관찰하는 기술과 도구들도 크게 발
전한 결과, 특히 야생 동물의 행태에 관한 정보와 자료들이 쏟
아져 나왔다. 동물도 생각하며, 그들 나름대로 합리적으로 행
동한다는 사실을 인정할 수밖에 없게 하는 관찰사례가 차고도
넘친다. 몇 가지 예를 들어보자.

　　「까마귀와 물병」이라는 이솝우화에는 까마귀가 물병에
돌을 여러 개 집어넣어서 수면을 높인 다음 물을 마셨다는 얘
기가 나온다. 과학자들이 야생 떼까마귀를 대상으로 이 이야
기를 실제로 실험해보았다. 물을 넣은 긴 물병에 벌레를 띄워
놓았는데, 떼까마귀가 부리를 집어넣어도 닿지 않는 높이에
있었다. 벌레를 집어내기에 몇 차례 실패하자 떼까마귀는 여
러 개의 돌멩이를 물고 온 다음 물병에 집어넣었다. 그러자 자
연스럽게 물병 속의 수면이 높아졌고 떼까마귀는 물 위에 뜬
벌레를 잡아먹을 수 있었다. 다른 종류의 까마귀에게도 같은

실험을 해보았는데, 같은 결과를 얻었다.

　침팬지를 상대로 한 비슷한 실험도 있다. 큰 통 속에 물을 넣고 그 위에 여러 개의 땅콩을 띄웠다. 그러나 땅콩은 침팬지가 손을 뻗어도 닿지 않을 만큼 깊은 곳에 있었다. 침팬지가 처음에는 통을 세차게 흔들어댔지만 아무런 효과가 없자 갑자기 돌아서서 수돗가로 갔다. 그러더니 입속에 물을 가득 머금고는 통으로 돌아와 물을 집어넣었다. 이런 행동을 몇 차례 반복하자 땅콩이 적당한 높이까지 올라왔다. 그러자 침팬지는 손을 집어넣어 땅콩을 꺼냈다. 이 과제가 얼마나 어려운지는 아이들에게 실시한 똑같은 실험에서 분명히 드러났다. 여덟 살 난 아이 중에서 58퍼센트만 답을 찾아냈고, 네 살 아이 중에서는 8퍼센트만이 답을 찾아냈다. 아이들 대부분이 손가락으로 원하는 것을 꺼내려고 애를 쓰다가 그냥 포기해버렸다.

　미국에서는 놀라운 기억력을 가진 까마귀가 관찰되었다. 미국 잣까마귀인데, 이 녀석의 활동 범위는 수 제곱킬로미터에 달한다. 가을에 이 잣까마귀는 그 넓은 면적의 땅에 200여 군데의 구멍을 파고 그 속에 잣과 각종 벌레를 숨겨놓는다. 그리고 겨울과 봄에 그렇게 숨겨둔 먹이를 파먹는데, 그 대부분을 찾아 먹는다. 대지가 눈에 덮여 있어도 문제없다. 아무렇게나 찾아 먹는 것이 아니라 벌레처럼 상하기 쉬운 것부터 파먹고 잘 상하지 않는 잣은 나중으로 미뤄둔다. 그러자면 숨겨놓은 곳 200여 군데를 모두 기억하고 있어야 할 뿐만 아니라 무엇을 어디에 숨겼는지도 기억하고 있어야 한다. 사실 200여 군데를 기억하고 생각해내는 것은 사람에게도 그리 쉬운 일이 아니다. 백화점 쇼핑을 끝내고 주차장에 내려왔을 때, 어디에 차를 주차했는지 몰라서 차를 찾느라 애를 먹는 일이 심심치 않게 벌어진다는 것을 생각해보면 이 잣까마귀의 기억력은 더욱더 놀랍다.

　영국 런던의 택시 운전사들은 그 복잡하기로 유명한 런던의 길을 잘 기억한다. 하지만 북극 제비갈매기에 비하면 이 정도는 아무것도 아닌듯하다. 북극 제비갈매기는 해마다 북극에서 남극으로 날아간 뒤 다시 북극으로 되돌아온다. 만주와 한반도, 오스트레일리아를 거쳐 북극에서 남극까지 가려면 베이징과 선양이 어디에 있고, 서울이 어디에 있으며, 목포·제주도·마닐라·시드니 등이 어디에 있는지를 훤하게 알아야 하지 않을까? 북극 제비갈매기가 5년 동안 여행하는 거리는 지구와 달 사이의 거리와 맞먹는다. 그 먼 길을 기억하는 북극 제비갈매기는 길 찾기의 천재라고 할 수 있다.

　영장류 중에도 기억력이 좋은 녀석이 있다. 침팬지와 원숭이는 상당히 오래전에 자신에게 못되게 굴었던 상대를 기억하고 있다가 그 상대가 패싸움에 휘말리면 얼른 반대편에 붙어서 보복을 한다. 그만큼 기억력이 좋다는 것을 말해준다. 새로 우두머리가 된 수컷 침팬지의 경우 그의 지배력이 아직 확고하게 인정받지 못한 단계에서는 부하들의 도전을 받기도 한다. 서열이 낮은 침팬지들이 함께 무리를 지어 그에게 폭력을 가해서 상처를 입히는 일이 가끔 있다. 그러면 그 우두머리는 기력 영국 런던의 택시 운전사들은 그 복잡하기로 유명한 런던의 길을 잘 기억한다. 하지만 북극 제비갈매기에 비하면 이 정도는 아무것도 아닌듯하다. 북극 제비갈매기는 해마다 북극에서 남극으로 날아간 뒤 다시 북극으로 되돌아온다.

폰 라이트 형제가 그린 북극 제비갈매기

을 회복할 때까지 참고 기다렸다가 때가 오면 자신에게 폭력을 가했던 부하들이 각자 혼자 있을 때 찾아가 두들겨 팬다. 그만큼 기억력이 좋아야 한다. 눈에는 눈, 이에는 이로 응수하는 이 경향이 침팬지 사회에서 아주 빈번하게 나타난다는 사실이 수천 건의 관찰사례를 통해 통계적으로도 밝혀졌다. 이런 사례가 원숭이 사회에서도 자주 관찰된다.

　한 가지 재미있는 것은 침팬지와 원숭이 사회에서는 서로 격하게 싸우다가도 때가 되면 화해한다는 사실이다. 화해하기 위해서는 적대감을 버리는 용기가 필요한데, 침팬지와 원숭이는 화해를 위한 감정적 변화가 놀랍도록 빨리 일어난다고 한다. 침팬지와 원숭이 사회뿐만 아니라 다른 포유류와 조류에서도 화해를 목격한 사례가 수백 건이나 보고되었다.

수를 세는 앵무새

　원숭이는 물물교환을 할 수 있을 정도로 영리하다. 유명한 관광지인 발리 섬의 여러 사원에 사는 필리핀원숭이에게서 그 사례를 볼 수 있다. 이 원숭이는 관광객의 귀중품을 훔치는 버릇이 있다. 물건을 훔친 원숭이는 그것을 그냥 가져가거나 가지고 노는 것이 아니다. 피해자 근처에 앉아서 피해자가 물건을 돌려받기 위해 얼마나 많은 보상을 제안하는지를 두고 본다. 땅콩 몇 개로는 어림도 없다. 최소한 과자 한 봉지를 건네

야 물건을 돌려준다. 이 도난 사건을 연구한 영장류 학자들은
이 필리핀원숭이가 사람들이 어떤 물건을 소중하게 여기는지
를 아주 잘 안다는 사실도 발견했다.[10]

　　원숭이 우리 속에 들어가서 일을 하다가 깜빡 잊고 도구를
우리 안에 놓고 나왔다면, 다시 우리 속으로 들어갈 필요가 없
다. 그저 원숭이에게 그 도구를 가리키면서 땅콩을 집어 들기
만 하면 원숭이는 철망 사이로 그 도구를 건네준다. 원숭이는
물물교환을 아주 좋아해서 심지어 조약돌과 바꾸자며 마른 오
렌지 껍질을 가져다주기도 한다. 재미있는 점은 원숭이가 그
물건을 사람의 손바닥에 올려놓은 뒤 마치 "자, 여기 있어! 꽉
잡아!"라고 말하는 듯이 자신의 작은 손으로 사람 손가락을
잡고 안쪽으로 구부러지게 하면서 그 물체를 꼭 감싸도록 한다
는 것이다.

　　앵무새의 영리함도 잘 알려져 있다. 앨리스라는 이름의
미국 앵무새는 수를 잘 알았다. 재깍거리는 소리를 두 번 내고
몇 번 소리가 났느냐고 물으면 "2"라고 답했고, 재깍거리는 소
리를 두 번 더 내자 "4"라고 답했으며, 다시 두 번 더 내자 "6"
이라고 답했다. 이 앵무새는 색깔도 구분했다. 여러 가지 색의
물건이 담긴 쟁반을 보여주고 나서 "초록색은 몇 개?"라고 질
문하면 정답을 말할 수 있었다. 새의 뇌에는 포유류의 대뇌피
질과 같은 것이 거의 없어서 높은 수준의 인지능력이 없다는
게 과거의 일반적인 견해였다. 새는 본능에 따라 행동할 뿐 사
고는 말할 것도 없고 학습에도 서툴다고 알려졌다. 그러나 앨

리스라는 이름의 이 앵무새는 그런 고정관념을 여지없이 깨뜨렸다. 앨리스는 각종 재롱으로 미국에서 유명한 동물이 되었으며, 수명을 다했을 때는 『뉴욕타임스』와 『이코노미스트』지에 사망 기사가 실리는 영예까지 누렸다.

침팬지를 포함한 유인원들은 먼저 생각하고 나서 행동하기도 하는데, 가장 영리하면서 가장 신중한 유인원은 오랑우탄으로 알려져 있다. 탈출의 명수로 악명이 높은 오랑우탄은 우리의 문에서 분해한 뒤 떼어놓은 나사와 볼트를 눈에 띄지 않는 곳에 숨기면서 몇 주일에 걸쳐 끈기 있게 우리의 문을 차근차근 해체한다. 관리인들은 수습하기 힘든 지경에 이를 때까지 이 사실을 알아차리지 못할 때가 많다고 한다.

한편 바다 밑의 동물 중에도 영리한 녀석들이 많다. 그중에서도 문어가 자주 꼽힌다. 문어는 특히 전복을 좋아한다. 문어는 근육에 특수한 송곳을 가지고 있어서 전복 위에 앉아 그 송곳을 이용해 전복 껍데기에 작은 구멍을 뚫는다. 그러고 나서 전복 속에 일종의 독소를 집어넣는다고 한다. 독소에 약해진 전복이 바위를 꼭 잡고 있던 발의 힘이 풀리면, 그 틈을 타 문어는 전복을 바위에서 떼어내 안전한 자신의 굴로 가져간다.[11] 바다 밑 바위틈 근처에 구멍 뚫린 전복 껍데기들이 많이 흩어져 있다면 근처에 문어 굴이 있을 가능성이 높다.

바다에는 물범이나 상어 등 문어를 잡아먹는 포식동물이 많지만, 그중에서도 파자마 상어라는 녀석이 문어에게는 가장 무서운 적이다. 보통 상어보다 몸집이 작은 이 파자마 상어는 무리를 지어 사냥하는데, 특히 문어 사냥에 아주 뛰어나다. 날씬한 근육질 몸은 문어가 숨어 있는 틈으로 침입하기에 적합하다. 파자마 상어는 또한 냄새로 문어를 추적할 수 있다. 그러나 이렇게 포식자들의 공격을 당할 때 문어의 영리함이 발휘된다. 포식자들을 만나면 문어는 우선 재빨리 도망가거나 먹물을 내뿜는다. 이것도 통하지 않으면 최후의 수단으로 '갑옷 만들기'라는 놀라운 기술을 발휘하는데, 바다 밑바닥에서 80~100개의 조개껍데기와 돌을 끌어 모아 그것으로 자신의 몸을 둘러싸 보호 갑옷을 만든다. 제아무리 파자마 상어라도 이 갑옷은 뚫지 못한다.

　문어가 위장의 달인이라고는 하지만, 갑오징어에 비하면 아무것도 아니다. 이 영리한 물고기는 자기 몸의 색을 주변과 일치시키는 데 필요한 색을 파악한 다음, 자신의 몸 색깔을 그에 맞추어 변화시킨다. 다시 말해 주변의 색과 질감, 밝기를 분석한 뒤, 그것을 똑같이 복사한 색을 자신의 피부에 재현한다는 것이다. 이렇게 갑오징어는 거의 완벽하게 주변 환경을 모방해 위장하기 때문에 발견하기가 매우 어렵다. 그런데 여기에 한 가지 미스터리가 있다. 갑오징어는 흑백으로만 세상을 보는 색맹이라고 하는데, 어떻게 이 녀석은 자신의 몸을 총천연색으로 바꾸는 달인이 되었을까?

동물도 불공평한 대우에 분노한다

동물은 생각할 뿐만 아니라 동료나 다른 사람이 무슨 생각을 하고 있는지 알아차리며, 알고 싶어 한다는 사실도 밝혀졌다. 앞에서 살펴본 앨리스라는 이름의 앵무새는 흥분을 잘하는 까닭에 이 새를 기른 학자는 이 새에게 "진정해!"라는 말을 자주 하곤 했다. 하루는 그가 전화를 받고 화를 벌컥 낸 뒤 성난 발걸음으로 연구실을 뛰쳐나갔다. 바로 그때 앨리스는 그의 뒤꽁무니를 향해 "진정해!"라고 소리쳤다. 이 앵무새는 주인의 감정을 읽고 있었음이 분명하다.

덤불어치들은 먹이를 아무도 모르게 숨기는 버릇이 있다. 그런데 먹이 숨기는 것을 다른 경쟁자들에게 들켰을 때는, 경쟁자들이 없을 때 그 먹이를 다른 곳으로 슬쩍 옮겨서 숨긴다. 이런 행동을 하는 이유는 자기도 과거에 다른 새가 숨겨놓은 먹이를 훔쳐 먹은 경험이 있기 때문일 것이다. 그 덤불어치는 "도둑을 알려면 도둑이 되는 게 필요하다"라는 격언을 충실히 따르는 것처럼 보인다. 다시 말해 역지사지한다는 것이다.

덤불어치가 미래에 대비하기도 한다는 사실 역시 실험에서 밝혀졌다. 덤불어치의 우리를 두 칸으로 나누었다. 왼쪽 칸의 우리에는 먹이가 제공되지 않았고, 오른쪽 칸의 우리에는 늘 먹이가 제공되었다. 덤불어치는 하루에 한 곳에만 들어가게 했고, 일단 들어갔으면 하루를 그곳에 있어야 한다. 다음 날에는 다른 곳에 들어간다. 잠은 우리에서 자지 않고 다른 곳에서 잔다. 이렇게 얼마를 지낸 후 하루는 저녁에 잣을 한 움큼 주고 이것을 숨길 기회를 주었다. 그러자 덤불어치는 평소 먹이가 제공되지 않는 왼쪽 칸의 우리에 그 대부분을 숨겼고 오른쪽 칸 우리에는 아주 조금만 숨겼다. 이 실험으로 미루어 보면 이 덤불어치는 먹이를 숨길 때 현재의 필요와 욕망을 따르는 것이 아니라 미래에 예상되는 필요와 욕망을 따르는 것으로 생각된다.

침팬지의 역지사지 능력을 밝힌 실험도 있다. 이 실험에서 실험자는 서열이 낮은 침팬지가 보는 앞에서 실외 공간 여기저기에 바나나와 오이를 감추어놓았다. 침팬지는 오이보다 바나나를 훨씬 더 좋아한다. 음식을 감추는 것을 서열이 높은 침팬지도 보았지만, 어디에 무엇을 숨겼는지는 보지 못했다. 음식 감추기가 끝난 후 두 마리의 침팬지를 실외 공간에 풀어놓았다. 서열 높은 침팬지는 서열 낮은 침팬지를 유심히 쳐다보았고, 서열 낮은 침팬지는 최대한 무심한 태도로 이리저리 걸어 다니다가 오이가 숨겨진 장소로 서열 높은 침팬지를 유인했다. 오이가 숨겨진 장소 근처에 와서 서열 낮은 침팬지가 주저앉자 서열 높은 침팬지는 오이가 숨겨진 장소를 찾아 오이를 파내 먹었다. 서열 높은 침팬지가 오이를 파내 먹느라 정신을 팔고 있을 때, 서열 낮은 침팬지는 서둘러 바나나가 있는 쪽으로 달려가 그것을 꺼내 맛있게 먹었다. 서열 낮은 침팬지는 서열 높은 침팬지가 바나나 숨긴 곳을 모른다는 사실을 알고 있었음이 분명하다. 이는 침팬지에게 역지사지 능력이 있다는 명백한 증거다. 또 다른 실험에서는 사람들이 자주 지나다니는 침팬지 우리 근처에 바나나를 놓아두었다. 침팬지는 소리를 쳐서 지나가는 사람들의 주의를 끈 다음, 자신을 쳐다보는 사람에게는 바나나가 있는 곳을 손가락으로 가리켰다. 어떤 침팬지들은 자신이 원하는 것을 명확하게 전달하기 위해 손으로 바나나를 가리킨 다음에는 손가락으로 자기 입을 가리켰다.

　동물의 역지사지 능력을 더 실감 나게 보여주는 실험이 있다. 미국 애틀랜타 언어연구센터에서 실험자는 한 침팬지가 보는 앞에서 우리 밖 실외 공간 여기저기에 맛있는 음식을 땅속에 감추어두고 퇴근했다. 다음 날 아침 직원들이 출근하자 이 침팬지는 직원들에게 온갖 신호를 보냈다. 곧 직원들은 이 침팬지가 무엇을 원하는지를 눈치 채고 침팬지가 가리키는 곳으로 향했다. 만약 그 직원들이 자신의 지시를 따라 음식물에 가까이 접근하면, 침팬지는 바로 거기라는 뜻으로 머리를 힘차게 끄덕였다. 만약 음식물이 더 먼 곳에 있으면 손을 높이 치켜들어 그곳을 가리켰다. 이 침팬지는 상대가 모르는 것을 자신이 안다는 사실을 알았고, 자신이 원하는 음식물을 얻기 위해 인간을 이용할 만큼 충분히 영리했다.

　동물에게 역지사지 능력이 있다는 것은 남과 나를 비교할 수 있음을 의미하며, 이는 시샘과 정의감을 가지고 있음을 시사한다. 이를 확인하기 위한 실험에서 철망으로 분리된 실험실에 두 원숭이를 나란히 앉혔다. 원숭이가 있는 방에 작은 돌을 떨어뜨린 뒤 쫙 편 손을 내밀면서 돌을 돌려달라고 부탁했다. 돌을 돌려주면 그 대가로 원숭이에게 오이 조각을 주었다.
그러면 원숭이는 만족스럽게 먹이를 먹었다. 이같이 조약돌
돌려주기와 오이 주기를 여러 차례 반복했는데, 그때마다 원
숭이들은 항상 기꺼이 물물교환을 했다. 하지만 비슷한 다른
실험에서는 두 원숭이에게 똑같이 오이를 주지 않고, 한 원숭
이에게는 포도를 주고 다른 원숭이에게는 오이를 주었다. 원
숭이는 포도를 오이보다 훨씬 더 좋아한다. 그러자 상황이 극
적으로 달라졌다. 동료가 더 좋은 먹이를 얻었다는 걸 알아채
면, 오이를 받기 위해 기꺼이 물물교환을 하던 원숭이가 갑자
기 태업에 돌입했다. 단지 마지못해 일할 뿐만 아니라 점점 더
불만이 커져서 나중에는 조약돌을 실험실 밖으로 내던지고,
때로는 심지어 먹이로 준 오이 조각까지 밖으로 팽개쳤다. 다
른 많은 원숭이를 대상으로 같은 실험을 했는데 결과는 항상
동일했다. 이런 결과를 보면, 원숭이도 사람과 마찬가지로 똑
같은 일을 했는데도 남보다 더 적은 대가를 받으면 공정치 못
하다고 생각해서 화를 낸다는 사실을 알 수 있다.

　　개 두 마리를 대상으로 비슷한 실험을 했다. 사람이 손을
내밀며 이 개들에게 앞발을 달라고 하면 얼른 앞발을 내밀었
다. 보상이 없어도 두 개는 여러 차례 계속해서 앞발을 내밀었
다. 하지만 한 개에게는 보상으로 빵 한 조각을 주고 다른 개에
게는 아무것도 주지 않았더니, 빵을 못 받은 녀석은 앞발을 달
라는 요구에 응하지 않았다. 사람의 집에서 기른 늑대도 똑같
은 반응을 보였다.

침팬지의 공정성 인식을 좀 더 구체적으로 알아보기 위한 실험이 있다. 우선 창살로 분리된 방에 두 마리의 침팬지를 한 마리씩 나란히 앉게 했다. 한 침팬지에게 초록색 카드와 노란색 카드를 보여주고 선택하게 했다. 그 침팬지가 노란색을 선택하면 실험자는 그 침팬지에게 바나나 다섯 조각을, 다른 침팬지에게는 한 조각을 주게 되어 있고, 초록색을 선택하면 실험자는 둘 모두에게 바나나를 세 조각씩 주게 되어 있다. 선택권을 가진 침팬지의 입장에서 보면, 노란색은 이기주의적 선택이고 초록색은 평등주의적 선택이다. 선택권을 쥔 침팬지는 자신에게 더 좋은 결과와 둘 모두에게 좋은 결과 중에서 하나를 선택해야 하는 상황에 있다. 실험을 몇 차례 반복하자 두 침팬지는 두 가지 색의 의미를 금방 알아챘다. 선택권을 가지지 않은 침팬지는 선택권을 가진 침팬지가 초록색(평등주의)을 선택하기를 원할 것이다. 그래야 자신에게 더 많은 몫이 돌아오기 때문이다. 그런데도 선택권을 쥔 침팬지가 노란색(이기주의)을 선택하면, 선택권이 없는 침팬지는 당연히 화를 낸다. 실제로 선택권이 없는 침팬지는 창살을 쾅 치거나 심지어 입속에 가득 머금은 물을 뱉어 불쾌감을 표시했다. 그러나 여러 차례 실험해본 결과, 동료 침팬지를 화나게 만드는 경우는 약간 예외적인 것이었다. 대부분의 경우, 선택권을 쥔 침팬지는 초록색, 즉 동등한 보상을 선택했다. 이는 침팬지가 평등을 선호한다는 것을 시사한다.

이와 비슷한 여러 실험 결과를 보면 인간의 공정성 감각과 침팬지의 공정성 감각 사이에 별 차이가 없어 보인다. 물론 인간의 공정성 감각은 훨씬 더 복잡하지만, 대체로 인간이나 침팬지 모두 평등을 중요하게 생각한다고 볼 수 있다.

동물도 도구를 이용할 뿐만 아니라 직접 만들기도 한다

영국 옥스퍼드 대학의 한 실험실에서는 도구를 만드는 까마귀가 관찰되었다. 이 까마귀는 수직 방향으로 세워진 길쭉한 유리병 속에 있는 작은 컵을 끄집어내려고 애썼다. 손잡이가 달린 그 작은 컵 안에 고기 조각이 들어 있었기 때문이다. 전에는 끝이 둥그렇게 구부러진 철사가 있어서 이것으로 그 컵을 끄집어냈지만, 실험 당시에는 구부러진 철사가 없었다. 그 대신 유리병 옆에는 곧게 뻗은 철사가 있었다. 이 까마귀는 부리를 이용해 곧은 철사를 갈고리 모양으로 구부린 뒤 이것을 유리병 속에 넣어서 컵을 끄집어냈다. 그 후 이 까마귀에게는 계속 곧은 철사만을 주었는데, 놀랍게도 이 까마귀는 철사를 구부리는 행동을 계속 보여주었다. 여러 동물학자가 이런 실험과 관찰 결과를 바탕으로 동물도 도구를 이용할 뿐만 아니라 도구를 만들 줄도 안다고 주장했다. 하지만 번번이 외면당했다고 한다.[12]

동아프리카 침팬지는 흰개미 사냥에 큰 관심과 재주를 가지고 있다. 영국의 유명한 영장류 학자 제인 구달Jane M. Goodall 박사에 따르면, 동아프리카 침팬지는 잔가지가 많이 달린 나뭇가지를 흰개미 굴속에 집어넣은 다음, 거기에 흰개미들이 달라붙으면 그걸 꺼내어 잡아먹었다. 분명히 이 침팬지들은 나뭇가지를 도구로 이용했다. 이 관찰은 도구가 인간의 전유물이 아니라는 사실을 처음으로 일깨운 중요한 발견이었다.

　미국의 한 영장류 학자는 콩고에서 한 개가 아닌 두 개의 도구를 이용하는 침팬지를 발견했다. 이곳 침팬지는 서로 다른 막대 두 개를 들고 다니는데, 하나는 약 1미터 길이의 튼튼한 묘목이고, 다른 하나는 유연하고 가느다란 허브 줄기다. 개미집이 있어 보이는 특정 장소에 도착하면, 이 침팬지는 첫 번째 막대를 의도적으로 땅에 박아 넣는다. 마치 우리가 삽으로 땅을 파듯이 양손과 발로 개미집이 드러나도록 제법 큰 구멍을 뚫는다. 그러고 나서 막대를 뽑아내 코에 갖다 대고 냄새를 맡는다. 개미 냄새가 나면 두 번째 도구를 조심스럽게 집어넣는다. 유연한 허브 줄기에 개미들이 달라붙으면 침팬지는 그 줄기를 끄집어내 개미를 맛있게 핥아 먹었다.

　서아프리카에서는 침팬지가 도구를 이용해서 견과류를 깨 먹는 실제 사례가 목격되었다. 실험자가 이 침팬지들에게 견과류를 한 움큼 주었다. 그러자 이들은 크고 넓적한 돌을 찾으러 숲 밖으로 나갔다. 적당히 크고 넓적한 돌을 찾으면 끙끙대며 그것을 500미터쯤 떨어진 집 근처로 가져온 다음, 이 돌을 모루로 삼아 그 위에 견과를 올려놓았다. 그러고 나서 손에 쥐기 알맞은 다른 돌을 마치 망치처럼 내리쳤다. 만일 모루로 쓰는 돌이 기울어져 있어서 올려놓은 견과가 자꾸 굴러 떨어지면 모루용 돌 밑에 다른 작은 돌을 괴어놓기도 했다. 이 일련의 행동은 아무런 사전 계획 없이 우연히 혹은 본능적으로 이루어졌다고 보기 어렵다.

꿀을 채취하는 아프리카 가봉의 침팬지들은 더 정교한 연장 세트를 보여준다. 이들은 다섯 가지 도구로 이루어진 연장 세트를 가지고 벌집을 습격한다. 다섯 가지 도구란 벌집 입구를 부수는 데 쓰는 무거운 막대, 꿀이 있는 방에 도달하기 위해 땅에 구멍을 뚫는 막대, 구멍을 넓히는 도구, 꿀에 담갔다가 거기에 묻은 꿀을 빨아 먹을 수 있는 너덜너덜한 막대, 꿀을 퍼올리는 나무껍질 등이다. 이 도구들은 쓰기에 복잡하므로 이것들을 제대로 써먹으려면 미리 생각하고 순서에 따라 작업 단계를 계획하는 일이 필요하다.

아프리카 사바나의 한 침팬지 공동체는 사냥할 때 뾰족한 막대를 쓴다. 이것은 충격적인 사실이었는데, 사냥무기는 인간에게만 독특하게 나타난 발전으로 생각하고 있었기 때문이다. 그 침팬지는 나무에 뚫린 구멍 속으로 그들의 창을 찔러 넣어 잠자는 작은 동물을 죽인다. 수컷 침팬지처럼 원숭이를 쫓아가 잡을 수 없는 암컷 침팬지에게 이 작은 동물은 좋은 단백질 공급원이다.

침팬지들은 도구를 이용할 뿐만 아니라 협력해서 도구를 만들기도 한다. 우리 속에 갇힌 침팬지들이 긴 막대기 여러 개를 우리의 담장에 걸쳐놓았다. 그리고 몇몇이 그 막대기들을 꽉 붙잡고 있는 동안 나머지 침팬지들은 그것을 타고 올라가 우리를 탈출했다. 이 광경을 촬영한 어느 동물학자가 세미나에서 청중에게 그 장면을 보여주었다. 비디오 보여주기가 끝나자 한 교수가 벌떡 일어나더니 거세게 항의했다. 동물이 계획과 의도를 가질 리가 없는데, 이 비디오는 마치 그들에게도 계획과 의도가 있는 것처럼 사람들을 오도한다고 비난했다.

　　남아메리카에 사는 작은 원숭이, 검은머리카푸친도 놀라운 도구 이용 모습을 보였다. 애벌레를 좋아하는 이 원숭이는 큰 열매를 먹고 나서 그 씨를 땅에 뿌린다. 며칠 뒤 다시 와서 바싹 마른 씨들을 주워 모은 다음 크고 넓적한 바위가 있는 곳으로 가져간다. 그리고 그 바위 위에 씨를 올려놓고 돌멩이로 그것을 깬다. 단단한 껍질이 깨지자마자 원숭이들은 그 안에서 바글거리는 애벌레를 즐겁게 주워 먹는다.

　　오랫동안 과학자들은 코끼리가 도구를 쓸 줄 모른다고 믿었다. 동물의 도구 이용 능력에 대한 테스트에서 원숭이는 막대기를 가지고 우리 밖에 있는 먹이를 끌어당김으로써 테스트를 통과했다. 반면에 코끼리는 막대기를 쓰지 않았으므로 먹이를 끌어당기지 못했다. 그러나 이런 실험은 코끼리의 입장에서 보면 불공평한 것이다. 코끼리는 뛰어난 후각을 이용해 코로 먹이에 접근하는데, 코로 막대를 집어 들면 콧구멍이 막혀서 냄새를 맡지 못하므로 먹이에 접근할 수 없다. 따라서 그런 실험은 아이의 눈을 가린 채 술래잡기에 내보내는 것과 같

다. 코끼리의 지능은 다른 방식으로 실험해야 한다. 예를 들면 바나나를 높은 곳에 매달아놓고 코끼리 앞에 막대기 여러 개와 단단한 상자를 놓아두는 것이다. 그러면 코끼리는 막대기를 무시하고 상자를 발로 차기 시작한다. 여러 차례 상자를 찬 끝에 마침내 상자가 과일 바로 밑에 놓이면, 코끼리는 앞발로 상자를 딛고 일어서서 긴 코로 바나나를 잡아당겨 먹는다. 결국 적절한 도구를 제공하기만 한다면 코끼리도 도구를 이용할 줄 안다는 사실이 밝혀진 것이다.

유인원은 거울로 자신의 엉덩이를 보려고 한다

　얼굴을 알아보는 것은 사회생활에 필수적이다. 그렇다면 집단생활을 하는 동물들도 당연히 누가 누구인지를 알아보는 능력을 가지고 있을 것이다. 예를 들어 원숭이들에게 같은 집단 구성원의 사진과 낯선 원숭이의 사진을 보여주면, 이들은 어느 것이 자신이 아는 원숭이고 어느 것이 모르는 원숭이인지 별 어려움 없이 구별한다. 재미있는 점은 얼굴 사진을 거꾸로 돌려서 보여주면 누가 누구인지 잘 알아보지 못한다는 것이다. 이것이 '얼굴 역전 효과'다. 하지만 이런 효과는 인간에게도 나타나는 특수한 효과다.[13] 얼굴 사진과는 달리 식물이나 집과 같은 다른 물체들의 사진은 방향을 어떻게 바꾸든지 알아보는 데 큰 문제가 되지 않는다.

　　동물들은 자기들끼리 얼굴을 알아볼 뿐 아니라 사람의 얼굴도 구별한다. 동물원의 침팬지들은 낯익은 방문객이 나타나면 그를 알아보고 소리를 지르며 환영한다. 유인원이 사람 얼굴을 알아보는 것은 별일이 아닐지 모른다. 하지만 양과 까마귀, 문어, 심지어 말벌도 사람 얼굴을 구별한다는 것은 좀 놀랍다. 미국 워싱턴 대학의 한 야생 생물학자는 길거리를 걸어갈 때 조심해야 했다. 실험을 위해 그가 너무 많은 까마귀를 포획하자 그가 걸어다닐 때마다 그를 알아본 까마귀들이 달려와 야단스럽게 소리치고 때로는 급강하해서 폭력을 가하기도 했기 때문이다.

　　문어도 사람의 얼굴을 알아본다. 매일 날달걀을 하나씩 받아먹는 문어에게 하루는 어느 사육사가 썩은 달걀을 주었다. 이를 알아챈 문어는 자신에게 그것을 준 사육사를 향해 그 냄새 고약한 달걀을 던져서 그를 깜짝 놀라게 만들었다. 이같이 문어는 사람을 아주 잘 구별한다. 사육사 두 사람 중 한 사람은 늘 먹이를 주는 반면, 다른 한 사람은 막대 끝에 거센 털을 붙여 문어를 쿡쿡 쑤셔보았다. 두 사람 모두 똑같은 모양과 색깔의 작업복을 입고 있었지만, 자기를 괴롭힌 사람을 보면 문어는 곧바로 먹물을 뿜어댔다.

　　한창 성적 충동이 강해질 때 동물은 사람에게도 성적 충동을 느낀다고 한다. 침팬지 수컷 두 마리는 여성이 들어오는 것을 볼 때마다 발기했다. 여성을 기막히게 잘 알아본다. 이들을 상대로 실험을 해보았다. 두 남자가 치마와 가발을 쓰고 여성의 목소리로 잡담을 하면서 마치 여성 방문객인 것처럼 침팬지 앞을 지나가게 하고 나서 침팬지들이 어떤 반응을 보이는지 살펴보았다. 그런데 침팬지는 그들에게 거의 눈길도 주지 않았다. 침팬지를 속이기가 생각보다 어렵다는 것이다. 사람의 성 구별하기 과제에서 많은 동물이 그 두 침팬지와 동일한 민감성을 보여주었다. 침팬지는 인간과 가까운 종이라서 그렇다고 할 수 있지만, 새와 고양이도 인간의 성을 아주 쉽게 구별한다. 여성과 남성 중 어느 한쪽만 좋아하는 앵무새들이 많다. 고양이도 여성과 남성을 구별할 뿐 아니라 여성을 더 좋아한다. 고양이는 남성의 둔탁한 저음의 목소리를 좋아하지 않는다. 그런 소리는 공격할 때 내는 소리이기 때문이다.

심지어 어떤 동물은 사람에게 반하기도 한다. 암스테르담의 동물원에는 한 쌍의 젊은 알락헤오라기가 살고 있었는데, 그중 수컷은 새끼 때부터 보아온 동물원장에게 "반해 있었다." 그 한 쌍의 짝짓기를 방해하지 않으려고 동물원장이 한동안 모습을 감췄다. 그 결과 수컷은 암컷과 친해져서 행복한 결합을 하는 데 성공했다. 그런데 그 후 암컷이 알을 품고 있을 때 동물원장이 다시 모습을 드러냈다. 과연 무슨 일이 일어났을까? 수컷은 자신의 옛 성적 동반자를 알아보자마자 암컷을 둥지에서 내쫓고 나서는 동물원장에게 그 빈자리로 들어와 계속해서 알을 품을 것을 열망한다는 신호를 반복적으로 보냈다고 한다.[14]

동물에게 거울을 보여주면 자기 자신을 알아볼까? 유인

원은 어느 정도 거울에 익숙해지면 거울 속의 자신을 알아본
다. 그리고 나면 유인원은 자발적으로 거울 앞에 서서 자기 얼
굴을 볼 뿐만 아니라 입을 벌려 자기 입안을 열심히 살펴보기
도 한다. 암컷들은 늘 자신의 엉덩이를 살피려고 거울 앞에서
돌아선다. 입안이나 엉덩이는 평상시에는 절대로 볼 수 없는
신체 부위이므로 입을 벌리거나 돌아서는 것은 합리적인 행동
이라고 할 수 있다.

　거울에 관한 또 다른 실험 결과를 살펴보자. 큰 거울을 세
워놓고 코끼리들이 이것을 보게 했다. 그러자 코끼리들은 거
울을 만지고 냄새를 맡고 그 뒤쪽을 살펴보았다. 한 코끼리의
이마에 흰 십자가 표시를 그려놓고 거울을 보게 하자, 이 코끼
리는 거울에 비친 자신의 모습을 알아보고 거울 앞에 서서 그
표시를 반복해서 문질렀다. 그러니까 거울에 비친 모습을 보
고 자신의 몸과 연결했던 것이다. 어떤 코끼리는 코끝으로 흰
십자가 표시를 문질러 물감 일부를 벗겨낸 뒤 입으로 가져가
맛을 보았다. 거울에 비친 모습을 보아야만 십자가 표시를 알
수 있었기 때문에 이 코끼리 역시 거울에 비친 모습을 자신과
연결한 것이 분명했다. 또 어떤 녀석은 거울에서 한 발 뒤로 더
물러서더니 입을 크게 벌렸다. 그리고 거울의 도움을 받아 입
안쪽 깊숙한 곳까지 들여다보았다. 유인원에게서도 흔히 볼
수 있는 이 동작은 거울의 도움을 받지 않는 한 자신의 혀와 이
빨을 볼 방법이 없으므로 이치에 맞는 행동이다.

　동물원의 코끼리 대부분은 자신을 돌보는 사람과 평생 유

대를 이어간다. 어린 코끼리가 사람들 사이에서 자라면 사람에게 아주 익숙해진다. 코끼리의 움직임을 파악하기 위해 목에 종을 매달아놓으면, 목에 달린 종 안에 코로 풀을 집어넣어 소리가 나지 않도록 함으로써 사람을 속이기도 한다. 그러면 코끼리는 들키지 않고 마음대로 돌아다닐 수 있다.

거울에 대한 돌고래의 반응은 코끼리와 비슷하다. 뉴욕의 한 대형 수족관에 있는 큰돌고래 몸에 점들을 그려 표시를 하자, 이 큰돌고래는 상당히 멀리 떨어진 거울로 달려가 자신의 모습을 자세히 보려고 빙그르르 돌았다. 표시가 없을 때보다 표시가 있을 때 거울 가까이에서 몸을 확인하느라 더 많은 시간을 보냈다.

이같이 거울에 나타난 자기 모습을 자신의 몸과 연결시키는 능력, 즉 '자기인식' 능력을 검증하는 거울 테스트를 자발적으로 통과하는 종은 사람과 긴팔원숭이를 제외하고 코끼리와 돌고래뿐이라고 한다. 긴팔원숭이는 이름만 원숭이이지 사실은 인간·침팬지·보노보·오랑우탄·고릴라 등과 함께 유인원에 속한다. 새들도 거울 테스트를 통과하지 못했지만, 한 가지 예외가 있다. 그 주인공은 바로 까치다. 까치는 새들 중에서 영리한 녀석들로 알려져 있다. 그런 까치의 검은색 목털에 작은 노란색 스티커를 붙이고 거울을 보여주자, 그 까치는 거울 앞에서 스티커가 떨어질 때까지 발로 스티커가 있는 곳을 계속 긁었다. 거울이 없었을 때는 이런 행동을 하지 않았다. 실험 대상이 된 이 까치는 거울에 관련된 훈련을 전혀 받지 않았는데도 이처럼 흥미로운 결과를 보여주었다. 자기인식 능력이 있는 엘리트 동물 명단에 이제 까치도 포함되어야 할 것이다.

　　비록 꼬리감는원숭이는 거울 테스트를 통과하지 못했지만, 거울에서 본 것에 금방 반응을 보였다. 예를 들면 거울에 나타난 낯선 원숭이에게는 시선을 주지 않았지만, 자신의 모습과는 오랫동안 눈을 맞추었는데, 마치 자신을 보는 것에 크게 흥분한 것처럼 보였다. 꼬리감는원숭이는 자신을 인식하지 못하지만, 거울에 비친 자신의 모습을 다른 동물과 혼동하지도 않았다.

　　자기인식을 하지 못하는 동물들의 거울에 대한 반응은 다양하다. 예를 들면 명금류에게 거울을 보여주면 거울에 나타난 자기 모습을 보고 계속 구애 행동을 한다. 물고기에게 거울을 보여주면 계속 공격을 해댄다. 세력권을 지키는 데 가장 신경을 곤두세우는 박새와 파랑새도 거울에 나타난 자기 모습에 계속 공격하는 행동을 보인다. 원숭이를 포함한 다른 동물들은 대체로 이런 행동을 하지 않는다. 만약 개와 고양이가 그와 같은 반응을 보인다면 우리는 집안에 거울을 둘 수 없을 것이다. 그렇다고 개나 원숭이가 거울에 반응하지 않는다는 것은 아니다. 개 뒤에서 과자를 들고 있는 사람의 모습을 개가 거울에서 본다면 그 개는 그 사람을 보기 위해 고개를 뒤로 돌릴 것이다.

chapter

3

동물도 고상한 감정을
가지고 있다

동물도 남이 느끼는 것을 느낄 줄 안다.
하품 전염과 같은 '감정 전염' 현상이
동물에게서도 나타난다는 것이다.

눈물겨운 자기희생을 감행하는 동물

이타적 행동은 동물 사회에서도 빈번히 나타난다. 예를 들어 울새·개똥지빠귀·박새 같은 작은 새들은 매가 접근하면 다른 새에게 경고를 보낸다. 눈물겨운 자기희생을 보이는 동물도 있다. 브라질에 서식하는 한 개미 족속이 그 좋은 예다. 이 개미는 낮에는 땅 위에서 먹이를 찾고 해거름 즈음에는 땅 밑에 있는 안전한 보금자리로 돌아간다. 그런데 이때 개미굴로 들어가지 않고 밖에 남는 일개미가 있다. 이들은 동료 개미들이 서둘러 자그마한 개미굴로 모두 내려가기를 기다렸다가 모래알 같은 갖가지 부스러기들을 끌어와 개미굴 입구를 감쪽같이 막아버린다. 개미굴을 습격하는 천적들 때문일 것이다. 그러나 이렇게 개미굴 입구를 막아버리면 이들은 자기네 살길도 막아버린 셈이 된다. 이들은 보호자의 임무를 충실히 완수하고 어둠이 내려앉은 사막으로 행군해 사라져 죽는다. 개미굴 근처에서 죽으면 포식자들을 끌어들일 위험이 있으므로 되도록 멀리 가서 죽는다.[15]

몇몇 개미 종은 자기네 군락이 공격받으면 복부에서 폭발을 일으켜 적에게 노란 독성 물질을 내뿜어 적을 물리치기도 한다. 예를 들면 어떤 흰개미는 군락에 위험이 닥치면 일개미가 자폭해 머릿속에 든 고약한 액체를 적에게 내뿜는다. 말하자면 자살특공대다. 진딧물에 관한 최근 연구에 따르면, 군락의 주거지 벽에 금이 갈 경우, 일부 진딧물이 자폭하여 끈끈한 석고 반죽으로 변한 자신의 몸으로 그 금 간 곳을 메운다고 한다. 그런가 하면 꿀단지 개미 족속의 특정 일개미는 식량 창고로 성장한다. 배에 빵빵하게 들어찬 꿀 때문에 꼼짝도 하지 못하는 이 살아 있는 꿀단지는 배를 살짝만 건드려도 꿀을 분비해서 다른 일개미들에게 먹이로 나눠준다.

곤충을 포함한 무척추동물에서는 부모가 새끼를 돌보는 일이 드물다. 물고기도 알을 낳고 정액을 뿌릴 뿐 수정란이 알아서 자라게 내버려둔다. 뻐꾸기와 찌르레기 같은 종들도 다른 새의 둥지에 알을 낳고 달아나 성가신 양육 의무를 남에게 떠넘긴다. 하지만 반대로 새끼에게 모든 것을 남김없이 주는 눈물겨운 사랑을 실천하는 종도 있다. '아마우로비우스 페록스'라고 불리는 거미는 세심하게 산란 둥지를 만들고 이파리로 가린 뒤 4주 동안 알을 품는다. 새끼가 알을 깨고 나오면 어미는 수정되지 않은 알을 낳아 먹이로 제공한다. 그리고 새끼들이 이 알을 다 먹고 나면 어미는 새끼에게 제 몸을 산 채로 내준다. 어미는 새끼에게 자신을 먹으라고 적극적으로 부추긴다. 이 값진 식사를 마친 새끼들은 둥지를 떠날 때 몸집이 더

커져서 더 많이 살아남는다. 어미가 제 한 몸을 희생해 새끼들
이 최상의 상태에서 삶을 시작하도록 돕는 것이다. 이 거미는
동굴처럼 어둡고 습한 곳에서 주로 사는데, 특이하게도 어릴
때는 무리 지어 생활하다가 다 자라면 다른 거미들처럼 혼자
생활한다.

인간을 제외하면 모든 포유류 가운데 침팬지와 침팬지의
일종인 보노보가 가장 이타적일지도 모른다. 침팬지들은 공동
으로 사냥해서 포획한 고기를 공유한다. 이뿐만 아니라 침팬
지는 양자를 들이기도 한다. 제인 구달 박사는 탄자니아의 국
립공원에서 침팬지 어른 형제자매들이 고아가 된 아기 침팬지
들의 양육을 떠맡는 사례를 세 번이나 관찰할 수 있었다.[16] 남
돕기에 관해 어린아이와 어린 침팬지를 대상으로 수행한 실험
이 있다. 어른이 도구를 쓰다가 떨어뜨렸을 때 그것을 주워주
는지, 어른이 양손에 물건을 가득 들고 있을 때 문을 열어주는
지 실험을 해본 결과, 어린아이와 어린 침팬지 모두 그 어른이
처한 문제를 잘 이해하고 있었고 모두 자발적으로 그리고 기꺼
이 도움을 주었다.

침팬지도 너무 늙으면 물이 있는 곳까지 잘 걸어가지 못한
다. 이럴 때 젊은 암컷들이 자기 입에 물을 머금고 늙은 암컷에
게 가져가 입에 넣어준다. 이런 장면이 야생 침팬지를 관찰하
는 과정에서 여러 차례 포착되었다. 어느 날 구달 박사는 '효녀
침팬지'를 발견했다. 한 암컷 침팬지는 나무 위에 올라가 있는
자신의 딸이 내려오기를 나무 밑에서 인내심을 가지고 기다렸

다. 딸 침팬지는 나무에서 내려오자마자 자기가 따온 과일을 어미와 다정하게 나누어 먹었다. 부상으로 절뚝이는 어미 침팬지를 위해 다른 침팬지들이 그녀의 새끼들을 대신 들어줌으로써 도움을 주기도 한다. 유인원은 문제를 파악하고 새로운 해결책을 생각해내지만, 여기에서 놀라운 점은 동료들이 당면한 문제가 무엇인지를 지각한다는 것이다.

태국의 북부 야외 보호구역에는 눈먼 암컷 코끼리가 있었다. 그런데 이 암컷이 도움이 필요할 때마다 동료 코끼리가 항상 그 곁으로 달려갔다. 이같이 동물도 곤경에 처한 동료를 잘 돕는다. 이 경우 도움을 주는 동물은 상황을 잘 파악해서 어떤 행동이 필요한지 알아야 한다. 실제 사례가 미국 샌디에이고 동물원 보노보 야외 사육장에서 목격되었다. 사육사들이 해자에서 물을 빼낸 뒤 다시 물을 채우고 있었는데, 작은 수컷 한 마리가 소리를 지르며 팔을 마구 휘저었다. 어린 보노보들이 해자의 물속에서 빠져나오지 못하고 있었기 때문이다. 급히 사람들이 사다리를 타고 내려가 이들을 구했다. 이 작은 수컷은 누가 물 공급을 조절하는지 알고 있었으며, 해자에 물이 차면 어떤 끔찍한 일이 발생할지도 잘 알고 있었다. 동물원에서는 물을 채운 해자로 둘러싸인 섬에 유인원을 수용하는 경우가 많은데, 해자에 빠진 동료를 구하려고 시도한 유인원에 대한 보고가 다수 있다. 때로는 둘 다 치명적인 결과를 맞이하는 경우도 있다. 새끼를 다루는 데 서툰 어미 침팬지가 실수로 새끼를 물속에 떨어뜨렸다. 그러자 수컷 한 마리가 그 새끼를 구하려고 물속으로 들어갔다가 목숨을 잃는 일도 있었다.

어떤 침팬지는 잘 아는 사이도 아닌 한 암컷이 비명을 지르면서 물속으로 떨어져 허우적거리자 황급히 그 암컷에게 달려갔다. 그러고 나서 해자 가장자리의 진흙으로 걸어 들어가 버둥대던 암컷의 한쪽 팔을 붙잡고 안전한 곳으로 끌어냈다. 원래 침팬지는 물 공포증을 가지고 있는데, 강력한 동기가 없이는 물 공포증을 극복하기 어렵다.

설치류의 이타심을 알아보는 실험도 있다. 쥐 한 마리를 큰 우리 속에서 자유롭게 돌아다니게 했는데, 거기에는 투명한 유리병이 두 개 있었다. 하나에는 쥐가 좋아하는 초콜릿이 들어 있었다. 쥐는 냄새로 이것을 알 수 있었고, 뚜껑을 여는 방법도 알고 있었다. 다른 하나의 병에는 다른 쥐가 갇혀 고통스러워하며 몸부림치고 있었다. 실험 결과, 자유로운 쥐는 동료를 먼저 구하는 경우가 많았다. 이러한 결과는 이 쥐가 맛있는 먹이보다 동료의 고통 덜어주기를 더 중요하게 여겼음을 시사한다. 비슷한 결과가 다른 여러 실험에서도 관찰되었는데, 자유로운 쥐는 갇힌 쥐를 잘 알지 못해도 그를 구하려고 했다. 일련의 실험을 통해 쥐가 다른 쥐의 고통을 보면 그 고통을 같이 느끼고, 그 때문에 구조 행동에 나선다는 결론이 나왔다.

이런 다수의 사례는 동물도 이타심을 가지고 있음을 여실히 보여준다. 1990년대까지만 해도 동물은 순전히 이기심의 덩어리라는 생각이 학계를 지배했지만, 다양한 증거가 쌓임에 따라 오늘날에는 동물에게도 공감능력과 이타심이 있다는 사실이 널리 인정되고 있다. 인간을 포함한 모든 포유류의 뇌가 신경전달물질과 신경조직, 혈액공급 등의 세부사항에 이르기까지 얼마나 비슷한지를 감안하면, 동물에게 감정이 전혀 없다는 주장은 매우 비합리적인 견해라 하지 않을 수 없다.

간질여달라고 조르는 쥐

데카르트는 동물이 진정한 쾌락이나 고통조차 느끼지 못하는 생물학적 로봇이라고 보았고, 칸트는 동물도 고통을 느낄수는 있지만 도덕적 사유능력이 없으므로 인간에게 부여되는 권리를 가질 수 없다고 보았다. 1970년대까지만 해도 과학계에는 동물이 폭력적이고 경쟁적이고 이기적이며, 진심으로 다른 개체를 돕는 일 따위는 절대로 하지 않는 존재라고 보는 학자들이 많이 있었다. 토머스 홉스 또한 이러한 시각을 갖고 있었으며, 이들은 우리 인간이 가진 감정 따위는 없이 동물은 그저 충동에 따라 행동하는 자극-반응 기계에 불과하다고 여겼다. 그러나 이제는 이러한 시각이 얼마나 편협하고 위험한지를 여실히 보여주는 사례들이 매우 많다.

한 노쇠한 침팬지와 나이 많은 생물학자가 마지막으로 만나는 장면이 네덜란드 국영 텔레비전 방송에 나왔을 때 많은 시청자가 눈물을 흘렸다고 한다. 곧 죽음을 앞둔 노쇠한 침팬지에게 마지막 작별인사를 하러 그 생물학자가 방문했다는 사실을 시청자들도 알고 있었다. 시청자들이 눈물을 흘린 이유는 이 40여 년 지기가 마지막으로 만나는 상황이 매우 슬프기도 했지만, 그 늙은 침팬지가 친구를 와락 껴안고 손가락을 빠르게 움직여 그의 목을 두드리면서 사람처럼 반겼는데, 우리 인간의 행동을 너무나도 닮은 이 침팬지의 행동에 많은 사람이 큰 감명을 받았기 때문이다. 사실 영장류를 자세히 관찰해보면, 이들의 감정 표현이나 몸짓 언어가 인간과 너무나 비슷하다는 것을 알 수 있다고 한다.

한 동물원에서 조그마한 원숭이가 사육사의 친구가 되었다. 이 작은 원숭이는 덩치도 크고 사나운 원숭이와 같은 우리에 있었다. 이 작은 원숭이는 그 녀석을 늘 무서워했다. 하지만 덩치 큰 원숭이가 어느 날 사육사를 공격하자 작은 원숭이가 크게 소리를 지르며 그 녀석에게 달려들어 물어뜯는 통에 사육사는 무사히 도망칠 수 있었다. 이러한 종간의 이타심은 이상한 일이 아니며, 그것은 사회생활을 하는 종에게 있는 어떤 근본적인 본성이 표출된 것이라고 생물학자는 말한다.

집에서 개나 고양이를 기르는 사람들은 이들에게도 온갖 종류의 복잡한 감정이 있다고 말한다. 하지만 자신의 반려동물을 떠나서 동물 일반에 관해서는 그렇게 생각하지 않는 경우가 많다. 수많은 연구 결과 덕분에 오늘날 동물도 생각하며 지능을 가지고 있다는 사실을 어렴풋이 알게 되었다. 그러나 동물도 이타심이나 공감과 같은 고차원의 감정을 가지고 있다는 사실을 아는 사람은 별로 많지 않을 것이다.

심지어 쥐도 감정을 가지고 있으며 감정을 표현한다. 쥐가 친구관계를 맺고 놀이를 할 줄 아는 복잡한 동물이라는 사실이 여러 실험을 통해 밝혀졌다. 간질임을 당하면 사람과 유인원은 웃는다. 이와 마찬가지로 쥐도 간질임을 당하면 고음의 찍찍거리는 소리를 내는데, 다만 이 소리는 인간의 가청 주파수 범위를 벗어나는 소리라서 우리는 들을 수 없다고 한다. 하지만 사람의 간질임을 즐기는 것만은 분명하다. 간질임을 경험한 쥐는 사람에게 적극적으로 다가와 더 간질여달라고 조르기도 한다.

집에서 기르는 개와 고양이를 자세히 보면 이들도 싫어하는 것이 있음을 알 수 있다. 다른 동물들도 마찬가지다. 혐오감과 불쾌감을 느낄 때 침팬지와 원숭이의 뇌에서 활성화되는 부위는 인간이 그런 감정을 가졌을 때 활성화되는 뇌의 부위와 일치한다. 자세히 보면 그런 감정을 가졌을 때 침팬지와 원숭이의 표정도 인간의 표정과 비슷하다.

동물들도 청결에 대한 욕구와 불순물에 대한 깊은 혐오감을 가지고 있다. 그래서 신체 위생에 신경을 쓴다. 집고양이는 자신의 몸을 깨끗하게 유지하기 위해 깨어 있는 시간 중 최대 25퍼센트를 몸 다듬는 데 보낸다고 알려져 있다. 새도 부리로 세심하게 자신의 몸을 깨끗하게 다듬는다. 그중에서도 특히 날개와 꽁지에 있는 깃털을 깨끗이 한다. 벌거숭이두더지쥐는 자신들의 굴에 화장실을 따로 둔다고 한다. 화장실이 오래되어서 불결해지면 그것을 흙으로 메워버리고 다른 곳에 새 화장실을 파서 만든다. 불순물에 대한 혐오감은 많은 종에서 두드러지게 나타난다.

동물도 친하게 지내던 동료가 죽으면 슬퍼한다. 어느 동물원에서 많은 사랑을 받던 암컷 침팬지가 죽자 아주 가깝게 지내던 침팬지는 음식과 동료와의 어울림을 자제하면서 죽은 동료의 시체 옆에 오래 머물러 있었다. 까마귓과 동물도 예외가 아니다. 어떤 생물학자가 기르던 수컷 갈까마귀는 자신의 짝이 알 수 없는 이유로 사라지자 며칠 동안 계속 큰 소리로 울어대면서 하늘을 돌아다녔다. 그래도 짝이 돌아오지 않자 수컷 갈까마귀는 짝 찾기를 포기하고 결국 며칠 뒤에 죽었다.

'일부일처제', 즉 '암수 한 쌍 결합'은 조류에서 흔히 나타나지만 포유류에서도 가끔 볼 수 있다. 일부 프레리 들쥐는 암컷과 수컷이 일부일처제 관계를 유지하면서 새끼도 함께 키우며 살아간다. 이런 프레리 들쥐가 짝을 잃으면 뇌에 스트레스와 우울증을 나타내는 화학적 변화가 일어나는데, 위험 앞에서도 마치 죽든 살든 상관없다는 듯이 자포자기 태도를 보인다고 한다. 이것을 보면 이 작은 설치류조차도 애도하는 것처럼 보인다. 일부 코끼리는 몇 년이나 계속해서 가족이나 친척이 죽은 장소를 찾아가 잔해를 만지고 살펴본다.

무엇보다도 뇌의 구조를 보면 포유류도 감정을 가지고 있음을 인정하게 된다. 인간의 뇌는 다른 포유류의 뇌와 기본 구조가 같다. 개가 음식을 기대할 때면 뇌의 특정 부위가 활발하게 움직이는데, 금전 보너스를 약속받은 회사원의 뇌에서도 똑같은 부위가 똑같은 모습으로 활발하게 움직인다. 우리의 뇌와 다른 포유류의 뇌는 전반적으로 너무나도 비슷해서 사람의 공포증을 다루는 학자들은 쥐의 편도를 연구한다. 물론 두 뇌의 기본 구조는 같다고 하더라도 모양은 동물에 따라 다르다. 예를 들면 인간의 대뇌피질은 크고 생쥐의 것은 아주 작다. 하지만 인간의 뇌에 새로운 것은 없다. 인간의 뇌에 있는 신경세포는 다른 포유류의 뇌에도 있다.

우리는 흔히 뇌가 있으므로 생각할 수 있고, 따라서 생각하는 것이 뇌의 기본 기능이라고 여긴다. 그러나 사실은 그렇지 않다고 한다.[17] 다시 말해 뇌의 핵심 임무는 생존을 위해 에너지가 언제 얼마나 필요할지 예측하고, 이에 맞추어 에너지를 쓰게 함으로써 우리가 효율적으로 움직일 수 있도록 신체를 통제하는 것이다. 몹시 목이 말랐을 때 뇌는 우리에게 물을 마시라는 신호를 보낸다. 물을 마시면 순식간에 갈증이 풀리는 것을 느낀다. 이는 언뜻 당연해 보이지만 사실 그렇게 당연한 것은 아니다. 물을 마신 후 그 물이 혈류에 도착하려면 20분 정도가 걸린다. 그러므로 물을 마시고 몇 초 만에 갈증이 해소될 수는 없을 것이다. 그렇다면 무엇이 우리의 갈증을 해소했을까? 바로 예측이다. 뇌는 마시고 삼키는 행위들을 계획하고 실행하게 하는 동시에 물을 마신 다음 느끼게 되는 결과를 예상하게 한다. 그래서 수분이 혈액에 직접 영향을 끼치기 훨씬 전에 갈증을 덜 느끼게 한다.

보통 배가 고프면 기력도 없는 경우가 많다. 이런 경험을

많이 하다 보면, 예컨대 잠을 충분히 못 자서 피곤하거나 기운
이 없을 때, 우리는 배가 고파서 그런가 보다고 생각할 수도 있
다. 그리고 이럴 때 뭐라도 먹으면 기운을 차리게 될 거라고 느
낀다. 그래서 간식이나 야식을 자주 먹다 보면 어느새 체중이
많이 불어나게 된다. 이렇게 우리의 뇌는 우리를 원치 않는 방
향으로 유도할 수도 있고, 때로는 이치에 맞지 않는 느낌을 갖
게 만들 수도 있다. 예를 들어 비싼 포도주를 마시면 왠지 맛도
더 좋은 것 같은 느낌이 드는 경우 역시 마찬가지다. 비싸다는
것 자체가 맛을 보장하는 것은 아니며, 저렴한 포도주 중에도
맛이 뛰어난 경우가 많기 때문이다.

과거 세대의 과학자들은 정신과정을 블랙박스처럼 다루
었지만, 현대 신경과학은 그 상자를 열어 인간과 동물의 공통
점을 끄집어내기 시작했다. 그 덕에 차츰 인간은 동물과 차원
이 다른 존재라는 식의 이원론이 점차 설득력을 잃고 있다.

동물도 자기 차례를 기다리는 참을성을 가지고 있다

동물은 감정을 가지고 있을 뿐만 아니라 그 감정을 억제
하는 능력도 가시고 있다. 특히 위계질서가 엄격한 동물 사회
의 개체는 참을성이 강해야 한다. 침팬지 사회를 예로 들어보
자. 일본의 한 동물원에는 침팬지들이 입으로 깰 수 없는 딱딱
한 견과를 깨는 장소가 따로 있는데, 거기에는 무거운 모룻돌

과 사슬에 연결된 작은 망치가 있다. 사육사들이 맛있는 견과를 던져주었더니, 모든 침팬지가 그것을 손에 가득 집어 들고 견과 깨는 곳으로 갔다. 먼저 우두머리 수컷이 그곳에서 자신의 견과를 깼고, 그다음에는 우두머리 암컷이 깼다. 나머지 침팬지들은 서열에 따라 자신의 차례가 올 때까지 참을성 있게 기다렸다. 만약 한 침팬지가 정해진 서열을 어기고 먼저 견과를 깨려고 새치기했다가는 된통 혼나게 된다.

동물 사회의 위계질서는 그 사회 구성원에게 자제력을 요구한다. 이 위계질서를 어기고 제멋대로 행동하다가는 큰코다친다. 예를 들어 젊은 수컷 침팬지가 암컷에게 함부로 접근했다가는 서열이 높은 수컷 침팬지에게 혼난다. 그래서 젊은 침팬지 수컷은 서열 높은 침팬지의 시야에서 벗어난 은밀한 곳에서 암컷을 유혹한다. 그만큼 조심해야 한다. 암컷과 짝짓기를 원하는 젊은 수컷 침팬지는 암컷 근처에서 기회가 오길 기대하며 얼쩡댄다. 기회가 오면 젊은 수컷 침팬지는 암컷 침팬지 앞에서 자기의 다리를 쭉 벌리고 발기한 성기를 보여주면서 노골적인 구애 신호를 보낸다. 만일 그 순간 서열 높은 침팬지가 나타나면, 그 젊은 수컷은 재빨리 자신의 성기를 손으로 가린다. 노골적인 구애 행동을 서열 높은 침팬지에게 들키면 혼쭐이 나기 때문이다. 이런 자제 행동을 하려면 자신의 충동을 억제하는 능력뿐만 아니라 남이 아는 것이 무엇인지를 아는 능력도 있어야 한다.

동물이 사람만큼 자제력이 강할까? 이에 관해서는 널리

알려진 '마시멜로 실험'이 있다. 아이들에게 일정 시간 눈앞의 마시멜로를 먹지 않고 참으면 마시멜로를 하나 더 주겠다고 약속한다. 아이들은 마시멜로를 쳐다보지 않으려고 하거나 주의를 딴 데로 돌리면서 먹고 싶은 유혹을 물리치려고 애를 쓴다. 비슷한 실험에서 유인원과 앵무새는 아이들만큼 오랫동안 참을성을 보여주었다. 곡물이 담긴 그릇을 앵무새 앞에 갖다 놓은 뒤 참고 기다리라고 명령한 다음 충분히 오래 기다리면 맛있는 과자를 얻을 수 있다는 것을 가르쳤다. 그러면 유혹을 물리치기 위해 앵무새도 눈을 감거나 주의를 딴 데로 돌리곤 했다. 좀 오래 기다린다 싶으면 앵무새는 곡물이 담긴 그릇을 방 건너편으로 휙 던져버리거나 그것을 부리가 닿지 않는 곳으로 옮겼다. 유인원도 비슷한 반응을 보인다는 사실이 실험에서 밝혀졌다. 이 실험은 유인원이 충분히 오래 참고 기다리면 과자가 자동적으로 떨어지도록 설계되었으며, 유인원도 이 사실을 금방 알아차렸다. 그러면 유인원은 참고 기다리는데, 가지고 놀 장난감이 있으면 훨씬 더 오래 기다렸다. 다른 때보다 과자 실험을 할 때 장난감을 훨씬 더 오래 가지고 논다는 사실은 유인원의 이런 행동이 의도적임을 시사한다. 이런 여러 실험 사례는 동물도 최소한 어린아이만큼 자제력을 가지고 있을 뿐만 아니라 유혹을 회피하는 방법까지 알고 있음을 말해준다.

위계는 구성원의 자기통제를 기반으로 한다. 물고기와 개구리에서부터 닭과 개코원숭이에 이르기까지 여러 동물의 집단에는 사회적 사다리가 존재한다. 각 개체의 자기통제는 동물 사회에서 아주 오랜 역사를 지닌 특징이다. 침팬지의 경우를 보자. 어린 침팬지에게 바나나가 들어 있는 통을 주었다. 그것을 열려고 하는 순간 어른 침팬지가 나타났다. 그러자 어린 침팬지는 곧바로 행동을 멈추고 그 자리를 피했다. 그리고 어른 침팬지가 사라질 때까지 기다렸다가 그가 사라지자마자 다시 상자로 되돌아왔다. 그만큼 어린 침팬지도 인내력과 자제심을 가지고 있다. 인간 사회뿐만 아니라 동물 사회에서도 기분 내키는 대로 행동하는 것은 아주 어리석은 짓이요, 때로는 위험하기까지 하다.

동물도 감사할 줄 안다

　동물도 감사할 줄 아는데, 그중에서도 유인원은 감사의 마음을 더 명백하게 드러낸다는 사실이 관찰되었다. 폭우로 온몸이 젖어 덜덜 떨고 있는 두 마리의 침팬지를 구조해서 따뜻한 실내로 들어가게 하자 이들은 몹시 기뻐했다. 그런데 이들은 실내로 달려가기에 앞서 자신들을 구조해준 사람을 꼭 안아주었다고 한다.

　유인원의 감사하는 마음을 더 극적으로 보여준 사례가 있다. 밀렵꾼에게 쫓겨 죽기 직전인 침팬지를 동물보호단체 사람들이 구조해 콩고의 한 재활센터에서 치료를 받게 해주었다. 이 침팬지는 완쾌된 후 숲으로 돌려보내졌는데, 그 순간을 촬영한 비디오가 널리 유포되었다. 이 침팬지와 그 현장에 있었던 제인 구달 박사 사이에 벌어진 감동적인 장면 때문이다. 처음에는 이 침팬지가 그냥 숲을 향해 걸어갔지만, 잠시 후 갑자기 되돌아와 자신을 돌봐준 사람들을 꼭 껴안았다. 특히 구달 박사와는 오랫동안 서로 포옹을 나눈 뒤 숲으로 떠났다. 이 장면이 눈길을 끈 이유는 그 침팬지가 마치 자신을 구하고 치료해 건강을 되찾아준 사람들에게 그냥 등을 돌리고 가버리는 것은 도리가 아님을 깨달은 듯이 행동했기 때문이다.

동물도 남이 느끼는 것을 느낄 줄 안다. 하품 전염과 같은 '감정 전염' 현상이 동물에게서도 나타난다는 것이다. 집에서 기르는 개는 주인이 하품하면 종종 따라서 하품을 한다. 말도 그렇다고 한다. 원숭이들 사이에서도 하품이 집단으로 전염되는 일이 잦다는 사실이 밝혀졌다. '거울신경세포'가 사람이 아니라 마카크라는 원숭이에게서 발견되었다는 사실은 동물에게도 거울신경세포가 있다는 증거다. 영장류는 남이 하는 행동을 모방하기도 하는데, 여기에는 이 거울신경세포가 작용하는 것으로 보인다. 북극지방의 에스키모 사회에서는 여러 마리의 개가 끄는 썰매가 중요한 교통수단이다. 그런데 눈먼 암캐가 다른 개들과 함께 썰매를 끄는 장면이 관찰되었다. 이 암캐는 냄새·소리·촉감 등을 통해 나머지 개들을 느끼면서 함께 달리는 것으로 보인다.

일본에서 어느 학자가 침팬지들의 돕기 행태를 관찰하기 위한 실험을 했다. 우리 밖에 오렌지주스를 놓아두었는데, 이

주스를 마시려면 그것을 끌어당길 갈퀴와 빨대가 필요했다. 한 마리는 그 두 가지 도구를 모두 가지고 있고, 무리의 나머지는 그렇지 못하다고 하면 어떤 일이 벌어질까? 그 두 가지를 모두 가지고 있는 침팬지는 오렌지주스는 있는데 빨대가 없는 이웃 침팬지에게는 빨대를 건네주었다. 그리고 빨대는 있는데 오렌지주스가 없는 이웃 침팬지에게는 우리 밖에 있는 오렌지주스를 끌어당길 갈퀴를 건네주었다. 이 실험 결과를 보면 침팬지들은 기꺼이 남을 도울 뿐만 아니라 남에게 필요한 것이 구체적으로 무엇인지 생각하는 능력까지 가지고 있음을 알 수 있다. 이런 능력은 오직 다른 개체의 입장에서 생각할 수 있어야만 가능하다.

　인간 사회에서와 마찬가지로 동물 사회에서도 남을 이해하는 능력을 이용해 남에게 고통을 주기도 한다. 연못의 오리에게 돌을 던지는 개구쟁이 소년처럼 유인원은 가끔 그저 재미로 다른 동물에게 해를 가한다. 그 실제 사례가 한 연구실에서 목격되었다. 이 연구실에서 기르던 어린 침팬지들은 장난삼아 울타리 건너편에 있던 닭들을 빵 부스러기로 유인했다. 거기에 속아 닭이 다가올 때마다 침팬지들은 닭을 막대기로 때리거나 날카로운 철사 조각으로 찔렀다. 이들은 장난을 더 발전시켜 한 침팬지가 미끼를 던지는 역할을, 다른 침팬지가 닭에게 고통을 주는 역할을 분담하기까지 했다. 그들은 단지 지루함을 달래기 위해 그런 짓을 했다. 한편 야생에서는 침팬지가 다람쥐나 바위너구리 같은 작은 동물을 괴롭히는 장면이 목격되었다. 침팬지는 여기서 즐거움을 얻는 것처럼 보이는데, 그런 짓을 하면서 재미있다는 듯이 웃기 때문이다. 이같이 유인원은 고통을 준다는 것을 알면서도 상대에게 고통을 가할 정도로 충분히 복잡한 뇌를 가지고 있다.

고양이가 쥐를 잡아서 잔인하게 실컷 장난치다가 죽이듯이, 침팬지도 다람쥐나 다른 작은 동물을 잡아서 똑같은 짓을 한다. 인간이 아닌 다른 동물도 의도적으로 나쁜 짓을 한다는 것이 명확히 드러났다. 이 결과는 야생에서 관찰된 의도적 살해행위를 설명하는 가설에 추가로 힘을 실어준다. 야생 침팬지 여러 마리가 한 마리를 놓고 집단 폭행을 해서 거세하고 심지어 죽이는 장면이 여러 차례 관찰되었기 때문이다.

동물도 미신을 믿는다

동물도 인간처럼 학습을 통해 배운다. 이에 관해 자주 인용되는 실험 하나를 보자. 실험용 큰 상자 안에 쥐를 넣고 쥐가 고개를 까딱까딱할 때마다 연구원이 먹이를 떨어뜨려주었다. 이러기를 반복하면 어느 순간 쥐는 머리를 까딱까딱하면 먹이가 나온다고 믿게 된다. 다시 말해 쥐가 고개를 까딱까딱하는 행동과 먹이를 연결시킨다는 것이다. 그래서 먹이를 먹고 싶을 때 쥐는 고개를 까딱까딱하는 행동을 취하게 된다. 이런 식으로 연구원은 학습을 통해 쥐로 하여금 특정 행동을 하도록 유도할 수 있다. 이때 중요한 것은 바로 연구원이 원하는 특정 행동에만 지속적으로 먹이가 주어지는 '수반성'이다.

하지만 쥐가 무슨 행동을 하건 상관없이 아무 때나 무작위적으로 먹이가 떨어진다면 어떤 학습이 일어날까? 수반성이 없으니 학습이 안 일어날 것 같지만, 실제로 학습이 일어난다고 한다. 무슨 행동이 학습될까? 아무 행동이나 학습될 수 있는데, 먹이가 떨어질 때 우연히 하고 있던 바로 그 행동이다. 어떤 행동을 했는데 우연히 먹이가 떨어지는 일이 몇 번 반복되면 그 쥐는 그 행동을 더욱 자주 하게 된다. 그러면 그 행동의 빈도가 전체적으로 늘어나므로 당연히 무작위로 먹이가 떨어질 때 우연히 그 행동을 다시 하고 있을 확률이 높아진다. 이런 악순환에 빠지게 되면 쥐는 더욱더 그 행동에 자신감을 가지게 된다. 사실 특정 행동과 먹이 사이에는 아무런 관계가 없는데도 쥐는 맹목적인 믿음에 사로잡힌 채 특정 행동을 멈추지 않는다. 비록 논리적으로는 잘못된 믿음이지만, 사실은 자신의 행동과 먹이 간에 아무런 관계가 없다는 것을 쥐는 알지 못한다. 마치 미신을 가진 것처럼 행동한다는 것이다.

미국의 유명한 심리학자인 스키너B. F. Skinner는 실험을 통해 동물도 미신을 믿는다는 사실을 증명했다. 그는 스키너 상자라고 불리는 실험 상자에 비둘기 여덟 마리를 한 마리씩 넣었다. 이 스키너 상자에서는 비둘기가 무엇을 하든 관계없이 먹이가 산발적으로 떨어졌다. 비둘기가 아무런 행동을 하지 않아도 모이가 떨어졌다. 실험 결과는 놀라웠다. 먹이가 아무런

미국의 유명한 심리학자인 스키너는
실험을 통해 동물도 미신을 믿는다는 사실을 증명했다.

비둘기 실험실의 스키너

패턴도 없이 무작위적으로 떨어졌지만, 비둘기는 마치 '패턴을 알아차렸다'는 듯이 행동했다. 예를 들면 어떤 녀석은 시계 반대 방향으로 빙빙 돌았는데, 두세 번 돌 때쯤 모이가 나왔다. 이 비둘기는 시계 반대 방향으로 돌면 모이가 나온다는 미신을 믿는 것처럼 행동했다. 또 다른 녀석은 상자 위쪽 귀퉁이로 머리를 들이미는 행동을 반복했다. 그렇게 하면 모이 장치가 반응한다고 '생각'한 것이다. 어떤 녀석은 머리를 진자처럼 흔드는 버릇이 생겼다. 스키너는 이런 행동을 '미신 행동'이라고 불렀다. 모든 비둘기는 각기 저마다 다른 미신 같은 버릇을 길렀고, 모이가 떨어지기 직전에 우연히 취한 행동을 반복했다.

이런 점에서 인간도 동물과 별로 다를 바가 없어 보인다. 통계학자들은 인간의 행동을 두 가지 유형으로 구별한다. 한 가지 유형은 인과관계가 실제로 있는데도 그것을 알아차리지 못하는 것이다. 모기에 물리는 것과 말라리아에 걸리는 것 사이에는 실제로 인과관계가 있다. 하지만 1890년 어느 학자가 그것을 발견할 때까지는 아무도 그 패턴을 알아차리지 못했다. 또 다른 유형은 인과관계가 전혀 없는데도 그것이 있다고 생각하는 것이다. 검은 고양이와 불행 사이에는 아무런 인과관계가 없다. 하지만 검은 고양이를 보면 불행이 온다는 미신을 믿는 사람들은 마치 그 둘 사이에 인과관계가 있는 것처럼 믿고 행동한다. 위에서 살펴본 스키너의 비둘기처럼 말이다.

인류의 조상도 마찬가지였다. 병든 가족을 치료하기 위해 신에게 염소나 양 같은 제물을 바치며 간절히 기도를 하거나 갖가지 주술적 행위를 반복했다. 스키너 상자의 비둘기처럼 세계 각지에서 사람들이 여전히 미신을 믿는다. 그것도 서로 다른 미신을 믿는다. 가뭄이 들었을 때 우리 조상들은 비의 신에게 제물을 바칠 생각을 했다. 제물을 바쳤더니 실제로 비가 오는 경우가 적지 않았다면, 그다음부터는 신에게 빌면 비가 온다는 미신을 믿고 비의 신에게 제물 바치기를 반복했을 것이다.

도박꾼은 '행운의 셔츠'를 입으면 행운이 온다고 믿는다. 또는 간절히 행운을 빌었더니 즉시 잭팟이 터졌다고 믿기도 한다. 그러면 그들은 스키너의 비둘기처럼 그 행동을 반복한다. 잭팟이 터지지 않아도 그는 기도하는 버릇을 버릴 수 없다. 실제로 많은 도박꾼이 행운의 숫자, 부적, 기도 등을 믿는다. 도박꾼만 그러는 것은 아니다. 특정한 결과를 원할 때마다 사람들은 기도에 매달리거나 미신에 기댄 행동을 하는 경향이 있다. 대학 입시일이면 일부 학부모나 수험생의 선후배들이 고사장 정문에 엿을 붙이는 장면을 흔히 볼 수 있다. 그들은 끈적끈적한 엿이 고사장 정문에 찰싹 달라붙듯이 해당 수험생이 시험을 잘 봐서 원하는 대학에 철썩 붙기를 바라는 마음을 담아 그런 행동을 한다.

일단 어떤 믿음을 갖기 시작하면 그 믿음을 버리기는 무척 어렵다. 옛날에는 악귀를 내쫓는다는 부적을 대문에 붙여놓는 집이 많았다. 부적은 미신이라고 거부하는 손자에게 할머니는 몰래 손자의 옷 주머니에 부적을 감추어두기도 한다. 그러다가 손자가 자동차 사고를 당했는데 다행히 생명에는 지장이 없었다고 하자. 사고가 대충 마무리되고 나면 할머니는 그만하길 다행이라고 말한다. 그러고는 며느리에게 그 부적이 얼마나 영험한지를 귀띔해준다. 그러면 아들의 자동차 사고를 경험한 며느리도 부적을 은근히 믿게 되고, 자기 아들의 옷 주머니에 몰래 부적을 넣어두게 된다. 이같이 설사 나쁜 일이 벌어져도 '그만하길 다행이다'라고 생각하면 영원히 그 부적에 대한 믿음은 깨지지 않는다.

미신을 믿는 쥐나 비둘기가 딱 그 꼴이다. 그 믿음의 효과 여부를 확인하기 위해서는 믿지 않았을 때 어떤 일이 일어나는지 알아봐야 하는데 그럴 방법이 없기 때문이다. 어떤 특정한 행동을 해야만 먹이가 떨어진다고 믿는 쥐는 차마 그 행동을 멈추지 못한다. 그 행동을 멈추면 먹이가 안 떨어질 터이니, 그 쥐에게는 생사에 관련된 믿음이다. 그건 쥐뿐만이 아니다. 인간도 마찬가지다. 인간도 대부분 자신의 믿음을 검증할 만큼 용감하지 않다.

동물도 표정을 지으며 웃기도 한다

다윈은 우리 인간과 유인원 사이의 유사성을 지적하면서, 우리 인간이 얼굴의 표정을 통해 감정을 표현하듯이 동물도 얼굴의 표정을 통해 감정을 전달한다고 주장했다. 그러나 다윈

의 이런 주장은 당시 학자들의 강한 반발을 불러일으켰다. 인
간의 표정은 우리 인간만의 고상한 감정을 표현하는 것인데,
그 격조 높은 인간의 표정과 '하등' 동물의 표정을 같이 언급
하는 것 자체가 그들에게는 매우 모욕적으로 들렸기 때문이
다. 사실 다윈은 유사성과 더불어 다른 점도 지적했다. 다윈은
얼굴 붉히는 것과 눈살 찌푸리는 것은 오직 사람에게서만 볼
수 있는 표정이라고 생각했다. 얼굴 붉히는 문제에서는 다윈
의 생각이 옳을 것이다. 다른 영장류의 얼굴이 인간처럼 그토
록 빨리 빨개지는 것을 본 사람은 아직 없기 때문이다.

　　그러나 유인원도 실제로 눈살을 찌푸린다고 한다. 보노보
의 얼굴은 침팬지나 오랑우탄보다 더 납작하고 평평해서 보노
보가 눈살을 찌푸리는 모습을 분명하게 알아볼 수 있는데, 우
리 인간이 눈살을 찌푸리는 것과 정확하게 똑같은 순간에 그렇
게 한다. 예를 들면 보노보는 동료에게 경고할 때 눈살을 찌푸
리고 양미간을 좁혀 꿰뚫어보는 듯이 노려보는데, 이것은 우
리가 화가 나서 노려보는 것과 정확하게 똑같은 표정이다. 침
팬지도 비슷한 표정을 짓는 것이 관찰되었다.

　　말·당나귀·얼룩말 등은 매우 사회적이어서 풍부한 표정
을 가지고 있다고 한다. 예컨대 말들이 서로 만났을 때는 입꼬
리를 뒤로 섳힘으로써 서로 인사를 한다. 개나 고양이를 기르
는 사람들은 이들의 귀와 꼬리가 아주 효과적인 감정 표현 수
단임을 잘 알 것이다. 우리는 설치류의 얼굴이 아주 무표정하
다고 생각하지만, 자세히 보면 이들도 양미간을 좁히고 귀를

낮추고 뺨을 부풀리는 행동을 통해 괴로움을 나타낸다는 것을 알 수 있다. 설치류가 동료의 이런 얼굴을 쉽게 알아본다는 사실이 쥐를 대상으로 한 자세한 연구에서 밝혀졌다.

물고기는 대뇌피질이 없으므로 통증을 느끼지 못한다고 여러 학자가 주장했다. 물고기가 고통의 소리를 내지 않는다는 사실이 그런 주장을 뒷받침하는 이유가 되었을 것이다. 그러나 물고기에게 전기충격을 가하면, 이 물고기는 이것을 기억하고 충격받은 곳을 피한다. 고통스러운 자극을 피하려면 그것을 느껴야 할 뿐만 아니라 기억하고 있어야 한다. 식초 같은 자극성 물질을 물고기 피부 밑에 주입하면 물고기는 괴로워하면서 그것을 제거하려고 수조 바닥의 자갈에 몸을 비벼댄다. 그리고 식욕을 잃고 주의가 산만해진다. 하지만 모르핀 같은 진통제를 투여하면 이런 반응들이 사라진다. 이런 여러 연구의 결과로 이제는 물고기도 통증을 느낀다는 데 의견이 모이고 있다. 물고기의 지능을 보여주는 사례들을 다수 제시하고, 물고기가 부정적 자극에 반응하는 방식을 보여주는 저서도 있다. 물고기 대부분은 호기심이 많다. 수조 속에 있는 물고기도 수면 근처에 자주 올라오며 수시로 움직이면서 구석구석을 살피곤 한다.

'제브라피시'라는 물고기에게 몇 주일 동안 에탄올을 실컷 즐기게 한 뒤 에탄올 공급을 끊자 금단 증세가 나타났음을 보여주는 흥미로운 연구가 있다. 이 물고기는 우울증에 빠진 사람처럼 수동적이고 내향적으로 변했다. 평소처럼 수면 위로 쏜살같이 달리는 대신에 수조 바닥으로 가라앉아 거의 꼼짝 않고 지냈다. 이 불쌍한 물고기에게 항우울제를 투여하자 활력을 되찾고 수면 근처에서 더 많은 시간을 보냈다. 똑같은 약물이 물고기와 사람 모두에게 효과가 있다는 사실은 신경의 차원에서 인간과 물고기에 무언가 공통점이 있음을 암시한다. 따라서 물고기의 우울증에 관한 연구가 진행되고 있다는 이야기에 놀랄 이유는 전혀 없다. 굳이 약물이 아니더라도 세력권을 지배하는 물고기에게 쫓겨 수조에서 가장 구석진 곳에 종일 숨어 지내는 물고기는 문자 그대로 스트레스 때문에 죽을 수도 있다.

아리스토텔레스는 웃음이 인간과 동물을 구분하는 중요한 특징이라고 생각했다. 그렇다고 해도 수렵채집민은 워낙 먹고살기 바빠서 웃음과는 거리가 멀 것 같다. 그러나 아마존 지역의 한 수렵채집민 부족과 20여 년 동안 같이 살아본 어느 인류학자의 경험담을 들어보면 전혀 그렇지 않다. 그 부족 사람들은 늘 웃었다. 불행을 당해도 웃었다. 집이 폭풍우로 날아가 버리면 그 집에 살던 사람들은 다른 사람들보다 더 크게 웃었다. 물고기를 많이 잡았을 때도 웃었고 물고기를 못 잡아도 웃었다. 배가 불러도 웃었고 배가 고파도 웃었다. 오히려 그렇게 웃음이 많은 그들이야말로 가난 속에서도 삶의 여유를 가지고 있는 듯하다.

그러나 동물도 웃는다고 하면 많은 사람이 의아해할 것이다. 특히 아직도 많은 심리학자가 즐겁거나 재미있으면 동물도 웃는다는 주장에 의심의 눈길을 보낸다. 그러나 동물도 웃는다는 주장을 뒷받침하는 증거가 여럿 있다. 동물학자들은 동물들이 짓는 웃음을 알아낸다. 한 유인원은 자신이 좋아하는 사람이 걸어오다가 미끄러져 넘어지자 처음에는 염려하여 긴장하는 반응을 보였지만, 그 사람이 멀쩡한 것으로 드러나자 분명한 안도감을 보이며 웃었다고 한다. 이런 반응은 비슷한 상황에서 우리가 보이는 반응과 같다.

동물 사회도 인간 사회와
크게 다르지 않다

인간의 협력은 자연계에서 '매우 이례적인 일'이라는
일부 사회과학자들의 주장은 독단에 불과하다.

동물도 '낭만적 사랑'에 빠지며
선물을 주고받기도 한다

인간과 달리 동물은 암컷을 보면 닥치는 대로 짝짓기하기 위해 덮칠 거라고 믿는 사람들이 많다. 이는 우리 주위에 있는 한정된 수의 가축만을 보고 하는 생각일 것이다. 그러나 야생 동물의 경우, 이런 생각이 반드시 옳은 것은 아니다. 오랑우탄을 포함해 야생에서 자연 상태로 살아가는 동물의 사회에서는 특정한 개체만을 짝짓기 상대로 선호하는 경향이 뚜렷하게 나타난다고 한다. 다윈은 청둥오리·개똥지빠귀·멧닭·꿩·검은 찌르레기 등 수많은 종의 새들이 "특정 개체와 사랑에 빠진다"고 말했다.[18]

무분별한 욕정이 아니라 어느 특정 개체에 대한 열정적 이끌림이 인간이 아닌 동물의 세계에서도 폭넓게 발견된다는 학자들의 연구가 있다. 이는 '낭만적 사랑'이라는 정서가 자연 선택으로 진화된 보편적 성향일 수 있음을 시사한다. 이런 점에 비추어 보면, 동물은 단지 번식을 위해 교미를 한다는 주장이 그리 옳다고만 볼 수 없다. 많은 조류와 일부 포유류에서 평생 지속되는 강한 암수 한 쌍의 결합이 발견되는데, 이것은 성관계와 상관없이 유지되는 유대관계다.

한편 동물들도 선물을 준다고 한다. 많은 종류의 곤충이 구애 행위에 먹이를 이용한다. 밑들이라는 곤충이 좋은 사례다. 수컷 밑들이가 먹이를 잡아 암컷에게 선사하고, 암컷이 먹이를 먹는 동안 짝짓기가 이루어진다. 먹이 선물을 주지 않으면 짝짓기를 할 수 없다. 먹이를 주더라도 크기가 클수록 먹는 데 시간이 오래 걸리므로 오랜 시간의 짝짓기에 성공할 확률이 높아진다. 갈매기도 구애 행위로 암컷에게 먹이를 선사하는 대표적인 새다. 동물도 이처럼 선물을 주고받는데, 인간의 경우 선물을 건넬 줄 모르는 애인이라면 동물보다 못하다는 핀잔을 들어도 할 말이 없을 것이다.

정자새 수컷은 암컷을 유혹하기 위해 나뭇가지나 짚을 모아 정자를 짓는다. 수컷들이 만드는 정자의 모양은 매우 다양하다. 수컷들은 암컷들에게 잘 보이려고 자신이 만든 정자를 정성껏 장식한다. 어떤 정자새는 꽃으로 집을 단장한다. 매일 아침 꽃이 싱싱한지 확인하고 시들면 싱싱한 꽃으로 바꿔 꽂는다. 그런 다음 정자 속에 은밀한 곳을 만들어놓고 암컷을 기다린다. 암컷이 지나가면 정자를 들락날락하면서 암컷을 유혹한다. 암컷이 정자 안으로 들어오면 그 은밀한 곳에서 짝짓기를 한다.

이렇게 인간 못지않게 낭만적인 동물도 있지만, 인간 이

외의 다른 영장류는 대체로 지루한 구애 단계를 거치지 않는다. 원숭이나 유인원의 경우, 한 쌍의 암수가 오랫동안 유지되는 관계를 맺는 경우는 거의 없다. 교미 이전의 단계는 아주 짧은데, 이 단계에서 보이는 행동양식은 대개 몇 가지의 표정과 간단한 발성으로 이루어질 뿐이다. 교미 자체에 소요되는 시간도 아주 짧다. 예를 들어 비비원숭이의 경우에는 수컷이 암컷 위에 올라타고 사정할 때까지 걸리는 시간이 7~8초에 불과하다. 동물들의 성행위는 대부분 번식을 위한 것이다. 이런 점에서도 우리 인간은 분명히 모든 영장류 가운데 가장 성적인 동물이다.

인간 사회에서처럼 동물 사회에도 이성과의 비밀 만남이 흔하다. 대표적인 사례로 침팬지를 들 수 있다. 서열이 높은 수컷은 경쟁자가 자신의 암컷에게 접근하지 못하도록 감시한다. 그러나 항상 두 눈을 부릅뜨고 암컷을 감시할 수는 없는 노릇이다. 그래서 젊은 수컷들은 암컷을 조용한 장소로 꾀어낼 기회를 열심히 노린다. 기회가 오면 보통 젊은 수컷은 다리를 쫙 벌려서 발기한 성기를 암컷에게 보여주는데, 반드시 다른 수컷들을 등진 채 그렇게 하거나 유혹하려는 암컷만 볼 수 있도록 팔을 무릎 위에 올린 채 한 손으로 자신의 성기를 가린다. 이런 행동을 한 뒤에 수컷은 아무 일 없었던 것처럼 한 방향으로 걸어가 서열이 높은 수컷들의 시야에서 벗어난 곳에 자리잡고 앉는다. 만일 그 수컷이 마음에 들면 암컷은 아무도 눈치채지 못하게 다른 쪽으로 갔다가 빙 돌아서 결국 그 젊은 수컷이 있는 곳에 도착한다. 그만큼 침팬지는 영리하기도 하고 낭만적이기도 한 동물이라는 것이다.

특히 집단생활을 하는 야생 동물 가운데는 우리 인간처럼 성행위가 은밀히 이루어지는 경우가 많다고 한다. 예를 들면 침팬지의 경우는 남의 눈을 피해서 짝짓기할 때가 많은데, 생물학자들이 '은밀한 교미'라고 부르는 이 행동은 동물들 사이에서는 상당히 보편적인 현상이다. 왜 이런 현상이 나타날까? 물론 엄격한 위계 탓으로 서열 높은 개체의 눈치를 보아야 하는 젊은 수컷이 함부로 암컷에게 달려들지 못하기 때문이기도 하지만, 또 다른 근본적인 이유가 있다. 성행위는 사회적 갈등의 심각한 원인이 되기도 하기 때문이다. 암컷을 둘러싼 수컷들의 치열한 싸움은 동물 사회에 보편적인 현상이다. 개체의 입장에서 보면, 손위 어른들의 감시는 물론 경쟁자들의 질투도 몹시 신경 쓰이는 부분이다. 그래서 야생 상태의 동물들이 교미할 때는 덤불 뒤에서 몰래 만나거나 공동체의 나머지 구성원들로부터 멀리 떨어진 곳으로 숨어드는 경우가 많다. 동물 사회에서 보편적으로 나타나는 이런 현상이 사생활 보호를 원하는 우리 인간 욕구의 뿌리를 이루는 한 요인인지도 모른다. 성관계는 경쟁과 폭력의 주요 요인이기 때문에, 이것을 피하고 사회의 평화를 유지하는 한 가지 방법은 남의 눈에 띄지 않도록 성관계를 제한하는 것이다.

동물의 경우, 수컷들이 암컷을 둘러싸고 서로 경쟁하면서 싸움도 많이 하고 위험한 먹이 사냥도 더 많이 하므로 암컷과 비교해서 수컷의 수명이 더 짧을 것으로 예상된다. 실제로 암컷이 수컷보다 더 오래 사는 것으로 보인다. 보통 개미와 흰개미 군락의 여왕은 대부분 하루에 알을 수백 개에서 수천 개까지 낳으면서도 수명은 일개미보다 무려 100배나 길어 10년 넘게 산다. 두더지쥐의 경우에도 여왕이 더 오래 산다. 평균 8년 남짓 사는 일꾼 두더지쥐와 달리 여왕 두더지쥐는 30년까지 산다.

두더지쥐와 진사회성 곤충의 여왕이 유달리 오래 사는 이유가 있다. 수명이 가장 긴 여왕개미는 철통같이 안전한 개미집에서 살고, 두더지쥐는 포식자와 심한 온도 변화를 막아주는 땅속에 산다. 개미집 밖에서 수행해야 하는 임무에는 위험이 따르기 마련이다. 여왕개미는 그런 임무를 맡지 않는다. 먹이를 구하는 일은 모두 일개미 몫이다. 일개미는 바깥세상의 질병과 감염에 가장 많이 노출되므로 평균수명이 짧을 수밖에 없다. 일개미들은 여왕개미와 새끼들을 돌보는 유모 개미와 잘 접촉하지 않는다. 실험을 위해 일개미를 질병에 감염시켜 보았더니 중환자실 의료진에 해당하는 유모 개미가 연약한 새끼들을 더 안쪽 굴로 옮겨 격리하고, 더 나아가 새끼들을 감염시킬 우려가 있는 다른 개미들이 이 구역에 발을 들이지 못하게 막았다.

한편 날개가 있어 하늘을 날게 되면 포식자에게 잡아먹힐 가능성이 줄어들기 때문에 평균수명이 길어질 것이다. 박쥐는 비슷한 크기의 포유류보다 약 3.5배 더 오래 산다. 사람 손가락

수명이 가장 긴 여왕개미는 철통같이 안전한 개미집에서 살고,
두더지쥐는 포식자와 심한 온도 변화를 막아주는 땅속에 산다.
개미집 밖에서 수행해야 하는 임무에는 위험이 따르기 마련이다.
여왕개미는 그런 임무를 맡지 않는다.

여왕개미

길이보다 짧은 '브란트박쥐'는 무려 40년 넘게 산다고 알려져 있다. 새도 몸집만 놓고 보면 생각보다 수명이 길다고 한다. 날 아다니는 종이나 나무 위에 사는 종은 땅 위에 사는 종보다 위험에 덜 노출되므로 수명이 더 길다.

동물 세계에도 동성애가 있다. 우리 인간에게도 동성애적 성향이 어느 문화권에나 10퍼센트 정도씩 있다고 하는데, 동물 세계의 경우, 30퍼센트 정도의 개체들이 동성애적인 행동을 보인다고 알려져 있다. 이렇게 많이 나타나는 동성애 현상을 과연 비정상이라고 정의할 수 있을까? 우리 인간 사회에서는 많은 동성애자가 사실은 양성애자이기도 하지만 동물 사회에서는 그렇지 않다고 한다. 예를 들면 갈매기의 경우, 암컷 동성애 부부는 있지만 수컷 동성애 짝은 없다. 그 이유 중 하나는 새끼를 낳은 암컷이 다른 암컷과 함께 새끼를 키우는 일이 가능하기 때문이다. 하지만 수컷들은 직접 알을 낳을 수 없기에 서로 짝을 맺어 새끼를 키울 수도 없다. 그래서 수컷 동성애 부부가 생기지 않는 것이다.

대체로 보면 동물들의 교미는 번식을 위한 것이고 특정한 때에 국한되며 단순하고 기계적이라고는 하지만 간혹 예외도 있다. 우리 인간처럼 번식과 관계없이 자유롭게 성행위를 즐기는 동물 종이 있다. 침팬지의 일종인 보노보(피그미 침팬지)가 바로 그렇다. 보노보 암컷은 발정기 때뿐만 아니라 평상시에도 매우 자유롭게 여러 수컷과 교미를 한다. 자위행위도 많이 한다. 우리 인간처럼 번식 자체가 목적이 아닌 성행위가 보노보에게서 굉장히 많이 관찰됐다.[19] 보노보는 발정기 때만 교미를 하지 않는다. 암컷들은 거의 일상생활처럼 성행위를 하거나 뭔가를 얻기 위한 수단으로 교미를 한다. 예컨대 먹이를 얻기 위한 수단으로 수컷과 교미하는 일이 흔하다(물론 특별히 '헤픈' 암컷이 있는가 하면 정숙한 암컷도 있다는 연구 결과도 있다). 그래서 보노보는 우리 인간보다 훨씬 성행위를 즐기는 영장류라는 객관적 판정도 나와 있다. 그렇다면 인간이 특별히 성적인 동물이라고 말하기는 어려워 보인다.

현대 생물학은 우리가 갖고 있는 성에 관한 잘못된 생각과 편견을 일깨워준다. 먼저 우리는 성행위의 주된 목적이 자손 번식이라고 생각한다. 만일 정말 번식만을 위한 것이라면, 성행위는 아주 비효율적인 방법이며 쓸데없는 짓이다. 박테리아는 그냥 둘로 분열하고, 곰팡이는 헤아릴 수 없이 많은 수의 포자를 퍼뜨린다. 산호나 대합조개 같은 수많은 무척추동물은 자신의 성세포를 주변의 물에 그냥 뿌려버린다. 해면동물을 잘게 쪼개면 각 조각은 다시 온전한 새 생물로 성장한다. 자연에는 무성생식을 하는 생물이 많이 있는데, 그럴 만한 타당한 이유가 있다. 무성생식은 직접적이고 안전할 뿐 아니라 에너지 면에서도 값싼 번식방법이기 때문이다.

또 하나는 성행위가 쾌락을 위한 것이라는 주장이다. 하지만 대다수 동물의 경우 쾌락을 주고받는 것이 교미의 주된 기능은 아닌 것으로 보인다. 설령 쾌락을 추구한다고 해도 교미를 위해서는 경쟁자 제거와 구애·전희·성교 등에 많은 시간과 에너지를 투자해야 한다. 어떤 의미에서 교미는 불필요한 낭비를 동반하는 위험한 활동이다. 성병이나 자궁 외 임신 등의 위험도 있고, 성욕이 강한 녀석일수록 경쟁자나 포식자에게 살해될 위험이 더 크다. 그만큼 위험한 행동이기도 하다. 인간 사회에서도 문란한 성행위는 금기사항이다.

그런데 인간을 포함하여 많은 동물이 왜 성행위를 할까? 다시 말해 왜 유성생식을 할까? 한마디로 성행위가 종의 다양성을 빚어내기 때문이다. 예를 들어 두 개의 유전자 A와 a가 있는데 A는 갈색 눈 유전자, a는 파란 눈 유전자라고 하자. 이 두 유전자를 모두 지닌 개체는 Aa가 된다. 이제 이 개체가 성 없이 번식한다고 가정하자. 그러면 이 개체의 모든 자손은 Aa가 될 것이다.

이 개체가 교미를 통해 번식한다고 하자. 각 개체는 성세포를 만들며, 각 성세포는 A나 a 중 하나의 유전자만을 지니게 된다. 두 개체가 짝짓기를 할 때 그들의 성세포가 결합한다. 각 개체는 A 아니면 a를 가진 성세포를 만드는 까닭에 교미하면 AA, Aa, aa 세 종류의 자손이 가능하다. aa 개체에게 유리한 환경이 조성되면 aa 개체들이 개체군에서 우위를 차지할 것이다. 그러나 환경이 바뀌면 AA 혹은 Aa 개체가 우위를 차지할 수 있을 것이다. 결과는 어떤 유형이 환경에 더 잘 적응하느냐에 달려 있다. 다양성과 그 결과인 적응도는 왜 그렇게 많은 종류의 생물들이 유성생식이라는 수고를 하는지 설명해준다. 장기적으로 보면 성 없이 번식방법에 의존하는 종에 비해 유성생식

종은 수적으로 크게 우세해진다.

동물도 협동한다

유인원들은 너무 공격적이고 경쟁적이어서 참된 협력을 할 수 없다는 생각이 의외로 널리 퍼져 있다. 이런 생각의 주요 지지자인 미국의 한 심리학자는 유인원과 어린이를 비교한 연구를 통해 다음과 같은 말을 했다. "두 침팬지가 통나무를 함께 들고 가는 모습은 상상조차 할 수 없다."[20] 그러나 상상조차 할 수 없는 그런 모습을 담은 비디오가 도처에 있다는 점을 생각해볼 때 이 심리학자의 주장은 우리를 어리둥절하게 만든다. 어린 유인원들이 서로 협동해서 무거운 막대를 우리의 벽에 기대놓고 '집단적으로' 우리를 탈출하는 모습을 포착한 비디오 영상도 있고, 전기 철조망 위에 있는 너도밤나무의 신선한 잎을 따먹기 위해 침팬지들이 힘을 모아 막대로 사다리를 만들어 이용하는 모습도 촬영되어 있다. 무거운 드럼통을 두 마리의 침팬지가 담벼락으로 끌고 온 다음 그 위로 올라가 함께 밖을 구경하는 모습도 포착되었다. 이렇듯 동물들도 협동한다는 증거가 속속 드러나고 있다.

유인원도 협력의 이점을 분명히 알고 있다. 이에 관한 유명한 실험이 있다. 침팬지 우리 밖에 상자가 있고, 그 위에 먹이가 놓여 있었다. 상자가 너무 무거워 혼자 힘만으로는 도저히 움직일 수 없었다. 그런데 이 상자에 두 개의 밧줄이 달려 있었다. 이것을 본 두 마리의 침팬지가 밧줄을 끌어당겼다. 처음에는 두 마리가 동작을 일치시켜 밧줄을 끌어당겼는데 하나, 둘, 셋! 하며 구령에 따라 움직이는 것처럼 보일 정도였다. 그러다가 힘이 약간 빠지자 한 마리는 열성을 보이지 않았다. 이 녀석은 배가 좀 불러 있는 상태였기 때문이다. 다른 한 마리는 이 동료의 몸을 쿡 찌르기도 하고 등을 때리기도 하고 간청도 했다. 마침내 둘이 협력해서 상자를 끌어당겨 먹이를 손에 넣게 되었을 때 배부른 녀석은 먹이에 손을 대지 않고 다른 녀석이 먹게 내버려두었다. 그 한 마리는 대가에 관심도 없으면서 왜 그토록 열심히 노력했을까? 그럴듯한 대답은 호혜다. 두 침팬지는 친구로 같이 살고 있으므로 아마도 상대에게 베푼 호의는 나중에 보답받을 가능성이 높다고 생각했을 것이다.

이 '협력적 당기기' 사례는 원숭이·하이에나·앵무새·큰까마귀·코끼리 등에서도 관찰되었다. 영장류들 사이에도 좋아하는 동료와 그렇지 않은 동료가 있다. 기꺼이 동료들과 협력할 뿐만 아니라 전리품을 함께 나눌 만큼 아량이 있는 개체가 영장류 사회에서도 인기가 높다. 동료의 도움을 받았을 때 이를 되갚아야 한다는 점도 이들은 알고 있다. 예컨대 먹이를 획득한 꼬리감는원숭이는 도움받은 적이 없는 동료보다 자신에게 도움을 준 동료에게 먹이를 더 많이 나눠준다. 이는 도움을 받은 개체가 그 도움을 잊지 않았음을 의미한다. 인간의 협력은 자연계에서 '매우 이례적인 일'이라는 일부 사회과학자들의 주장은 독단에 불과하다.

　유인원 이외의 동물들도 서로 협동하는 실제 사례들이 차고도 넘친다. 태국 치앙마이 코끼리 보전센터에 있는 두 마리의 코끼리는 엄니로 통나무를 들어 올려서 코로 꼭 붙잡아 들고는 몇 미터를 함께 옮기는 모습을 보였다. 물론 훈련을 받아서 그럴 수 있다고 말할 수 있지만, 아무 동물이나 이렇게 협동을 잘하도록 훈련시킬 수 있는 것은 아니다. 협동의 성향이 있어야 한다. 돌고래들을 훈련시켜 동시에 점프하게 만들 수 있는 이유는 야생에서도 돌고래가 그런 행동을 하기 때문이고, 말들이 보조를 맞추어 달리도록 가르칠 수 있는 이유는 야생마들도 그렇게 하기 때문이다. 조련사는 동물의 타고난 능력을 기반으로 특정 재주를 발휘하도록 훈련한다.

　남극 반도를 따라 이동하던 범고래가 떠도는 얼음덩어리(부빙) 위에 먹이인 물개가 있는 것을 발견하면, 여럿이 협력해서 그 무거운 부빙을 바다로 옮긴다. 그런 다음 일제히 부빙을 향해 빠르게 헤엄치면서 큰 파도를 일으키는데, 운 없는 물개는 이 파도에 휩쓸려 부빙 밖으로 떨어진다. 그들이 어떻게 자신들의 행동을 일치시키는지는 알 수 없지만, 그런 행동을 하기 전에 그들 나름대로 의사소통하는 것이 분명하다.

　침팬지들이 원숭이를 사냥할 때도 마치 사전작전을 짠 것처럼 포위공격을 한다. 일부는 몰이꾼이 되고 나머지는 매복조가 된다. 도망치던 원숭이들은 매복조에 잡히게 되는데, 원숭이를 처음 포획한 침팬지가 먹이를 물고 몰래 도망치기도 하지만, 대개는 사냥에 참여했던 침팬지들이 비교적 공평하게 나누어 먹는다. 물론 사자·늑대·들개·꼬리감는원숭이 등도 때로는 치밀한 집단행동을 많이 보여준다고 한다.

어떻든 동물의 인지능력과 협동능력을 인정하는 학자들도 있고, 인정하지 않는 학자들도 있는데, 이들 모두 실험 결과를 바탕으로 자신들의 주장을 펼친다. 그러나 긍정적인 학자들은 부정적인 학자들의 주장이 잘못 설계된 실험방법 탓일 수 있다고 말한다.

예를 들어 부정적인 학자들의 주장은 인간과 동물을 비교하는 실험, 특히 어린이와 유인원을 비교하는 실험을 바탕으로 하는 경우가 많은데, 이런 실험들이 구조적으로 불공평하거나 동물에게 불리하도록 짜여 있다는 것이다. 막대를 바닥에 늘어놓고 나서 침팬지와 어린이가 그것을 이용해 우리 밖에 있는 바나나를 끌어당기는지 아닌지 살펴보는 실험이 그 한 예다. 어린이는 선뜻 막대를 이용해 그 바나나를 끌어당기지만, 침팬지는 그러지 못한다.

하지만 이런 결과를 놓고 침팬지가 어린이보다 지능이 떨어진다고 결론 내리는 것은 공평하지 못하다. 침팬지의 손은 구조상 바닥에 떨어져 있는 물건을 집어 올리기 어렵게 되어 있다. 막대를 집어 들지 못하는 것은 침팬지의 지능과 아무런 관계가 없다. 만일 고무줄로 바나나를 공중에 매달아놓고 그것을 잡아당기는지 아닌지를 살펴보았다면, 그런 불공평한 결론에 이르지는 않았을 것이다. 침팬지의 손은 매달린 물건을 잡거나 매달리기에 아주 적합하기 때문이다.

　침팬지가 폭력적이고 호전적이라는 최근의 평판은 거의 다 야생에서 이웃 집단 구성원들을 대하는 방식을 관찰한 결과를 바탕으로 한 것이다. 야생에서 침팬지는 세력권 때문에 잔인한 공격을 한다. 그러나 치명적인 싸움은 아주 드물게 일어난다고 한다. 우리 인간의 집단 간 싸움이나 전쟁은 훨씬 많은 희생자를 낳는다. 이런 점에서 인간은 동물보다 더 잔인하다는 말도 나온다. 인간 사회에서는 예컨대 전쟁터에서 조국을 위해 과감하게 자신의 생명을 바치는 병사들의 영웅담이 널리 퍼져 있다. 그러나 이타적 자살이라고 할 수 있는 이런 행위가 인간 사회에만 있는 것은 아니다. 특히 사회성 곤충의 사회에서는 아주 흔한 행위다. 개미·꿀벌·말벌 군체의 구성원들은 어느 때라도 자기 집단을 방어하기 위해 침입자에게 미친 듯이 돌격해 자신의 생명을 버릴 준비가 되어 있다.

　개미와 벌 사회에서 협동은 널리 알려져 있다. 그러나 이들이 협동해서 인간처럼 농사도 짓고 가축도 기른다는 사실은 잘 알려지지 않은 것 같다. 버섯농부개미(잎꾼개미)는 농사짓는 개미의 좋은 예로 꼽힌다. 이 개미들이 큰 잎사귀를 톱질하듯 입으로 작게 잘라서 집으로 가져오면 다른 개미들이 이것을 잘게 부수어 죽처럼 만든 다음 그 위에 버섯을 기른다. 이들은 나뭇잎뿐만 아니라 꽃잎으로도 버섯을 재배한다. 이렇게 재배한 버섯은 개미들의 식량이 된다.

　개미는 가축도 기른다. 개미와 진딧물의 공생관계는 잘

알려져 있다. 개미는 진딧물을 보호해주고 진딧물은 개미에게 단물을 제공한다. 그러나 진딧물만이 개미의 가축은 아니다. 개미는 꽤 여러 종류의 가축을 기르는데, 깍지벌레가 그 한 예다. 개미가 이들을 기르는 방법도 사람과 유사하다. 목동이 양 떼를 몰고 나가듯이 아침이 되면 개미들은 자신들이 기르는 곤충들을 몰고 들판에 올라가서 좋은 잎에다 풀어놓고 보호하다가 저녁이 되면 이들을 몰고 집으로 되돌아와 외양간이나 굴속에 넣는다. 말벌도 가축을 기르는데, 멸구 종류의 곤충이나 뿔매미를 기른다고 한다.

개미는 인간 사회에 버금가는 사회를 구성하고 있다. 따라서 인간 사회에서 벌어지는 거의 모든 일이 개미 사회에서도 일어난다. 그들은 전쟁을 하고 노예를 부리며, 강도가 있는가 하면 사기꾼도 있고, 분업을 하는 등 인간 사회와 다를 바가 별로 없어 보인다. 개미나 벌과 같은 사회적 곤충의 협동은 주로 혈연관계를 가진 개체들 사이에 이루어진다. 그러다 보니 다른 동물의 경우에도 오직 혈연관계를 가진 개체들 사이에서만 협동이 이루어진다고 생각하기 쉽다. 하지만 야생 상태의 유인원에 관한 유전자 분석 결과를 보면, 자연에서 일어나는 상호 부조 중 대다수는 서로 친족이 아닌 유인원들 사이에서 일어난다는 결론에 이르게 된다고 한다. 심지어 낯선 유인원끼리도 먹이를 나누거나 호의를 교환한다는 사실도 밝혀졌다. 사육되는 동물에 관한 연구에서도 비슷한 결론이 나온다.

협동은 같은 종 안에서만 이루어지는 것이 아니라 서로 다른 종들 사이에서도 이루어진다. 그 대표적인 예가 바로 공생이다. 지난 20여 년 동안 많은 학자가 생물의 공생에 관해 연구해왔다. 이 결과, 아주 많은 생물이 서로 도운 덕에 오늘날까지 살아남았음을 알게 되었다. 가장 잘 알려진 대표적인 공생관계는 곤충과 꽃을 피우는 식물이다. 이 외에도 공생 사례는 아주 많다. 멧돼지를 비롯한 아프리카의 큰 동물들의 몸에는 새들이 들러붙어 산다. 이 새들은 그들의 몸에 붙은 기생충을 잡아먹는다.

바다의 물고기들 사이에도 공생관계가 있다. 어떤 큰 물고기는 입속에 작은 물고기들이 들어앉아 큰 물고기의 입안을 깨끗하게 만들어준다. 이 작은 녀석들은 말하자면 청소 전문 물고기다. 청소 대상이 되는 큰 물고기가 나타나면 청소 물고기는 독특한 춤을 추면서 마중 나간다. 그러면 큰 물고기는 입을 벌리고 구강 위생 서비스를 받는다. 한쪽은 먹을 것을 얻고 다른 쪽은 입안을 깨끗하게 할 수 있으니 이들은 훌륭한 공생관계를 맺고 있는 셈이다.

한편 산호는 동물이기 때문에 광합성을 하지 못한다. 그런데 산호에게는 몸 안에 사는 조류가 있다. 산호는 이들에게 살 집과 필요한 영양소를 제공하고, 이 조류들은 광합성을 해서 산호에게 산소를 공급해준다. 이 역시 공생관계의 좋은 사례다.

동물도 가르치고 배운다

교육은 협동의 한 형태다. 인간은 수만 년 전 수렵채집 시대부터 가르치고 배웠다. 수렵채집 기술은 복잡하고 어렵지만 생존에 필수적이었기 때문이다. 이렇게 오래전부터 가르치고 배우는 일이 인간 사회에서 널리 퍼지다 보니 교육은 인간만이 하는 일이라는 생각이 지배적이었다. 2006년 한 공동연구자들이 개미가 새로운 둥지로 가는 가장 빠른 길이나 먹이가 있는 곳을 서로에게 가르친다는 사실을 구체적으로 밝혀내자 과학계가 깜짝 놀랐다.[21] 실제로 동물의 세계를 자세히 살펴보면 교육의 사례가 넘친다고 한다.

개미는 멀리 떨어진 곳까지 먹이 사냥을 나간다. 그러자면 길을 잘 알아야 한다. 개미가 길을 기억하려면 자기 발로 이동하면서 경로에 있는 다양한 주요 지형지물을 익혀야 한다. 이같이 길을 이미 익힌 개미가 길잡이 교사가 된다. 이 교사는 학생 개미가 곳곳을 둘러볼 때까지 기다리며 목적지까지 천천히 움직인다. 길을 다 익힌 학생 개미는 자신도 교사 노릇을 한다.

아프리카를 소개하는 텔레비전 프로그램에 흔히 등장하는 미어캣은 주로 사막에서 대가족을 이루어 살면서 서로 무척 잘 협력한다. 미어캣도 주로 우두머리 한 쌍이 번식을 독차지하고 서열이 낮은 개체는 양육을 돕는다. 이때 조력자 미어캣이 제공하는 도움 중 하나가 교육이다. 새끼가 아주 어릴 때는 조력자 미어캣이 막 숨통을 끊은 먹잇감을 새끼에게 건넨다. 이때는 새끼에게 아무런 기술이 없어도 된다. 하지만 새끼가 더 자라면 육아 조력자들이 교육 단계를 올린다. 꼼짝 못 하게 만든 도마뱀붙이나 독침을 없앤 살아 있는 전갈로 연습 기회를 제공하면서 위험한 먹이를 어떻게 다뤄야 하는지를 가르친다. 마지막에는 살아 있는 먹잇감을 그대로 건넨다. 이 수업에서 새끼들은 살아 움직이고 위험한 먹잇감을 다루는 방법을 꽤 안전하게 훈련한다.

　미어캣을 연구한 학자들은 조력자 미어캣이 마구 가르치는 것이 아니라 새끼들에게 맞춤 수업을 진행한다는 사실을 알아냈다. 이들에 따르면 조력자 미어캣은 새끼의 발육 상태에 맞춰 수업의 난이도를 조정한다. 이때 발육 상태를 판단하는 기준은 새끼가 먹이를 달라고 보채는 구걸 신호다. 연구진이 이를 증명하고자 스피커로 새끼들이 먹이를 보채는 소리를 내보내 보았다. 그러자 깜빡 속아 넘어간 조력자 미어캣들은 한달음에 달려와 스피커 앞에 먹이를 떨궜다. 이때 더 많이 자란 새끼의 구걸 신호를 들려주면 거의 손대지 않은 전갈을 가져왔고, 더 어린 새끼의 소리를 들려주면 죽은 전갈이나 독침을 뺀 전갈을 가져왔다. 이처럼 미어캣도 정말로 새끼를 체계적으로 가르친다.

　치타도 비슷한 방법으로 새끼들을 가르친다. 치타는 대개 혼자 살기 때문에 다른 개체가 잡은 고기를 먹지 못한다. 배를 채우려면 반드시 사냥에 나서야 한다. 게다가 몸집이 크지 않고 힘도 세지 않아 먹잇감을 거꾸러뜨릴 때 억센 힘을 이용하지 못한다. 그보다는 죽을힘을 다해 먹잇감의 경정맥을 물고 늘어져 숨통을 조인다. 어떨 때는 이 시간이 10~20분까지 걸린다. 이처럼 정확하게 숨통을 끊는 법을 배우려면 훈련이 필요하다. 그래서 어미 치타는 새끼들에게 아직 숨통이 끊어지지 않은 먹잇감을 던져줘서 먹잇감을 다루는 방법부터 사냥하는 법까지를 배우게 한다.

새들 중에도 새끼를 교육하는 녀석들이 있다. 알락노래꼬리치레가 좋은 예다. 새끼들이 태어난 지 열흘쯤 되었을 때 어른 알락노래꼬리치레가 새끼 근처에서 목구멍을 울려 '푸르르' 소리를 낸 다음 먹이를 준다. 며칠 뒤에는 어른 알락노래꼬리치레가 잘 보이지 않는 아래쪽 가지에 앉아서 푸르르 소리를 낸다. 어른이 보이지 않아도 새끼들이 푸르르 소리에 힘차게 반응한다. 새끼가 그 소리를 먹이 주는 어른이 왔다는 신호로 받아들이는 법을 배웠다는 증거다. 막대 끝에 작은 스피커를 달고 다양한 방법으로 실험해본 결과, 어른 알락노래꼬리치레가 새끼를 가르친다는 사실을 확인할 수 있었다.

푸르르 소리를 내는 방법은 새끼를 둥지에서 떠나게 할 때도 쓰인다. 알락노래꼬리치레는 새끼들에게 용기를 불어넣어 둥지에서 뛰어내리도록 해야 한다. 작은 무리일수록 새끼들이 며칠 더 빨리 뛰어내리게 응원한다. 문제는 새끼들이 둥지를 떠날 마음이 별로 없다는 것이다. 그래서 새끼들에게 먹이가 온다고 생각하도록 가르친 푸르르 소리가 유용하다. 어른 알락노래꼬리치레는 새끼들에게 둥지를 떠날 용기를 불어넣을

목적으로 먹이 없이 둥지에서 조금 떨어진 곳에 걸터앉아 푸르
르 소리를 낸다. 물론 새끼들은 먹이가 없다는 사실을 모른다.
그래서 어른들이 밥 먹으라고 부르는 소리에 용기를 내서 둥
지 가장자리로 올라가 마침내 뛰어내린다. 아직 잘 날지 못하
므로 대개는 아주 높은 곳에서 말 그대로 툭 떨어진다. 새끼들
이 둥지를 벗어난 뒤에도 어른 알락노래꼬리치레는 이 '선의
의 거짓말'을 미끼로 써서 밤에 포식자를 피할 보금자리용 나
무로 새끼들을 이끈다. 그러므로 교육은 포식자가 넘치는 환
경에 알락노래꼬리치레가 대처하기 위한 또 다른 값진 적응방
법이다.

　개미의 경우 여왕개미는 일개미보다 훨씬 몸집이 크다.
어떤 흰개미의 여왕개미는 일개미보다 몸집이 자그마치 30배
나 더 크다고 한다. 꿀벌의 경우 여왕벌이 일벌보다 몸집이 보
통 두세 배 더 크므로 민첩하게 움직이지 못한다. 그래서 꿀벌
군락이 이사 갈 때는 여왕벌이 살을 빼서 잘 날 수 있게 하려고
일벌들이 운동과 식이요법을 시킨다. 예컨대 여왕벌을 이리저
리 떠밀어 벌집을 계속 날아다니게 하고 먹이를 적게 주는 것
이다.[22]

　물론 모든 동물이 미어캣이나 알락노래꼬리치레와 같이
새끼를 열심히 교육하는 것은 아니다. 언뜻 생각하면 인간과
가장 가까운 영장류인 침팬지는 새끼에게 열심히 교육할 것 같
지만, 사실은 그렇지 않은 모양이다. 어린 침팬지가 돌로 딱딱
한 견과류를 아주 능란하게 깨는 모습을 보면, 어미에게서 그

기술을 배웠을 것으로 보인다. 하지만 침팬지 어미가 적극적으로 새끼에게 무엇을 가르친다고 확신할 만한 증거는 없다고 한다. 여기에는 그럴만한 이유가 있다. 돌멩이로 견과류를 깨는 기술과 막대기로 흰개미를 잡는 기술은 혼자서도 시행착오를 거쳐 익힐 수 있다. 견과류와 흰개미는 침팬지의 주식도 아니다. 그저 별미에 가깝다. 침팬지의 주식은 과일과 나뭇잎인데, 이런 것들을 채취하는 데는 딱히 노련한 기술이 필요 없다. 그러니 시간과 노력을 투입해 어미가 새끼를 가르친다고 해서 새끼의 생존이나 번식 성공도가 늘어나는 확실한 이익이 발생할 것 같지는 않다.

동물도 주거지와 영토를 지키기 위해
싸우기도 한다

인간 사회에 주거지가 있고 영토가 있듯이, 동물 사회에도 주거지가 있고 영토가 있으며, 때로는 이것을 둘러싸고 격렬한 싸움이 벌어지기도 한다. 예를 들면 거미에게 거미집은 주거지이고 거미줄은 영토라고 할 수 있다. 그래서 거미는 자기가 친 거미줄에 다른 거미가 들어오면 맹렬히 쫓아낸다. 곰들은 나무에 몸을 기대고 선 다음 몸을 비벼대거나 자신의 이빨로 나무껍질을 벗겨내는데, 이는 자기 영토를 표시하기 위한 행위다. 북미의 큰곰들에게서도 이런 식의 영토 표식 행동이 흔히 발견된다. 이렇게 자신의 영토라고 선언한 곳에 다른 곰이 들어오면 곧바로 경고하고 쫓아낸다.

침팬지는 매우 공격적이고 위험한 동물로 알려져 있다. 이는 침팬지 집단이 자신의 영토를 수호하기 위해 다른 집단의 침입을 격렬하게 저지하다 벌어지는 싸움이 흔히 관측되기 때문일 것이다. 까치 역시 둥지를 중심으로 형성되는 영토의 수호에 적극적이어서 다른 까치들이 영토를 침범하는 것을 결코 용납하지 않는다.

큰가시고기의 경우에는 수컷이 집을 짓는데, 이 집에서 새끼들이 수컷의 보호를 받으며 자란다. 커다란 수족관에 큰가시고기를 풀어놓으면 이들은 각자 자신의 집을 짓는데, 되도록 서로 멀리 떨어지게 짓는다. 그 중간 어디에 보이지 않는 경계선이 있고 이를 중심으로 영토가 형성된다. 각 영토는 각 주거지에 속한다. 우리 인간이 각자 자신의 영토를 철저하게 수호하듯이, 이 주거지의 주인은 자신의 영토에 들어오는 다른 종의 물고기는 물론이고 같은 종의 물고기조차 맹렬하게 공격해서 물리친다.

두더지도 주거지와 영토를 가지고 있다. 두더지는 거미줄처럼 복잡하게 펼쳐진 여러 통로와 굴로 구성된 지하세계를 구축하고, 그 속에 주거지와 영토를 마련한다. 그리고 이 영토에 들어온 모든 먹이를 포획한다.

꿀벌은 주거지를 만들지만 영토를 가지고 있지는 않다. 벌집을 둘러싼 영역은 먹이를 조달하는 곳이지 외부의 침입으로부터 자신들을 보호하려는 영토가 아니다. 꿀벌처럼 굳이 영토를 소유하지 않는 동물도 적지 않다. 파리도 그 한 예다. 맹금류에게는 주거지가 있고 먹이를 포획하는 사냥터가 있지만, 이 사냥터가 맹금류의 영토라고 보기는 어렵다. 많은 경우 주거지와 사냥터 사이에 일종의 완충지대가 있다. 이 완충지대는 날기 시작하는 새끼들이 주로 활동하는 영역이라서 비교적 안전한 지역이다. 그래서 몇몇 다른 종의 새들이 둥지를 틀고 알을 품기 위해 이 완충지대를 이용한다.

개들을 동물원에 풀어놓으면 곧바로 더 좋은 장소를 차지하기 위해 경쟁한다. 힘이 좋은 개가 당연히 좋은 곳을 차지하는데, 그 개는 낯선 개와 처음 마주쳤을 때 항상 코를 가까이 대고 자기를 소개하는 경향이 있다. 말하자면 명함을 내미는 것이다. 또한 이 개는 다른 개의 냄새가 나는 영역 안으로 들어갈 때 모든 표식을 세심하게 조사하고 그 위에 오줌을 눈다. 반대로 활력이 약한 개는 다른 개의 영역 안으로 들어가기를 두려워하며, 그 어떤 냄새로도 자신을 표시하지 않는다.

대체로 보면 동물들은 움직이는 것에는 민감하게 반응한다. 갈까마귀는 움직이지 않는 메뚜기를 잘 알아보지 못하지만, 움직이는 메뚜기에 대해서는 신속한 반응을 보인다. 그래서 많은 곤충이 위험에 처했을 때는 죽은 듯이 부동의 자세를 취한다. 불가사리는 가리비에게 가장 위험한 적이지만, 움직이지 않는 한 불가사리는 가리비를 공격하지 않는다. 지렁이의 시각기관은 사물의 형태를 알아보기에는 너무나 단순하지만, 그 대신 냄새를 잘 맡는다. 그래서 냄새로 나뭇잎의 끝부분과 잎자루 부분을 구분할 수 있을 정도로 예민하다.

동물도 정치를 한다

영국의 한 철학자는 억제할 수 없는 권력 욕구라는 것이 존재한다고 주장하면서, 이런 권력 욕구를 가진 존재로 인간과 유인원을 꼽았는데, 이것은 올바른 판단이었던 것으로 보인다. 유인원도 인간처럼 정치적 행위를 한다. 두 마리 암컷 침팬지를 상대로 이들 사이의 위계를 살펴본 실험이 있다. 이 실험에서 그 두 암컷에게 간단한 과제를 수행하게 한 다음에는 항상 보상을 주었다. 그래서 이들은 그 과제를 즐겨 했다. 그런데 과제를 수행하기 위해 실험실로 들어갈 때 한 마리는 전혀 주저하지 않고 성큼 들어서는 반면, 다른 한 마리는 항상 멈칫하다가 들어가곤 했다. 이를 지켜본 동물학자는 이 암컷이 '상급자'에게 예의를 표하기 위해 멈칫한 것으로 보인다고 말했다. 암컷들 사이에도 은연중에 위계가 있다는 것이다. 암컷들이 서열을 놓고 경쟁하는 일은 드물지만, 이들 사이의 서열은 놀랍도록 빨리 정해진다. 암컷들의 경우 서열 경쟁에서 나이가 중요하기 때문이다. 여러 다른 곳에서 데려온 침팬지들을 동물원에 함께 섞어놓으면, 암컷들은 순식간에 자기들끼리 서열을 정한다고 한다. 서열을 놓고 다툼이 벌어질 때도 있지만,

이런 다툼은 아주 드물게 일어난다.

암컷들과는 달리 수컷들은 항상 권력을 차지하려고 노골적으로 애를 쓴다. 서열 다툼에서 수컷들은 경쟁 상대를 위협하며, 이것이 통하지 않을 때는 몸싸움을 벌이기도 한다. 침팬지 사회는 엄격한 서열 사회지만, 덩치가 크거나 힘이 세다고 권력을 쥔다는 보장은 전혀 없다. 수컷의 서열과 몸 크기 사이에 명백한 상관관계가 없다는 사실은 잘 알려져 있다. 가장 용감한 수컷이 자동적으로 우두머리가 되는 것도 아니다. 수컷 혼자의 힘으로 정상에 오르는 일도 드물다고 한다. 침팬지 사회에서 정상까지 올라가는 데 중요한 요인은 성격과 나이다. 대개는 폭넓은 지지를 받는 수컷이 우두머리가 되기 쉽다. 몸집이 작아도 친구만 많이 있으면 우두머리 자리를 노릴 수 있다. 상대적으로 몸집이 작은 수컷들은 몸집이 큰 수컷들보다 다른 침팬지의 털을 골라주는 데 훨씬 더 많은 시간을 쓴다는 사실도 밝혀졌다. 침팬지 사회에서 털 골라주기는 친분을 쌓는 효과적인 방법이다. 어떤 침팬지 무리에서는 한 우두머리 수컷이 10년 이상 권력을 유지하는 모습이 관찰되었다. 이 수컷은 '뇌물제도'를 잘 활용했는데, 소중한 원숭이 고기를 자신에게 충성하는 동료들과 친한 무리에게 집중적으로 나누어주었다. 우두머리에서 물러난 수컷은 자신의 지지기반을 이용해 새로운 우두머리의 후견자 행세를 하면서 사실상 막후 실세로 행동하기도 한다. 이런 관찰 결과들은 유인원 사회도 매우 정치적임을 잘 보여준다.

인간 사회처럼 동물 사회에서도 지위와 권력은 다르다. 우두머리라고 해서 절대적 권력을 행사하는 것은 아니다. 인간 사회에서 왕은 허수아비이고 그 수하들이 실세를 행사하는 일이 드물지 않다. 서열은 사장이 높지만 사장의 비서나 전무가 막강한 권력을 행사하는 사례도 종종 볼 수 있다. 침팬지 사회도 마찬가지다. 우두머리가 지위는 가장 높지만 부하들이 우두머리의 지배를 거부하는 일이 종종 있다. 실질적으로 무리를 이끌어나가는 존재가 따로 있을 수 있다는 것이다. 유인원 사회에서는 돈독한 사회적 관계와 탁월한 중재 기술을 보유한 암컷이 막강한 영향력을 행사하는 경우가 적지 않다고 한다.

인간에게 '영장류의 본성'이 남아 있다고 말하는 학자도 있다. 하지만 사실 영장류의 본성이 무엇인지는 명확하지 않다. 영장류란 유인원과 원숭이를 아울러 이르는 것이고, 유인원에는 인간·오랑우탄·고릴라·보노보·침팬지·긴팔원숭이 등이 있다. 유인원에 속한 종들 사이에도 성격이 아주 다르다. 예를 들어 인간과 가장 가까운 친척이라고 알려진 침팬지와 보노보는 아주 극명하게 대조적인 행태를 보인다. 침팬지는 매우 공격적이며 서로 싸우는 일이 잦다. 그런 이유로 동물원에서도 한 집단의 침팬지와 다른 집단의 침팬지를 한 우리 속에 넣지 않는다고 한다. 그랬다가는 두 집단이 유혈극을 벌이기 십상이기 때문이다. 그래서 침팬지 한 무리가 다른 무리를 만났을 때 침팬지 암컷들은 재빨리 새끼를 데리고 멀찌감치

물러선다. 매우 위험한 상황에서 자신의 새끼를 보호하기 위함이다.

반면에 보노보는 우리 인간이 모범으로 삼아야 할 만큼 평화적이고 행복한 족속이다. 보노보는 다른 무리를 만나더라도 서로 잘 어울린다. 콩고의 한 보노보 보호구역에서 서로 떨어져 살던 두 무리를 합쳤다. 그랬더니 이들은 싸우기는커녕 난교 파티를 벌였다. 보노보는 전혀 모르던 남도 스스럼없이 돕는다. 침팬지와의 이런 차이는 보노보의 뇌에 각인돼 있다고 한다. 남의 고통을 지각하는 기능을 담당하는 부위가 보노보의 경우 침팬지보다 훨씬 크다. 또한 보노보의 뇌에는 공격적 충동을 억제하는 경로들이 더 발달해 있다.

보노보 사회는 암컷 우위의 사회다. 개별적으로는 보노보 수컷이 암컷을 힘으로 이길 수 있지만, 집단적으로는 암컷들이 수컷들을 압도한다. 보노보 무리를 통솔하는 우두머리는 늘 암컷이다. 수컷 침팬지들은 서로 잘 뭉치지만, 수컷 보노보들은 서로 잘 뭉치지 못한다. 사춘기가 되면 암컷은 자신이 태어난 무리를 떠나 다른 무리로 옮겨가 산다. 따라서 암컷 집단은 혈연으로 뭉친 집단이 아니다. 이런 사실을 감안하면 암컷들이 단합해서 집단을 지배한다는 것은 놀랍기 그지없다. 어떤 수컷이 젊은 암컷과 다투면 곧장 서열이 높고 나이가 많은 암컷들이 나서서 젊은 암컷들을 돕는다. 이런 동료애 덕분에 수컷의 폭력을 견제할 수 있으므로 암컷 보노보들은 비교적 별 걱정 없이 살아간다.

　　보노보의 암컷 무리에도 우두머리가 있지만 이 자리를 놓고 암컷들이 치열하게 싸우지는 않는다. 대략 나이로 우두머리가 결정된다. 한 가지 재미있는 점은 오히려 암컷들이 다른 이유로 서로 싸운다는 것이다. 이들은 수컷의 위계 경쟁에서 자신들의 아들을 열렬히 지원한다. 그래서 보노보 사회에서 가장 격렬한 싸움은 암컷들이 자기 아들의 지위 다툼에 개입할 때 일어난다고 한다. 수컷 보노보들은 어미의 치마폭에 싸여 지위를 놓고 경쟁하는 셈이다.

　　오스트리아 알프스산맥의 야생 큰까마귀는 엄격한 위계질서의 사회를 구성하므로, 여기에서도 그들 나름대로 정치적 활동이 나타난다. 이들은 부리로 서로의 깃털을 다듬어주면서 돈독한 유대관계를 형성하며, 그런 관계를 많이 가진 녀석이 그들의 사회에서 높은 서열을 차지하게 된다.

　　위계질서는 구성원들 사이의 친소관계를 잘 알고 있음을 전제한다. 예컨대 침팬지는 자기 주변의 누가 누구와 친하게 지내는지, 누가 누구를 지배하는지를 잘 안다. 이와 관련해서 야생 원숭이의 사회성을 실험한 연구가 있다. 어린 원숭이가 시야에서 사라졌을 때, 덤불에 숨겨둔 확성기로 그 원숭이가 구원을 요청하는 소리를 들려주었다. 이 소리를 들은 어른 원숭이들은 확성기 쪽을 쳐다보았을 뿐만 아니라 그 새끼의 어미도 쳐다보았다. 그들은 새끼 원숭이의 목소리를 알아채고 그것을 어미와 연결 짓는 것으로 보였는데, 아마도 새끼가 처한 곤경에 대해 어미가 어떤 반응을 보일지 궁금한 것 같았다.

제대로 걷지도 못하는 새끼 원숭이를 젊은 암컷이 집어
들어 어미에게 데려다주는 모습도 관찰되었다. 이것은 그 젊
은 암컷이 새끼 원숭이의 어미가 누구인지 안다는 것을 의미
한다. 영장류가 서로의 관계를 안다는 사실을 뒷받침하는 추
가 증거는 이들이 가족 구성원을 바탕으로 남들을 분류하는 방
식에서 얻을 수 있다. 상급자의 괴롭힘을 당한 유인원은 분풀
이 대상을 찾는다. 예를 들어 서열이 높은 원숭이에게 혼난 원
숭이는 자신을 혼낸 원숭이의 가족 중에서 자기보다 더 어리고
힘이 약한 놈을 골라 분풀이한다.

아시아 정글의 키가 매우 큰 나무의 꼭대기에는 큰긴팔원
숭이들이 사는데, 암수 한 쌍이 형성되면 이 둘이 세력권을 공
동으로 지킨다. 유대가 돈독한 수컷과 암컷의 쌍은 놀라운 이
중창을 뽑아댄다. 유대가 약한 암수 쌍은 세력권을 방어하는
능력이 약한 반면, 유대가 돈독한 암수 쌍은 방어능력이 강하
다. 암수 쌍의 노래는 그들의 관계를 반영하는데, 그 소리가 아
름다울수록 이웃들은 이들의 세력권에 침입하지 않는 것이 좋
겠다고 느끼게 된다. 집단생활에서 이같이 남들 사이의 관계
가 어떤지 이해하는 것은 사회생활에 매우 중요한 기초 기술이
다. 요컨대 인간뿐만 아니라 집단생활을 하는 동물도 그런 기
초 기술을 잘 알고 있다는 것이다.

동물도 서로 속이고 사기 친다 ·

인간 사회 못지않게 동물 사회에도 각종 속임수와 사기가 횡행한다. 때로는 사람을 속이는 녀석도 있다. 어린 코끼리가 사람들 사이에서 자라면 사람에게 아주 익숙해진다. 사람들은 어린 코끼리가 멀리 달아나지 못하도록 목에 소리 나는 종을 달아준다. 그러면 어떤 녀석은 코로 풀을 뜯어서 목에 달린 종 안에 그것을 집어넣어 소리가 나지 않게 한다. 그러면 사람들에게 들키지 않고 마음대로 돌아다닐 수 있다. 어떤 곤충은 침을 쏘는 곤충의 모습을 흉내 냄으로써 자신의 몸을 지킨다. 이런 속임수들은 귀여운 애교에 불과하다.

동물 사회에는 치명적인 속임수가 많다. 어떤 새는 매가 없는데도 '매다!'라는 신호를 내서 특정 새들을 겁주어 쫓아버리고 그 새끼를 잡아먹거나 먹이를 훔치기도 한다. 아귀는 바다 밑에 파묻힌 채로 참을성 있게 기다린다. 아귀의 머리끝에 기다란 '낚싯대' 같은 것이 뻗어 나와 있고, 그 끝에 지렁이같이 꿈틀거리는 것이 붙어 있는데, 이것이 아귀의 몸에서 눈에 보이는 유일한 부분이다. 그 지렁이 같은 것을 보고 접근하는 물고기는 아귀의 밥이 된다. '여기 지렁이가 있다'라고 거짓말을 해서 작은 물고기를 속이는 셈이다.

개똥벌레는 빛을 깜박거려 교미 상대를 유혹한다. 자기들끼리만 통하는 신호가 있는데, 암컷은 특유의 신호를 보내서 수컷을 유혹한다. 그런데 이런 사실을 이용하는 녀석들이 있다. 어떤 약삭빠른 곤충은 이 개똥벌레 암컷의 신호를 알아낸 다음 그것을 흉내 낸다. 이것에 속아서 다가오는 개똥벌레 수컷은 그 곤충의 밥이 된다.

갑오징어의 기만 술책은 여기에서 한술 더 뜬다. 암컷을 유혹하는 수컷 갑오징어는 자신을 견제하지 않도록 다른 경쟁자 수컷을 속일 수 있다. 구애 행동에 나선 수컷은 경쟁자를 향한 쪽의 몸에는 암컷 색깔을 띠게 할 수 있는데, 이 결과 경쟁자는 눈앞에 있는 수컷이 암컷이라고 믿는다. 하지만 암컷을 향한 쪽의 몸은 원래의 색깔을 유지해 암컷의 관심을 계속 끈다. 이런 식으로 수컷은 은밀하게 접근해 암컷을 유혹한다.

깡충거미의 사기술도 놀랍다. 예를 들면 깡충거미는 다른 거미가 친 거미줄 속으로 들어가 마치 그 거미줄에 얽힌 양 몸부림친다. 자신의 거미줄에 먹이가 걸렸다고 착각한 거미줄 주인이 먹이를 잡아먹으려고 다가가는 순간, 그 자신이 깡충거미의 먹이가 되고 만다. 학자들이 관찰해본 결과, 깡충거미는 거미줄에 걸린 곤충처럼 연기하는 법을 태어날 때부터 아는 것이 아니라 시행착오를 통해 터득하는 것으로 보인다. 다른 거미의 거미줄에서 더듬이와 다리를 이용해 거미줄을 퉁기고 진동시키는 방법을 다양하게 시도하면서 깡충거미는 어떤 신호가 그 거미줄 주인을 속여서 유인하는 데 가장 효과적인지를 알아낸다고 한다. 그러고 나서 깡충거미는 거미의 먹잇감 흉내를 내는 자신의 행동을 미세 조정한다. 이런 정교한 기술에 거미 학자들이 주목하면서 거미의 인지능력에 관심을 가지기 시작했다.

　조류 중에서 가장 잘 알려진 사기꾼은 뻐꾸기일 것이다. 바위종다리는 속아서 뻐꾸기의 알을 품는다. 뻐꾸기는 바위종다리에 비해 체구가 훨씬 크기 때문에 알에서 부화한 뻐꾸기 새끼라 할지라도 자기를 키워주는 바위종다리보다 더 크다. 그래서 양부모가 먹이를 주기 위해서는 뻐꾸기 새끼의 등에 올라타지 않으면 안 된다. 그런데도 속임수를 눈치 채지 못하는 바위종다리의 어리석음은 놀랍기까지 하다. 아무리 바보 같은 동물일지라도 그런 큰 새끼를 보면 어딘가 이상한 점을 알아차릴 수 있을 법한데 말이다. 그렇다면 뻐꾸기의 새끼가 그 양부모를 속이는 어떤 비결이 있다고 생각하지 않을 수 없다. 그 한 가지 단서는 뻐꾸기 새끼가 벌린 빨간 입이 너무도 고혹적이라는 점이다. 심지어 어떤 새는 자기 새끼에게 줄 먹이를 물고 집으로 가다가 다른 새의 둥지에 앉아 있는 뻐꾸기 새끼의 빨간 입에 먹이를 넣어주고 가는데, 이런 장면을 심심치 않게 보게 된다고 한다.

　곤충 중에도 이런 뻐꾸기의 속임수를 이용하는 녀석들이 헤아릴 수 없을 만큼 많아서 '뻐꾸기 곤충'이라는 말도 있다. 기생 개미가 좋은 사례다. 기생 개미도 두 종류가 있는데, 단순한 기생 개미가 있고 좀 고등한 기생 개미가 있다. 단순 기생 개미의 경우, 그 여왕이 단독으로 다른 종의 집에 숨어든다. 이 기생 여왕은 숙주의 여왕을 찾아내 목을 잘라버린 다음 그 여왕의 행세를 한다. 원래의 여왕을 잃은 일개미들은 그것도 모

조류 중에서 가장 잘 알려진 사기꾼은 뻐꾸기일 것이다.
바위종다리는 속아서 뻐꾸기의 알을 품는다.
뻐꾸기는 바위종다리에 비해 체구가 훨씬 크기 때문에
알에서 부화한 뻐꾸기 새끼라 할지라도
자기를 키워주는 바위종다리보다 더 크다.

백할미새

뻐꾸기

어린 뻐꾸기에게 벌레를 먹이는 백할미새

르고 이 살해범을 떠받들며 하등의 의심도 없이 살해범의 알과 애벌레를 돌본다. 고등 기생 개미의 경우, 기생 여왕은 다른 종의 개미 사회에 들어가서 그곳의 일개미를 조종해 자신의 여왕을 죽이게 만든다. 자신의 손에 피를 묻히지 않고 그 개미 사회를 장악하는 셈이다. 이 여왕개미가 어떤 기술로 그렇게 하는지는 아직까지 수수께끼라고 한다. 아마도 그 기생 여왕개미가 화학물질의 도움을 받을 것이라고 짐작할 뿐이다. 어떻든 속아서 자신의 여왕을 죽인 일개미들은 기생 여왕을 위해 죽을 때까지 헌신한다.

개미는 이처럼 다양한 기생 전문가들의 착취 대상이 되고 있는데, 이는 놀랄 일이 아니다. 그만큼 개미 사회가 풍족한 사회이기 때문이다. 일개미들은 넓은 활동 영역에서 먹이를 싹쓸이해 중앙 저장소로 옮겨놓는다. 당연히 그 저장소는 공짜 먹이를 노리는 녀석들의 표적이 된다. 이렇게 개미의 식량만이 갈취 대상이 되는 것이 아니다. 개미의 노동력도 착취 대상이 된다.

반면 개미는 훌륭한 경호원이 될 수 있다. 잘 무장되어 있고 수도 많기 때문이다. 어떤 진딧물은 개미에게 단물을 제공하고 그들의 보호를 받는다. 개미를 경호원으로 고용하는 셈이다. 여러 종의 나비가 개미집 속에서 애벌레 시기를 지낸다. 그중에는 대가를 치르지 않는 무분별한 약탈자도 있지만, 무언가 개미에게 대가를 치르는 녀석들도 있다. 예를 들면 어떤 나비의 애벌레는 개미를 호출하는 발음기관을 머리에 가지고 있으며, 꽁지에서 단물을 내뿜어 개미를 유혹한다. 이뿐만이 아니다. 이 애벌레의 어깨에는 한 쌍의 분사구가 있는데, 여기에서 나오는 분비물은 개미를 공격적으로 만든다. 이렇게 공격적으로 변한 개미는 움직이는 물체는 무엇이든 덤벼들어 물고 찌른다. 중요한 사실은 약물을 뿌린 나비 애벌레만은 공격 대상에서 제외된다는 점이다. 이 마약을 뿌리는 애벌레의 영향 아래 있는 개미들은 결국 '속박'당해 며칠 동안 애벌레의 곁에서 떨어지지 않고 경호한다.

그런가 하면 사람을 속여먹을 정도로 영리한 동물도 있다. 어느 동물원에서는 침팬지들이 밤에 탈출해 건물을 휘젓고 실컷 돌아다니다가 느지막하게 우리로 돌아와 조심스럽게 문을 닫고 잠을 잤다. 다음 날 아침에 직원들이 출근해서 보니 어느 때처럼 침팬지들이 짚으로 만든 둥지에서 웅크리고 태연히 자고 있었다. 우리 문이 닫혀 있었으므로 직원들은 별 의심을 하지 않았다. 만일 한 직원이 건물 복도에서 고약한 냄새가 나는 침팬지의 똥을 발견하지 않았더라면, 침팬지가 밤새 그런 난동을 피웠다는 사실을 까맣게 몰랐을 것이다. 어떻든 난동을 부리고 나서 방으로 돌아온 침팬지들은 왜 굳이 방문을 닫았을까? 의도와 감정이 있다고 생각하지 않는다면 그런 교활한 행동을 어떻게 설명할 수 있을까?

또 다른 예를 살펴보자. 어떤 실험자가 외딴 섬의 모래밭 여기저기에 과일을 숨겨놓았는데, 주위에 있던 침팬지 무리 중에서 어린 수컷 한 마리만 이 장면을 보았다. 얼마 후 침팬지들을 섬에 풀어주자 그들 모두 과일이 숨겨진 장소를 그냥 지나쳐 갔다. 과일 숨기는 것을 본 어린 침팬지도 속도를 늦추지 않고 태연히 지나쳤다. 하지만 다른 모든 침팬지가 양지에서 잠자고 있을 때, 이 어린 녀석은 곧장 과일이 묻혀 있는 장소로 되돌아와서 과일을 파내 느긋하게 먹었다. 놀라운 것은 그 어린 녀석이 다른 침팬지들과 함께 처음 그곳을 지나갈 때 조금도 머뭇거리지 않았다는 점이다. 그 녀석은 속임수 쓰는 것이 최선의 방책임을 그 자리에서 즉각 생각해낸 것이 틀림없다.

귀뚜라미는 늦여름부터 저녁때가 되면 운다. 수컷이 위쪽 날개를 비벼서 소리를 내는데, 암컷이 그 소리를 듣고 마음에 들면 그 수컷을 찾아와서 짝짓기하고 번식한다. 그런데 그 소리를 내려고 밤새도록 날개를 비벼대는 일이 사실 조그마한 귀뚜라미에게는 굉장히 힘든 일이다. 소리를 잘 내는 놈은 그만큼 힘이 좋다는 뜻이요, 그래서 암컷의 환심을 사게 된다. 귀뚜라미 중에는 그런 녀석을 이용하는 얌체 사기꾼들이 있다. 소리를 잘 내는 수컷이 있으면 이 사기꾼은 그놈 근처에 숨는다. 그러다가 그 수컷이 내는 소리에 끌려 암컷이 나타나면 먼저 그 앞에 나타나서 마치 자기가 그 소리를 낸 장본인인 것처럼 미소 짓고 암컷을 유혹한다. 그러면 암컷은 착각하고 이 얌체 수컷과 짝짓기를 하게 된다.

곤충의 이런 사기술은 유전되는 것으로 보인다고 한다. 귀뚜라미 수컷 중에는 밤새도록 열심히 소리 내는 성실파에서부터 사기성이 농후한 얌체파에 이르기까지 다양한 놈들이 존재한다. 그래서 한편으로는 성실한 놈들만 골라서 교배시키고 다른 한편으로는 얌체들만 골라서 교배시키는 식으로 귀뚜라미를 인위선택한 후 몇 세대만 지나면 그 귀뚜라미 족속은 다수의 얌체와 다수의 성실한 놈으로 확연히 나뉜다고 한다. 귀뚜라미만 소리로 신호를 하는 생물이 아니다. 개구리와 두꺼비도 소리로 신호를 주고받으므로 이들의 사회에서도 귀뚜라미 사기꾼과 같은 놈들이 다수 존재하게 된다.[23]

chapter

5

인간 사회의
우스꽝스러운 단면들

근래 동물학자들이 동물에 관해 쏟아내는

새로운 사실이나 자료들을 보면,

동물은 우리가 생각하는 것보다 훨씬 더 영리하다.

잘 생각해보고 행동하라지만 과연?

과거 유럽의 여러 과학자가 유럽인의 지능이 다른 민족보다도 높다는 주장을 입증하려고 무척 애를 썼지만 결국 실패로 돌아갔다. IQ가 아닌 생물학적 지능을 검사해보면, 오늘날 수렵채집인 사회의 어린이들 지능이 미국 어린이들의 지능보다 높으면 높았지 낮지 않다고 한다. 보르네오에 오래 거주하던 한 과학자는 보르네오 어린이들의 지능이 매우 높다는 것을 발견했다. 왜 그럴까? 그 답은 놀이에 있다. 미국 어린이들은 하루 평균 6~7시간 텔레비전 프로그램이나 기타 영상물을 보는 데 시간을 쓰는 반면, 보르네오 어린이들은 그 시간에 서로 어울려서 놀이를 즐긴다. 아이들은 놀이과정에서 많은 것을 배운다. 심리학자들은 놀이가 아이들의 신체 발달뿐 아니라 지능 발달에도 매우 큰 도움이 된다고 말하는데, 그런 놀이가 보르네오 아이들의 높은 지능을 설명해준다는 것이다. 이런 과학적 근거가 있음에도 아직도 문명인의 지능이 야만인보다 높다고 생각하는 사람이 많다.

사람들은 동물에 관해서도 비슷한 편견을 가지고 있다. 근래 동물학자들이 동물에 관해 쏟아내는 새로운 사실이나 자료들을 보면, 동물은 우리가 생각하는 것보다 훨씬 더 영리하다. 하지만 상당수의 사람은 이런 사실을 인정하려 들지 않는다. 그래서 동물을 폄훼하는 태도도 여전하다. 그렇다면 동물을 폄훼할 정도로 인간이 월등히 똑똑할까? 현실에서 인간은 이상한 행동, 때로는 우스꽝스럽고 어이없는 행동을 자주 한다.

흔히 우리는 두뇌가 크면 지능이 높다고 생각한다. 머리가 나쁜 사람을 '새 대가리'라고 부르는데, 새의 뇌는 정말 작다. 여러 화석을 보면, 약 400만 년 전 기후변화로 숲이 크게 줄어들자 인간이 숲을 떠나 땅으로 내려왔고 그때부터 직립보행을 했으며, 약 250만 년 전부터는 두뇌의 크기가 커지기 시작했음을 알 수 있다고 한다. 약 50만 년 전 아프리카와 유럽에서 살던 인류의 머리뼈는 현대인의 것과 상당히 유사하다. 이들은 석기를 썼지만 그 석기는 매우 조잡한 것이었다. 그 당시 우리 조상들의 문명적 업적으로 확실하게 기록할 수 있는 것이라고는 불을 이용했다는 사실뿐이다.

우리 인간의 뇌가 영장류 가운데 가장 큰 것은 사실이다. 하지만 인간의 뇌보다 훨씬 큰 뇌를 가진 동물들은 많다. 인간의 뇌는 평균 1.3킬로그램인데 돌고래의 뇌는 1.5킬로그램, 코끼리는 4킬로그램, 향유고래는 8킬로그램이나 된다. 그러나 인간보다 더 큰 뇌를 가진 동물들이 전반적으로 인간보다 더 높은 지능을 갖고 있는 것은 아니다. 뇌의 크기보다는 뇌에 있

우리 인간의 뇌가 영장류 가운데 가장 큰 것은 사실이다.
하지만 인간의 뇌보다 훨씬 큰 뇌를 가진 동물들은 많다.
인간의 뇌는 평균 1.3킬로그램인데 돌고래의 뇌는 1.5킬로그램,
코끼리는 4킬로그램, 향유고래는 8킬로그램이나 된다.

는 신경세포의 양이 중요하다는 말도 있다. 실로 오랫동안 뇌의 크기와 상관없이 인간의 뇌에는 지구상의 어떤 동물보다 더 많은 신경세포가 있다고 알려져 왔다. 그러나 지금은 인간의 뇌보다 코끼리 뇌에 세 배나 더 많은 신경세포가 있다는 사실이 밝혀졌다. 따라서 신경세포나 신경연결망의 양적 크기와 복잡성을 바탕으로 지능을 설명하거나 인간의 탁월성을 설명하는 것은 설득력이 없어 보인다.

인간의 뇌는 다른 포유류의 뇌와 기본 구조가 똑같다고 한다. 예컨대 신경연결망과 신경전달물질에서부터 혈액공급에 이르기까지 인간의 뇌는 유인원의 뇌와 거의 똑같다. 모든 포유류의 뇌가 본질적으로 똑같은 방식으로 작동한다는 사실은 많은 실험에서 밝혀졌다. 과거의 과학자들은 정신과정을 블랙박스처럼 다루었다. 하지만 이제 우리는 그 상자를 막 열어보기 시작했고, 날이 갈수록 인간과 동물이 매우 유사하다는 점이 속속 드러나고 있다.

비록 기억력의 측면에서는 인간보다 더 탁월한 동물도 적지 않지만, 전반적인 지능의 면에서 우리 인간이 다른 동물과 비교도 안 될 정도로 탁월하다는 사실은 부정하기 어려워 보인다. "나는 생각한다. 고로 나는 존재한다"라는 데카르트의 유명한 말은 결국 '인간은 이성을 가진 존재'임을 의미한다. 동물과 차원을 달리하는 인간의 가장 큰 특징으로 수많은 철학자가 흔히 '이성'을 꼽는다. 다시 말해 인간은 '이성'을 가진 유일한 존재라는 것이다.

위대한 철학자로 꼽히는 칸트도 그렇게 말했다. 그에 따르면 인간의 본성에는 동물과 공유하는 본능적 욕망의 차원이 있고, 오직 인간만이 지닌 이성의 차원이 있다. 이성에도 두 가지가 있다. 하나는 '우리의 욕망을 어떻게 잘 충족시킬 것인가'를 모색하는 이성이다. 즉, 주어진 욕망을 최대한 효과적으로 충족시키는 방법을 모색하는 이성인데, 이것을 '도구적 이성'이라고도 한다. 이와는 차원이 다른 또 하나의 이성이 있다. '우리는 어떤 욕망을 가져야 하는가?'를 묻는 이성인데, 욕망을 억제하고 도덕적 행동을 지향하는 이성이다. 칸트는 바로 이런 이성을 특별히 강조하면서 삶의 목적이 행복에 있지 않고 오로지 도덕에 있다고 보았다.[24] 행복이란 우리의 욕망이 충족되었을 때 느끼는 감정이다. 근본적으로 욕망 충족에 관련된 것이므로 행복은 우리 삶의 궁극적 목적이 될 수 없다는 것이 칸트의 생각이었다. 욕망 충족을 삶의 목적으로 삼는다면 인간은 동물과 별로 다를 것이 없기 때문이란다.

경제학자들은 이 이성이라는 말에 '합리적'이라는 수식어를 갖다 붙이고, '인간은 이성에 따라 합리적으로 자신의 이익을 추구하는 존재'라고 주장한다. 여기에서 '합리적'이란 최소의 노력이나 희생으로 최대의 효과를 달성함을 의미한다. 이런 합리성을 바탕으로 하는 인간관은 특히 자본주의 시대에 들어와서 급속히 퍼졌고, 18세기 계몽주의 시대에 들어와서 이론적으로 정교하게 체계화되었다. 자본주의를 대변하는 경제학의 거의 모든 이론은 바로 이런 인간관 위에 세워져 있다.

하지만 우리는 일상생활에서 '잘 생각해보고 행동하라', '이성적으로 행동하라'라는 충고를 자주 한다. 칸트는 인간이 이성을 잃고 오직 욕망에만 이끌려 행동한다면 동물과 뭐가 다르냐고 꾸짖었다. 아마도 칸트는 동물도 생각을 하며 도덕적으로 행동할 줄 안다는 사실을 잘 몰랐기에 인간은 동물과 차원이 다른 존재라고 굳게 믿었던 것 같다. 사실 우리는 일상생활에서 '잘 생각해보고 이성적으로 행동'하지 못하는 경우가 많다. 칸트의 시각에서 보면 인간답지 못하게 행동하는 경우가 많다. 그래서 학계에서도 인간이 합리적으로 행동하는 존재라는 가설에 대해 그동안 많은 비판이 제기되어왔다. 특히 최근에 제기되는 비판은 상당히 단단한 과학적 근거에 입각해 있다는 점에서 주목할 필요가 있다.

만일 이 비판이 시사하듯이 인간이 합리적으로 행동하지 않는다면, 과연 인간이 동물과 뭐가 그렇게 다른지를 새삼 묻지 않을 수 없다. 사실 동물들의 행태를 자세히 살펴보면 그들도 자신의 목표를 각자 나름대로 최선의 방식으로 추구한다고 해석할 수 있다. 다시 말해 그들 나름대로 합리적으로 행동한다는 것이다. 예를 들어 침팬지나 원숭이, 사자나 하이에나 등도 언제 어디로 가야 먹이를 손쉽게 구할 수 있는지, 그리고 어떻게 해야 하는지 잘 알고 행동한다. 동물이라고 해서 무턱대고 먹이를 찾아 나서지 않는다.

인간이 합리적으로 행동한다는 가설에 대한 비판은 크게 두 가지 측면에서 제기된다. 하나는 인간의 이성 혹은 합리성을 겨냥한 것이고, 다른 하나는 인간의 감정을 겨냥한 것이다. 요컨대 일상의 인간은 늘 합리적으로 행동할 만큼 똑똑하지 않을뿐더러 때로는 대단히 감정적이라는 것이다. 철학자들은 바로 이 점을 인정하고, 이를 바탕으로 자신들의 긴 도덕 이론을 펼친다.

기도하면서 담배 피우면 안 되고, 담배 피우면서 기도하면 괜찮다?

미국 사람들의 입에 자주 오르내리는 농담 중에 다음과 같은 것이 있다. [25] 교회에서 신자가 목사에게 질문했다. "목사님, 기도하면서 담배를 피워도 되나요?" 목사가 정색을 하면서, "그건 절대 안 되네. 기도는 하느님과 나누는 엄숙한 대화인데, 감히 하느님 앞에서 담배를 피우다니, 절대 그럴 수는 없지!" 이번에는 다른 신자가 목사에게 질문했다. "목사님, 담배를 피우면서 기도를 해도 되나요?" 그러자 목사는 환한 미소를 지으며, "암, 되고말고. 기도는 때와 장소를 가릴 필요가 없다네. 식사 중에도 기도하고, 산책하다가도 기도하고, 잠자리에 들기 전에도 기도하고, 담배를 피우는 중에도 기도하고, 늘 틈만 나면 기도하는 것은 아주 좋은 일이지."

기도하면서 담배를 피우는 것이나 담배 피우면서 기도를 하는 것이나 그게 그거 아닌가. 그런데도 목사의 대답은 어이 없을 정도로 달라진다. 이처럼 똑같은 내용이라도 어떤 형식으로 질문하느냐에 따라 대답이 크게 달라진다. 첫 번째 신자의 질문에서는 '담배'를 연상하기 쉽게 틀이 짜여 있어서 목사가 화를 냈고, 두 번째 신자의 질문에서는 '기도'를 연상하기 쉽게 틀이 짜여 있어서 목사가 환하게 미소를 지었다. 이같이 어떤 측면을 더 빨리 연상하도록 틀을 짜서 질문하느냐에 따라 대답이 달라지는 효과를 '틀 짜기 효과'라고 한다. 어떻든 '틀 짜기'와 같은 하찮은 혹은 쓸데없는 요인에 따라 생각과 대답이 뒤바뀐다면 합리적으로 행동할 수 없을 것이다.

이 틀 짜기 효과는 일상생활에서 자주 관찰되는 현상인데, 대체로 사람들은 무의식적으로 이런 태도를 보인다. 대학생들의 행복 수준을 알아보기 위한 실험에서 다음과 같은 두가지 사항을 물어보았다. 하나는 "전반적으로 당신은 얼마나 행복하십니까?"이고, 다른 하나는 "지난달에 당신은 데이트를 몇 번 했습니까?"이다. 그런데 실험 결과를 보니 이 두 질문을 어떤 순서로 묻느냐에 따라 대답이 크게 달라졌다. 다시 말해 행복에 관한 질문을 먼저 던지고 나서 데이트에 관한 질문을 했을 때보다 데이트에 관한 질문을 먼저 던지고 나서 행복에 관한 질문을 했을 때 학생들이 표명한 행복감의 정도가 훨씬 높았다. 상식적으로 생각하면 대학생들의 행복감은 질문하는 순서에 상관없이 똑같아야 하지만 사실은 그렇지 않았다. 전혀 상관없어 보이는 요인, 즉 질문 순서의 영향을 받았다. 짐작하건대 데이트에 관한 질문을 먼저 하면 이 질문이 행복에 대한 느낌을 유발하고 이것이 행복에 관한 질문에 응할 때 머릿속에 남아서 영향을 미친 것으로 보인다. 데이트를 많이 한 학생일수록 표명된 행복감의 정도도 높았다.[26] 이같이 질문의 내용이 같더라도 순서를 바꾸는 식으로 질문의 틀을 다르게 짜면 대답도 달라지는 현상을 흔히 볼 수 있다.

　　이혼을 앞둔 부부의 자녀 양육권 갈등을 판정하는 배심원들의 태도에 관한 실험에서도 틀 짜기 효과를 관찰할 수 있었다. 양육 후보자의 양육 자격을 기술한 문서를 제공하고 나서 누구에게 양육권을 '허용'할 것인지 결정하라고 요청했을 때는 배심원들이 배포된 문서에서 긍정적인 특성들에만 주의를 집중한다. 반면에 누구의 양육권 요청을 '거부'할 것인지 결정하라는 요청받았을 때는 부정적인 특성들에만 주의를 집중한다. 사실 이 두 가지 요청은 표현만 다를 뿐이다. 첫 번째 요청에서는 '허용'이라는 표현을 중심으로 질문의 틀을 짰고, 두 번째 요청에서는 '거부'라는 표현을 중심으로 질문의 틀을 짰다. 배심원들이 합리적이라면 어떤 식으로 질문이 짜여 있든 상관없이, 달리 말하면 질문의 틀에 상관없이 후보자들의 긍정적인 특성과 부정적인 특성을 모두 고려해서 결정해야 마땅하다. 그래서 경제학은 우리의 선호나 선택이 '무관한 것'들의 영향을 받지 않는다고 가정한다. 이것이 합리성의 한 요건이다. 하지만 우리가 일상생활에서 '무관한 것'들의 영향을 받는 사례가 적지 않다는 사실은 과연 인간이 합리적으로 선택하고 행동하는지를 의심하게 한다.

만일 사람들이 자신이 무엇을 진정 좋아하는지를 분명히 알고 있으면, 그런 '무관한 것'의 영향을 덜 받을 것이다. 그러나 우리는 자신이 무엇을 진정 좋아하는지를 잘 모르거나 잘못 알고 있을 경우를 가끔 체험한다. 이럴 경우, 우리의 선택은 무관한 것의 영향을 받기 쉽고, 따라서 합리적으로 행동하지 못하게 된다.

예를 들어 두 남자가 있는데, 한 남자는 미남이지만 가난한 집 아들이고, 다른 한 남자는 못생겼으나 부잣집 아들이라고 하자. 만일 둘 중의 한 남자를 배우자감으로 선택해야 한다고 하면, 과연 어느 남자를 선택할 것인가? 아마도 적지 않은 여성들이 망설이게 될 것이다. 대부분의 사람은 비교하기 쉬운 것만 비교하려고 하고 비교하기 어려운 것은 회피하는 쪽으로 습관화되어 있다. 그러니 망설이는 것은 당연하다. 이럴 경우, 그 여성이 선뜻 선택하게 만드는 방법이 있다. 만일 가난한 집 아들을 선택하게 하고 싶다면, 가난한 집 아들보다는 모든 면에서 못하지만 부잣집 아들보다는 좀 더 잘생긴 남성을 보여주는 것이다. 이 제3의 남성은 못생긴 부잣집 아들보다는 덜 부유하지만 더 미남이다. 따라서 이 둘은 비교하기 어렵지만, 이 제3의 남성과 가난한 집 아들은 비교가 쉽다. 가난한 집 아들이 이 제3의 남성보다 모든 면에서 더 도드라지게 보이므로 이 여성은 자연스럽게 가난한 집 남성을 선택하게 될 것이다.

아름다운 여인 앞에서는 천재도 바보가 된다

동물의 사회에서도 특정 수컷과 암컷이 열애에 빠지는 것을 보면, 마치 사람에게 사람 보는 눈이 있듯이 동물에게도 동물을 보는 눈이 있는 것은 분명해 보인다. 그렇다면 동물은 과연 어떤 점을 보고 상대를 선택할까? 사람의 경우에는 용모가 의외로 중요하다.

아름다운 여인을 보면, 우리는 왠지 그녀가 마음씨도 착하고 똑똑하리라고 생각하게 된다. 미모에 홀리면 그녀의 다른 모든 단점은 눈에 보이지 않게 되는 것이 보통이다. 사실 엄밀히 따져보면 외모와 성품은 별 관계가 없다. 그런데도 우리는 외모와 성품의 관계를 잘못 생각하기 쉽다. 이것은 우리 주위에서 흔히 보는 착각이다. 그래서 외모에 혹해서 불행에 빠지는 일화들을 수없이 많이 보고 듣게 된다. 천재 물리학자로 꼽히는 아인슈타인도 젊었을 때 어느 여인에게 단단히 홀렸다. 그래서 당신이 없으면 나도 없다는 둥, 당신이 없는 세상은 지옥과 같다는 둥, 당신이 곧 나의 행복이라는 둥의 온갖 미사여구로 도배한 편지를 끈질기게 보낸 끝에 그녀와 결혼하는 데 성공했다. 하지만 얼마 가지 않아 그들은 이혼했다. 아인슈타인은 자신의 자서전에서 "그녀는 매 시간 나의 행복을 빼앗아가는 여인이었다"라고 썼다고 한다. 집에 가기 싫어서 연구실에 틀어박혀 연구만 하다 보니 연구 실적이 많아졌다고도 했다. 누구나 경계해야 할 착각에서 아인슈타인과 같은 천재도

동물의 사회에서도 특정 수컷과 암컷이

열애에 빠지는 것을 보면, 마치 사람에게 사람 보는 눈이 있듯이

동물에게도 동물을 보는 눈이 있는 것은 분명해 보인다.

자유롭지 않았다.

이런 일화에서 보듯이 별 의미가 없는 것, 별 관계가 없는 것에 마음이 꽂혀서 그것에서 벗어나지 못하는 현상이 심심치 않게 나타난다. 특히 마음에 꽂히는 어떤 특정 숫자에 얽매이는 경향이 있다. 다시 말해 마음에 꽂히는 특정 숫자에 '닻'을 내린다는 것이다. 예컨대 어떤 여자가 수백억 원을 가진 부자라는 얘기를 남자들이 들으면, 그 수백억 원이라는 금액이 대부분 남자의 마음에 꽂힌다. 그래서 그런 여자를 쫓아다니다가 개망신당하는 일이 흔하다. 그만큼 인간은 어리석기도 하다.

일단 배가 닻을 내리면 그 배가 움직이는 범위는 좁게 제한된다. 이런 현상을 '닻 내림 효과'라고 한다. 마치 새끼 거위가 알에서 깨어나자마자 처음 본 집주인을 평생 부모로 생각하고 졸졸 따라다니듯이 닻과 같은 임의적인 것이 사소한 일에서부터 중요한 일에 이르기까지 우리의 삶에 크고 작은 영향을 줄 수 있다.

닻 내림 효과에 관해서는 많은 실험이 있었다. 자주 인용되는 한 실험에서는 피실험자들을 두 집단으로 나누고, 한 집단에게는 인도의 성인 간디가 140세 이후에 죽었는지, 그 이전에 죽었는지를 물었고, 다른 집단에게는 그가 9세 이전에 죽었는지 그 이후에 죽었는지를 물었다. 간디에 관해 잘 알고 있는 사람들에게 이 두 질문은 모두 쉽게 대답할 수 있는 것이다. 그리고 이들에게 140과 9라는 숫자는 말도 되지 않는 무의미한 숫자다. 하지만 보통사람들을 상대로 그런 질문을 한 다음, 그렇다면 간디가 몇 살에 죽었다고 생각하느냐를 물었다. 그 결과 140세 질문에 응했던 사람들 대답의 평균은 67세였고, 9세 질문에 응했던 사람들 대답의 평균은 50세였다. 이같이 큰 차이가 나는 이유는, 첫 번째 질문에 응했던 사람들은 140이라는 숫자의 영향을 받았고 두 번째 질문에 응했던 사람들은 9라는 숫자의 영향을 받았기 때문일 것이다. 다시 말해 140과 9라는 의미 없는 숫자가 '닻'이 되었고, 응답자들의 대답은 이 닻에 묶여버려서 멀리 가지 못했다.

사실 간디가 몇 살에 죽었는지 대부분은 잘 알지 못한다. 그래서 피실험자들이 잘 알지 못하는 주제에 대해 질문했기 때문에 이런 이상한 결과가 나왔다고 비판할 수도 있다. 그러나 잘 아는 주제에 관해서도 닻 내림 효과가 나타날 수 있음을 보여주는 실험도 있다.

범죄자에 관해 판사들이 경솔한 대답은 하지 않을 것이라고 보고 판사를 대상으로 한 실험이 있다. 판사는 검사의 구형량을 듣고 변호사의 변론을 들은 다음 선고한다. 이 실험에서는 경험이 풍부한 판사들에게 어떤 절도범에 대한 자세한 범죄기록을 제시했는데, 그 기록에는 검사의 구형에 관한 것이 없었다. 따라서 판사들에게 주사위를 던지게 하고 나서 나타난 숫자를 검사의 구형량으로 간주하게 했다. 그런 다음 판사들에게 그 절도범에게 어떤 형량을 선고할지를 물었다. 결과는 좀 놀라웠다. 주사위를 던져서 나온 숫자가 무작위적으로 결정되었음은 판사들도 잘 알고 있었을 것이다. 그럼에도 판사들이 선고한 형량은 그 숫자의 영향을 받았다. 주사위를 던져서 3이 나온 것을 본 판사들은 평균 5개월을 선고했으며, 9가 나온 것을 본 판사들은 평균 7개월을 선고했다. 주사위의 숫자가 닻이 되어 판사들이 자유롭게 판단하지 못하도록 묶어버린 꼴이다.

이런 일련의 실험이 주는 교훈은 무엇일까? 바로 우리의 마음에 꽂힌 임의의 숫자에 휘둘리지 않으려고 노력하더라도 우리는 여전히 닻 내림 효과의 영향에서 벗어나기 어렵다는 것이다. 이같이 무관한 임의의 숫자가 그렇게 쉽사리 우리를 편향되게 한다면, 이해가 걸려 있는 숫자의 영향을 받지 않는다는 것을 어떻게 장담할 수 있겠는가? 예를 들어 어느 기업이 두 가지 사업을 놓고 저울질하고 있다고 하자. 하나는 기업 간부들에게 두둑한 보너스를 주는 사업이고, 다른 하나는 노동자들에게 이익을 주는 사업이라고 하자. 어떤 것을 선택할지 간부들이 결정한다고 하면, 이들의 마음에 두둑한 보너스가 닻이 되어 결국 간부들에게 이익이 되는 사업이 선택될 가능성이 높다.

이런 이해관계가 없다고 해도 닻 내림 효과를 무시할 수는 없다. 예컨대 정부 부서나 기업이 연말에 다음 해 예산을 심사할 때 전년도 예산의 영향을 피하기 어렵다. 예산심사위원회의 토론은 대체로 전년도 예산을 기준 삼아 아래위로 조정하는 방향으로 진행될 가능성이 높다. 그래서 전년도 예산이 '닻'이 된다. 닻 내림 효과가 매우 클 경우, 다음 해의 예산은 전년도 예산의 범위를 크게 벗어나기 어렵기 때문에 정부 부서나 기업의 연도별 예산액이 좁은 범위 안에 묶이는 일종의 관성이 작용하게 된다. 그 결과 정부의 예산이 국민의 복지 증진과 별 관계 없이 결정될 수 있고, 기업의 예산이 기업의 생산성과 별 관계 없이 결정될 수 있다.

닻 내림 효과는 우리의 일상생활에도 영향을 크게 미친다. 우리는 아름다운 여인이 냉장고나 에어컨 옆에 우아하게 서 있는 광고를 흔히 보게 된다. 그녀의 미모는 그 상품의 질과 관계가 없다. 그런데도 그런 광고가 끊이지 않는 이유는, 미인이라는 임의의 요인이 소비자에게 영향을 주어 판촉에 도움이 되기 때문일 것이다. 이렇게 임의의 요인에 혹해서 상품을 구매하다 보면, 자칫 소비자의 기대에 못 미치는 저질 상품을 사기 쉽다. 이같이 상품의 질과 관계없는 임의의 요인이 구매에 영향을 미치는 닻 내림 효과가 성행하게 되면, 시장거래가 소비자들의 욕망을 만족스럽게 충족한다고 말하기 어렵다.

기업의 판촉기술은 소비자의 이런 성향을 잘 이용한다. 예를 들어 전자제품 판매자가 마진이 특별히 큰 B사의 에어컨을 팔고 싶어 한다고 하자. 그러면 판매자는 아주 비싼 A사의 에어컨과 저렴하지만 질이 낮은 C사의 에어컨 사이에 B사의 제품을 슬쩍 끼워 넣는다. 마치 비행기가 활주로의 가운데로 내려앉듯이 소비자들은 양쪽 극단을 피하고 중간 것을 선호하는 경향이 있다고 한다. 그러다 보니 소비자들은 중간에 있는 B사의 제품에 더 주목하게 된다. 음식점에서도 고객들 대부분은 아주 비싼 음식이나 너무 싼 음식은 피하고 중간 것을 선택하는 경향이 있다고 한다. 그래서 고객들은 메뉴판을 펴든 뒤 매우 비싼 음식이나 너무 싼 음식은 슬쩍 보기만 하고, 중간에 나열된 음식들을 훑어보다가 결국 가운데에 닻을 내리게 된다. 상품을 진열하는 방식은 상품의 질과 별 관계가 없는 임의적 요인이지만, 결과적으로 소비자의 결정에 영향을 주면서 소비자가 최선을 선택하지 못하게 한다는 것이다. 우리 인간은 동물이 어리석은 존재라고 흔히 얕보지만, 약삭빠른 기업은 오히려 인간의 이런 어리석음을 돈벌이에 잘 이용한다.

경제학에 따르면 사람들은 자신의 선호와 취향에 따라 합리적으로 판단하고 선택함으로써 자신의 욕망을 최대한 달성하려고 한다. 그리고 그런 사람들은 시장에서 거래할 때 손해 보는 거래는 하지 않으므로 이들이 시장에서 자유롭게 거래하다 보면 결과적으로 모두가 이익을 얻게 된다고 한다. 다시 말해 시장은 자유로운 거래를 통해서 모두에게 더 많은 이익을 주는 장치라는 것이다. 이것이 경제학의 핵심 주장이다. 그러나 닻 내림 효과에 관한 많은 실험 결과는 경제학의 이런 주장을 의심하게 만든다. 사소한 것에서부터 중대한 문제에 이르기까지 수많은 결정에 닻 내림 효과가 크고 작은 영향을 미친다는 일련의 실험 결과들이 있다. 이런 결과를 통해 우리는 어떤 교훈을 얻을 수 있을까? 바로 각 개인이 임의적인 요인에 휘둘려 판단하고 선택하는 경우가 적지 않으며, 그러다 보면 각 개인은 최대한의 만족을 달성할 수 없게 된다. 이뿐 아니라

시장의 자유로운 거래가 거래 당사자 모두에게 이익을 가져다 준다는 보장도 없다. 임의의 요인이 닻이 되면 그 결과가 합리적이지 못할 가능성이 높다.

　　데카르트가 "나는 생각한다. 고로 나는 존재한다"라고 말했다지만, 어떤 학자는 다음과 같이 대꾸한다. "인간은…… 단순하고 임의적인 행동으로 이루어진 존재, 그 이상도 이하도 아닌 것 같다. 과연 인간이란 무엇인가?"[27]

눈에 보이는 돈만 보고
눈에 보이지 않는 돈은 잘 못 본다

　　돈을 쓸 때도 인간이 과연 동물과는 차원이 다른 합리적 존재인지를 의심케 하는 이상한 행동을 자주 한다. 말로는 다 같은 돈이라고 하면서 이 돈과 저 돈을 구별해서 쓴다. 예를 들어 똑같은 돈인데 쉽게 얻은 돈은 쉽게 쓰는 반면, 힘들게 번 돈은 아껴 쓴다. 부모가 준 용돈으로는 도박을 쉽게 하지만, 결혼이나 노후생활을 위해 애써 저축한 돈으로는 도박을 잘 하지 않는다. 한편으로는 자녀들의 교육을 위해 저축을 열심히 하면서 다른 한편으로 자동차를 살 때는 은행에서 돈을 빌리는 일을 동시에 하기도 한다. 저축한 돈에서 일부를 빼내어 자동차를 구매함직한데 그렇게 하지 않는다는 것이다. 저축한 돈이나 은행에서 빌린 돈은 같은 돈이 아닌가. 그런데도 마치 사람들은 일상생활비 계정, 여행비 마련을 위한 저축 계정, 자녀 교육비를 위한 저축 계정 등을 따로 설정해놓고 독립채산을 실시하듯 행동한다는 것이다. 이런 성향이 자주 관찰되면서 심리학자들은 이런 현상을 '심적 회계mental accounting'라고 부르게 되었다.

이런 예에서 보듯이 사람들은 어느 상황에서나 돈은 똑같은 가치를 가진다는 사실을 깜빡하기 일쑤고, 그러다 보면 합리적이라고 보기 어려운 이상한 판단이나 행동을 자주 하게 된다. 약간 다른 예를 하나 들어보자. 입장료가 5만 원인 음악회에 가다가 현금 5만 원을 잃어버렸다고 하자. 사람들 대부분은 이에 구애치 않고 표를 사서 음악회를 즐긴다. 그런데 일단 표를 산 다음 근처 매점에 갔다가 표를 잃어버렸다면 어떤 일이 벌어질까? 대부분의 사람이 다시 표 사기를 거부하고 음악회를 포기한다고 한다. 표를 잃어버리고 나서 표를 또 산다면 똑같은 음악회에 돈을 두 번, 그러니까 10만 원을 치른다고 생각하기 때문이란다. 표를 잃어버리나 현금을 잃어버리나 그 어느 경우든 5만 원을 날린다는 점에서는 똑같지만, 이상하게도 사람들 대부분은 그렇게 생각하지 않는다는 것이다.

만약 집에 도둑이 들어 1,000만 원을 훔쳐갔다면 누구라도 펄쩍펄쩍 뛰면서 화를 낼 것이다. 그러나 거래처의 계약 불이행으로 1,000만 원을 벌 기회를 놓쳤다면 그렇게 펄쩍펄쩍 뛰지 않는다. 도둑맞은 1,000만 원이나 계약 불이행으로 날린 1,000만 원이나 똑같은 손실이다. 그럼에도 사람들은 그 둘을 다르게 생각한다. 대체로 사람들은 눈에 보이는 비용에만 신경을 쓴다. 그러나 눈에 보이지 않는 비용도 있다. 예를 들어 대학에 들어가기로 작정한 고등학교 졸업생은 4년간 치를 대학 등록금에는 신경을 쓰지만, 대학에 들어가지 않고 취직을 했을 때 벌어들일 수 있는 수입은 잘 생각하지 않는다. 이 수입은 대학 입학 탓으로 포기해야 하는 돈이요, 눈에 보이지 않는 돈이다. 이같이 기회를 포기함으로써 감수해야 하는 비용을 경제학에서는 '기회비용'이라고 한다. 똑같은 돈인데도 사람들은 눈에 보이는 비용에만 신경을 쓸 뿐 기회비용을 잘 생각하지 않는다. 이런 현상을 경제학에서는 '기회비용 경시 행태'라고 부른다. 경제학은 우리가 좀 더 합리적으로 행동하기 위해서는 이 기회비용을 반드시 고려해야 한다고 가르친다. 하지만 우리 인간은 이 기회비용까지 일일이 계산하고 행동할 만큼 똑똑하지 못한 경우가 너무 많다.

경제학은 돈 자체는 아무런 가치를 가지지 않는다고 본다. 돈이 가치를 가지는 이유는 그것으로 상품과 서비스를 구매할 수 있기 때문이다. 아무리 돈을 많이 가지고 있은들 그것으로 아무런 상품과 서비스도 구매할 수 없다면 그 돈은 경제학적으로 가치가 없다. 볼리비아의 돈 100만 원이나 콩고의 돈 100만 원을 가지고 있어봐야 별 쓸데가 없다. 그 돈을 쓰려고 볼리비아나 콩고에 가려면 비행기 요금이 더 비싸다.

화폐는 현재와 미래 소비를 가능하게 하는 까닭에 가치를 가진다. 달리 말하면 화폐는 소비를 통해 간접적으로 우리에게 즐거움을 준다는 것이다. 그러나 신경과학자들의 연구에 따르면 경제학의 이런 주장이 과연 신빙성이 있는지 의심스럽기만 하다. 정통 경제학자들이 말하듯이 주식투자로 큰 수익을 올렸을 때 사람들이 크게 기뻐하는 이유가 과연 그 돈으로 구매할 수 있는 맛있는 음식이나 멋진 옷을 순간적으로 연상하기 때문일까? 다시 말해 소비를 더 많이 할 수 있다고 생각하기 때문일까? 물론 그럴 수도 있다. 하지만 신경과학자들이 연구한 바로는 큰돈을 벌었다는 사실 자체가 큰 즐거움이다. 즉, 돈은 간접적으로뿐만 아니라 직접적으로도 우리에게 즐거움을 안긴다는 것이다.

통상 우리가 생각하는 돈의 가치는 그 돈으로 구매할 수 있는 상품의 소비가 안겨주는 즐거움과 느슨하게 연결되어 있다. 일단 돈이 생기면 그냥 기분이 좋아진다. 반드시 그 돈으로 무엇을 구매할 것인지를 생각해내야만 기분이 좋아지는 것은 아니다. 도박장은 사람들의 이런 심리를 잘 이용한다. 도박하러 카지노에 들어갈 때는 입구에서 우선 현금을 칩으로 바꿔야 한다. 왜 그럴까? 사람들이 현금 자체에는 강한 애착심을 가지고 있지만 칩에는 강한 애착심을 가지고 있지 않기 때문이다. 그래서 현금을 도박에 걸 때는 심적 부담을 느끼지만 칩을 걸 때는 심적 부담이 덜하다. 따라서 현금 대신 칩을 쓰게 하면 사람들이 더 과감하게 내기를 하게 된다. 그러면 판돈이 더 커지므로 카지노는 그만큼 돈을 더 많이 벌 수 있다. 그러나 이런 행태는 경제학적으로 합리적인 것이라고 설명하기 어렵다.

돈을 준다고 하면 거절하고
돈을 안 준다고 하면 승낙한다?

돈의 위력이 워낙 크기 때문에 많은 사람이 돈을 최고로 생각하고 돈이면 무엇이든지 다 할 수 있다는 '금전만능주의'에 빠져 있다. 그래서 돈을 벌기 위해서는 무슨 짓이든 마다하지 않는 사람들이 적지 않다. 그러나 현실을 돌아보면 돈에 대한 사람들의 태도는 지극히 애매모호하기도 하고, 앞뒤가 안 맞을 때도 많다. 한편으로는 돈에 강한 애착심을 가지면서, 다른 한편으로는 마치 돈을 기피하는 듯한 행동을 보이기도 한다. 예를 들어 몇 년 전 미국 퇴직자협회는 몇몇 변호사에게 가난한 퇴직자들을 위해 일당 30달러의 저렴한 보수로 법률 서비스를 해달라고 요청했다. 변호사들은 모두 거절했다. 얼마 후 그 협회는 변호사들에게 가난한 퇴직자들을 위해 무료로 법률 서비스를 해줄 수 있는지를 물었다. 놀랍게도 그 변호사들은 이 제안을 흔쾌히 받아들였다.[28] 돈을 준다고 하면 거절하고 돈을 안 준다고 하면 승낙하는 꼴이다.

왜 이런 이상한 일이 벌어지는 것일까? 일단 돈이 언급되면 변호사들은 시장을 떠올리게 된다. '법률 서비스 시장'에서 변호사들은 일당 30달러보다 더 많은 수입을 올린다. 그러니 그런 저렴한 보수로 일할 생각을 하지 않게 된다. 이것이 시장의 규칙이다. 하지만 무료로 봉사해달라고 요청하면 변호사들은 사회봉사를 떠올리면서 사회를 위해 좋은 일을 할 기회로 여긴다. 다시 말해 돈이 언급되지 않으면 변호사들은 사회적 기여(사회규범)를 떠올리면서 기꺼이 시간을 내주지만, 돈이 언급되면 시장규칙에 따라 손익계산을 한다는 것이다.

사람들이 현금에 대해 이같이 이상하고 모순된 태도를 보이는 사례는 우리 주위에서 많이 관찰된다. 회사 사무실에서 1만 원짜리 만년필을 들고 나오는 데는 별 거리낌이 없을지 모르지만, 회사 현금출납기에서 1만 원을 들고 나오는 것은 꺼리게 된다. 이에 관한 실험도 있다. 대학 기숙사에 들어가서 일부 학생들의 냉장고에는 콜라를 한 상자씩 놓아두었고, 다른 학생들의 냉장고에는 현금 6만 원을 놓아두었다. 예상대로 냉장고에 있던 콜라는 고작 72시간 안에 모두 사라졌다. 하지만 돈을 놓아둔 접시에는 72시간 동안 아무도 손대지 않았다. 우리 주위에서 보면 현금 뇌물보다는 현물 뇌물이 더 흔하다. 명절 때 기업들은 명절 선물을 돌리지 돈을 돌리지는 않는다. 제약회사들은 의사들에게 현금을 돌리기보다는 부부동반 호화여행권 돌리기를 선호한다. 정치가들도 선거구 주민들에게 현금을 돌리기보다는 선물 돌리기를 더 편하게 여긴다고 한다.

대체로 사람들은 돈에 비례해서 노력한다. 어느 범위까지는 돈을 많이 줄수록 더 많이 일한다. 그러나 돈을 주지 않아도 열심히 일하는 경우 또한 많다. 예를 들어 이사 갈 때 친구나 친지들에게 도와달라고 부탁하면 돈을 줄 때보다 더 열심히 일해주기도 한다. 반면에 돈을 주면서 도와달라고 하면 그들은 심드렁해 할 것이다. 수많은 실험 결과가 이를 뒷받침한다.

심지어 과자와 같은 간단한 답례품을 제공하더라도 돈을 줄 경우보다 오히려 더 열심히 일해주기도 한다. 잘나가는 선진국의 기업들은 노동자들에게 각종 복지혜택을 제공하고 해고의 위험을 줄이는 등의 조치를 통해 직원들에게 회사에 대한 애정을 가지게 함으로써 열과 성의를 다해 일하는 분위기를 조성한다. 예를 들어 구글 같은 대기업은 직원들을 위해 다양한 혜택을 제공하는데, 이것을 보면 기업과 직원들과의 사회적 관계 그리고 직원들 사이의 사회적 관계를 잘 조성할 때 기업이 얼마나 잘 돌아가는지를 여실히 알 수 있다.

　　때로는 돈을 언급하는 것만으로도 상대방이 이를 모욕으로 받아들일 수 있다. 예컨대 한 대학생이 교수에게 "저에게 A학점을 주시면 100만 원을 드리겠습니다"라고 제안한다면, 그 학생은 퇴학당할지도 모른다. 명절 때 처가에서 식구들과 음식을 맛있게 먹고 나서 사위가 지갑을 꺼내 장모 앞에서 돈다발을 흔들며 "이 모든 요리를 준비해주신 장모님께 보답하기 위해서는 얼마를 드리면 될까요? 30만 원이면 될까요? 아니, 40만 원은 드려야겠죠?"라고 말했다면, 아마도 명절 분위기가 확 깨졌을 것이다.

　　이런 예들은 좀 과장된 것처럼 보이지만, 돈을 언급하거나 돈을 지급하면 오히려 상황을 더 나쁘게 만드는 사례는 아주 많다. 이와 관련해 자주 인용되는 실험이 있다. 이스라엘의 한 탁아소에서 아이를 맡기고 나서 늦게 데리러 오는 부모에게 벌금을 부과했을 때 어떤 변화가 나타나는지 살펴보았다. 벌금을 물리기 전에는 아이를 맡긴 부모가 제시간에 아이를 데려가는 것을 당연한 일로 여겼다. 부모나 보육교사 모두 그것이 사회규범에 속한다고 생각했다. 따라서 부모들은 어쩌다 늦게 되면 진심으로 죄송스러워했다. 그런 미안함 때문에 부모는 제시간에 아이를 데려가려고 노력했다.

그러나 아이를 늦게 데리러 오는 부모에게 벌금제를 시행하자, 오히려 아이를 늦게 데리러 오는 부모의 수가 더 늘었다. 부모들은 벌금만 내면 되니까 아이를 늦게 데리러 가도 괜찮다고 안이하게 생각하게 되었다. 벌금이 부과되기 전에는 아이를 제시간에 데리러 가는 일이 사회규범에 속하는 것이었지만, 벌금제가 시행된 후로 그것은 돈으로 처리할 일이 되었다. 다시 말해 벌금이 부과되자 사회규범은 없어지고 시장규칙이 그 자리를 차지하는 꼴이 되었다는 것이다. 어떻든 벌금 부과 이후 아이를 늦게 데리러 오는 부모들이 늘어나는 결과는 아마도 탁아소가 의도했던 바가 아니었을 것이다.

이 실험에서 더 흥미로운 일은 몇 주 뒤에 탁아소가 벌금을 없애면서 일어났다. 상식적으로 생각하면 벌금이 없었던 종전의 상태로 되돌아가야 한다. 하지만 그렇지 않았다. 아이들을 늦게 데리러 오는 부모들의 수가 줄어들지 않았다. 벌금을 없애자 오히려 아이를 늦게 데리러 오는 횟수가 조금 늘기까지 했다. 결국 제시간에 아이를 데려가야 한다는 사회규범도 없어져버렸고, 늦으면 벌금을 내야 한다는 시장규칙도 없어져버린 꼴이다. 벌금을 다시 부과하면 시장규칙은 되살아

난다. 하지만 사회규범은 한번 없어지면 되살리기가 매우 어렵다.

익명으로 기부하는 사람들은 기부라는 행위 자체에서 보람을 찾는다. 이 경우 기부행위에 대해 금전적 보상을 제공하면, 기부자들을 기분 나쁘게 함으로써 오히려 기부행위를 위축시킬 수 있다. 금전적 보상의 제공이 그런 선의의 동기를 위축시켜서 기부행위를 몰아내는 효과가 나타난다는 것이다. 예를 들어 헌혈에 대한 금전적 보상이 오히려 헌혈의 양을 전반적으로 감소시킨다는 주장이 나왔는데, 이 주장이 옳음을 보이는 실증 연구들이 심리학계에서 다수 나타났다.[29]

손실은 몹시 싫어하면서 공짜 앞에 이성을 잃는다

매우 빈번히 나타나는 비합리적 행태의 또 다른 유형은 손익계산에 관한 것이다. 동물도 때로는 남을 위해 자기가 가진 것을 선뜻 내놓기도 하지만, 대체로 자신의 것에 집착한다. 이런 점에서는 인간도 마찬가지다. 때로는 자선사업을 하면서 다른 한편으로는 자신이 가진 것에 강한 집착을 보이며 손해를 극도로 기피한다.

도박을 즐기는 성향의 소수를 제외하면, 대부분의 사람은 이익보다는 손실에 관해 어리석다고 할 정도로 훨씬 더 민감하다. 예를 들어 동전 던지기를 해서 앞면이 나오면 1만 5,000원을 따고, 뒷면이 나오면 1만 원을 잃는 게임이 있다고 하자. 동전이 정상적이라면 이는 수지맞는 게임이다. 이 게임을 할 경우, 게임당 2,500원($15,000 \times 0.5 - 10,000 \times 0.5$)의 이득을 기대할 수 있다는 것이 수학적 계산의 결과다. 따라서 합리적으로 생각하면 이 게임을 하는 것이 이익이다. 그런데도 사람들 대부분이 이런 게임을 회피한다고 한다. 이득이 최소한 2만 원은 되어야 게임에 참여한다. 다시 말해 기대되는 이득이 예상되는 손실의 두 배는 되어야 모험을 한다. 그 정도로 보통사람들은 손실을 싫어한다는 것이다.

　수많은 실험에서 이와 비슷한 결과가 관찰되었다. 즉, 사람들은 대부분 이익이 손실의 두 배가 되지 않는, 그러나 '수지맞는 게임'을 회피한다는 것이다. 경제학적으로 보면 이런 사람들은 비합리적이다. 하지만 그 실험 결과를 받아들인다면, 이 세상에는 합리적인 사람보다는 비합리적인 사람이 훨씬 더 많다는 얘기가 된다. 그렇다면 합리적인 사람은 어떤 사람들일까? 두뇌의 특정 부분이 손상된 사람은 합리적인 게임, 예컨대 앞면이 나오면 1만 5,000원을 따고 뒷면이 나오면 1만 원을 잃는 게임에 일관성 있게 참여한다는 사실이 밝혀졌다. 다시 말해 정신이 이상한 사람이 합리적인 게임에 적극적으로 참여한다는 것이다.

　그러나 사람들의 행동은 종잡을 수 없는 경우가 많은 탓에 이같이 이익이 기대되는 모험은 회피하면서 손실을 보지 않기 위한 모험은 과감히 감행하기도 한다. 예컨대 사람들 대부분이 확실하게 100만 원의 손실을 가만히 앉아서 당하기보다는 50만 원을 잃을 확률이 50퍼센트이고 100만 원을 딸 확률이 50퍼센트인 도박을 선택하는 경우를 들 수 있다. 확실하게 100만 원의 손실을 보느니 차라리 기댓값이 25만 원밖에 안 되는 도박을 하겠다는 심산이다. 도박하면 밑져야 50만 원 날릴 뿐이다. 그만큼 사람들 대부분이 손실을 아주 싫어하는데, 이런 현상이 일관성 있게 관찰되면서 '손실 기피증' 혹은 '손실 혐오증'이라는 말이 나왔다. 현상유지를 선호하는 관행은 손실 기피 현상으로 설명된다.

　때로는 사람들이 이상한 손실 기피증을 보이기도 한다. 예를 들어 대부분의 노동자는 물가변동이 없을 때 7퍼센트 임금삭감에 대해서는 강력하게 반발한다. 그러나 물가상승률이 12퍼센트일 때 5퍼센트의 임금상승은 사실상 7퍼센트의 임금삭감을 의미하는데도 크게 반발하지 않는다. 이런 이상한 현상을 경제학자는 화폐착각으로 설명한다.

　사람들은 자신의 소유물에 대해서는 특별히 높은 가치를 부여하는 경향이 있다. 이런 성향의 밑바닥에도 손실 기피 심리가 깔려 있다. 이를 확인해보려는 실험이 많이 있다. 예를 들면 다수의 대학생에게 모교의 상징이 그려져 있는 커피 잔을 자세히 보게 한 다음, 무작위로 선정된 절반의 학생들에게는 커피 잔을 무료로 나누어주었다. 얼마 후 커피 잔을 받은 학생들에게는 그것을 판다면 얼마를 받겠느냐고 물었고, 커피 잔을 받지 못했던 학생들에게는 그것을 산다면 얼마를 지불할 용의가 있는지를 물었다. 결과는 놀랍게도 커피 잔을 가진 학생들이 받겠다는 평균금액이 커피 잔을 갖지 않은 학생의 평균금액의 약 두 배였다.[30] 공짜로 얻은 커피 잔인데도 일단 소유한 다음 그것을 팔 때는 매우 높은 가격을 요구했다. 장사꾼들은 이런 효과를 돈벌이에 잘 이용한다. 예컨대 우선 상품을 무료로 가져가서 써보고 난 다음 돈은 나중에 내라는 식의 광고를 흔히 보게 된다. 이는 사람들이 당장 자기 호주머니에서 돈이나 물건이 나가는 것을 꺼리는 심리를 이용한 것이다.

　　소유하고 있는 물건에 높은 가치를 부여하는 현상은 물건의 소유 여부가 그것의 가치평가에 영향을 준다는 것을 의미한다. 내 손 안에 있는 것은 소중하게 느껴지고, 내 손 안에 있지 않은 것은 덜 소중하게 느껴진다는 것이다. 그렇다면 왜 이런 이상한 현상이 나타날까? 뇌과학자들에 따르면 우리의 두뇌가 그렇게 생각하도록 구조화되어 있다고 한다. 최근의 두뇌 영상 기법은 우리의 뇌에서 손실을 담당하는 부분과 이익을 담당하는 부분이 다르다는 사실을 밝혀냈다. 다시 말해 우리의 뇌가 내 손 안에 있는 것과 내 손 안에 있지 않은 것을 다르게 처리한다는 것이다. 수익률이 떨어지는 주식이나 상가를 재빨리 처분하는 것이 합리적일 경우에도 사람들이 그러기를 주저하는 이유도 이 때문이라고 한다.

　　사람들은 이같이 손실 앞에서 이성을 잃기도 하지만, 공짜 앞에서도 이성을 잃는다. 미국의 한 일류 대학 학생들을 상대로 공짜의 위력을 알아보는 실험이 있었다. 이들에게 스위스 초콜릿과 미국 초콜릿을 제시했다. 미국 사람들은 스위스 초콜릿을 훨씬 더 좋아한다고 한다. 첫 번째 실험에서는 스위스 초콜릿에 150원의 가격을 매겼고, 미국 초콜릿에 10원의 가격을 매겼다. 그러자 실험 대상 학생들의 30퍼센트 미만의 소수만 미국 제품을 선택했다. 두 번째 실험에서는 두 제품 각각에 10원 낮은 가격을 붙였다. 스위스 제품의 가격은 140원이 되었고 미국 제품은 공짜가 되었다. 따지고 보면 각 제품을 똑같이 10원씩 깎아준 것에 불과하다. 그러나 결과는 크게 달라졌다. 구매자들의 69퍼센트가 미국 초콜릿에 몰리면서 이것이 갑자기 인기상품이 되었다. 종전에는 30퍼센트도 되지 않는 적은 수의 학생들이 미국 초콜릿을 선택했는데, 공짜가 되자 70퍼센트에 가까운 학생들이 미국 초콜릿을 선택했다. 이처럼 공짜 앞에 많은 사람이 이성을 잃는다.

상술에는 이런 '공짜 효과zero-price effect'를 최대한 활용하라는 말도 있다. 예를 들면 어느 수준 이상 상품을 구매하면 운송료를 할인해줄 것이 아니라 그 상품 몇 개를 덤으로 얹어주라는 것이다. 두 개를 살 경우에 하나를 공짜로 얹어준다고 하면 한 개만 필요한데도 많은 사람이 두 개를 산다. 공짜를 좋아하는 집에 불필요한 물건들이 수북이 쌓여 있는 것을 보면 공짜의 위력을 짐작할 수 있다.

인간은 혼자 온갖 착각을 즐긴다?

바위종다리는 뻐꾸기 알을 품고 그 새끼를 기르기까지 한다. 동물 사회에는 뻐꾸기나 깡충거미와 같은 사기꾼도 많고 사기를 당하는 녀석들도 많다. 이에 관한 수많은 사례를 보면 동물도 착각한다는 것을 알 수 있다. 그리고 이것을 이용하는 녀석들도 많다. 동물들은 어리석어서 그렇다고 하겠지만, 이상하게도 동물보다 월등하게 똑똑하다는 우리 인간도 의외로 착각을 자주 한다.

심지어 우리 인간은 늘 착각 속에 산다고 어느 심리학자는 말한다.[31] 나는 평균 이상이라는 착각, 나는 좋은 사람이라는 착각, 나는 처음부터 알고 있었다는 착각, 내가 나서야 일이 된다는 착각, 나는 사람 보는 눈이 있다는 착각, 나는 착각하지 않는다는 착각 등 수많은 착각 속에서 살고 있다. 그래서 착각하는 것이 인간의 본모습이며, 자기도 모르는 사이에 착각하기도 한다고 심리학자는 말한다.

착각하다 보면 자칫 어리석거나 이상한 행동을 하기 쉽다. 내가 나서야 일이 된다고 착각하고 설치다가 일을 망치는 사람들, 사람 보는 눈이 있다고 하면서 측근이나 친척을 중요한 자리에 앉히는 정치가들을 우리 주위에서 흔히 보게 된다. 그중에서도 우리 일상생활에서 자주 접하게 되는 매우 나쁜 착각은, 남들은 착각하지만 나는 착각하지 않는다는 착각이다. 우리 주변에서 남을 비난하는 언행을 흔히 마주하게 되는 중요한 이유 중 하나가 바로 이런 착각 때문이다. 나는 옳지만 상대방은 틀렸다고 생각하는 순간, 우리는 곧잘 상대방을 비난하게 된다.

그래서 "잘 생각해보고 나서 행동하라"라는 말을 늘 듣지만, 일상생활에서는 그러기가 쉽지 않다. 별생각 없이 감정에 따라 행동하는 일이 너무 많다. 물론 기분 내키는 대로 행동한다고 해서 항상 나쁜 결과만 초래하는 것은 아니다. 마찬가지로 착각한다고 해서 늘 나쁜 결과만 나타나는 것도 아니다. 착각은 때때로 우리에게 즐거움이나 이익을 주기도 한다.

복권을 예로 들어보자. 누구나 복권에 당첨될 확률이 아주 낮다는 것을 안다. 그런데도 많은 사람이 복권을 산다. 복권을 사는 행위는 미련한 행위요, 비합리적인 행위라고 말하는 경제학자도 있을 것이다. 당첨될 확률이 극히 낮으므로 소득 없이 돈만 날리기 쉽기 때문이다. 그러나 사람들이 항상 그렇게 손익계산을 해가면서 행동하는 것은 아니다. 때로는 요행을 바라는 마음도 있다. 확률이 아주 낮다는 것은 알지만 지난밤 좋은 꿈을 꾸었으니 복권을 사면 당첨될지도 모른다고 착각할 수도 있다. 또는 왠지 이번에는 당첨될 것 같다는 착각으로 복권을 살 수도 있다.

비록 착각이라고는 하지만 일단 복권을 샀으면 그것을 즐길 필요도 있다. 예를 들면 그 복권이 당첨될 경우 어떤 일이 벌어질지를 상상해보는 것이다. 평소 자신을 무시하고 깔보던 주변 사람들이 놀라고 부러워하는 모습을 상상한다든지, 가족과 해외여행을 다녀오는 상상을 한다든지, 멋진 전원주택을 상상한다든지, 평소 꿈꾸던 사업을 상상한다든지 등등 상상 하는 것만으로도 즐겁고 행복하다. 그래서 복권은 희망을 준 다. 복권에 관한 연구 결과에 따르면, 당첨 확률이 매우 낮은데 도 복권이 그렇게 많이 팔리는 이유는 바로 희망이라는 심리적 기능 때문이라고 한다. 복권을 한 장 사서 주머니에 넣고 다니 면 당첨자를 발표하는 날까지 희망을 품고 열심히 살아가게 된 다. 단, 심리학자의 충고를 잊지 말아야 한다. 다시 말해 복권 당첨자를 발표하는 날 결과를 보지 말고, 반드시 다음 날 오전 에 복권을 또 하나 사서 주머니에 넣어둔 다음 그 발표를 보라 는 것이다. 그렇게 하면 이전에 사둔 복권이 당첨되지 않더라 도 크게 실망하지 않게 된다. 다른 또 하나의 복권이 내 주머니 안에 있으므로 또 한 주일 희망을 품고 든든한 마음으로 지낼 수 있기 때문이다. 요컨대 단순히 요행만 바라지 말고 긍정적 인 생각을 가지고 복권을 즐기라는 것이다. 말하자면 착각을 즐기자는 것이다.

　　착각이 우리를 즐겁게 해주는 측면도 있지만, 어떤 의미 에서 착각이 필요한 측면도 있다. 나는 평균 이상이라는 착각 이나 나는 괜찮은 사람이라는 착각은 자신감을 가지고 긍정적 인 삶을 살아가게 해줄 수도 있다. 이보다 더 현실적인 이익으 로 이른바 '플라시보 효과 placebo effect' 혹은 '위약 효과'라는 것이 있다. 단순히 사람들이 착각하고 믿어주기 때문에 발생 하는 효과를 말한다. 이 효과에 대한 실험은 무척 많은데, 가장 대표적인 것이 바로 진통제에 관한 실험이다. 이 실험에서는 우선 피실험자에게 심한 고통을 주는 전기충격을 가한 다음, 아주 효과가 좋은 신제품이라고 소개하면서 진통제를 먹였다. 그러고 나서 다시 똑같은 전기충격을 가했다. 실험 결과 거의 모든 피실험자가 그 진통제를 먹고 난 뒤 전기충격의 고통이 훨씬 덜했다고 말했다. 흥미로운 것은 그 진통제라는 것이 사실은 비타민 C 캡슐일 뿐이었다는 점이다. 어떻든 중요한 것은 이 가짜 약이 암시의 힘을 가지고 있었고, 그래서 긍정적인 착각을 유발했다는 사실이다.

　　대체로 사람들은 자신과 관련된 것에 대해서는 흔히 긍정적인 쪽으로 착각한다. 어떤 점에서 이것은 바람직하다고 볼 수도 있다. 사회심리학자들의 연구에 따르면, 상대적으로 자기 자신과 자기 주위를 객관적으로 인식하며 자신의 미래를 정확하게 내다보면서 낙관이나 비관 그 어느 한쪽으로 치우치지 않는 냉철한 사람들, 이른바 착각을 하지 않는 사람들은 다름 아니라 바로 우울증에 걸린 사람들이라고 한다. 우울증에 걸려서 착각하지 않는 것인지, 아니면 착각하지 않아서 우울해지는 것인지, 그 인과관계가 과학적으로 검증되지는 않았다. 심지어 어떤 심리학자는 다음과 같이 묻는다. 긍정적인 착각을 하지 못하고 현실을 있는 그대로 받아들이는데 어떻게 우울해지지 않을 수 있겠는가? 분명한 것은 건강하고 행복하기를 원한다면 '착각해야' 한다고 그는 주장한다.

　　하지만 우리를 불행하게 만드는 착각도 있다. 복권에 당첨될지도 모른다는 착각보다 더 큰 착각은, 복권에 당첨되면 더 행복해질 거라는 믿음이라고 한다. 이러한 믿음이 착각이라는 것은 수많은 복권 당첨자들이 횡재 후 더 불행해졌다는 사실을 통해 너무도 쉽게 알 수 있다. 15억 원의 복권에 당첨된 영국의 한 30대 남성이 5년 뒤 자살로 생을 마감했다는 심리학자의 귀띔도 있다. 그래서 복권의 경우, 당첨되는 상상을 할 때가 실제 당첨됐을 때보다 더 행복하다고 말하기도 한다.

이성보다는 감정?

경제학이 가정하는 인간은 득과 실을 계산해보고 나서
행동하는 존재다. 그러나 경제학은 최대한 많은 일을
자동화 과정에 넘기려는 우리 두뇌의 중요한 특징을
제대로 짚어내지 못하고 있다는 비판을 받는다.

인간은 감정에 휘둘리게 되어 있다

흔히 동물은 욕망에 따라 기계적으로 행동하는 존재로 묘사된다. 그리고 인간은 이성을 가진 존재라서 그렇게 동물처럼 행동하지 않는다고 말한다. 하지만 우리의 일상생활을 살펴보면 이성에 따라 행동하기보다는 욕망이나 감정에 따라 행동할 때가 훨씬 더 많아 보인다. 다시 말해 동물처럼 행동할 때가 많다는 것이다. 오직 이성에 따라 행동하려면 이치에 맞는지 아닌지 일일이 따져봐야 하는데, 그러다 보면 골치도 아프고 피곤하고 재미도 없다. 그래서 기분 내키는 대로 행동하기 일쑤다.

감정의 위력을 가장 잘 보여주는 현실적인 사례는 아마도 충동구매일 것이다. 이사 갈 때마다 쓸데없는 물건들을 한 트럭씩 버리게 된다는 일화가 충동구매의 효과를 생생하게 보여준다. 특히 충동구매를 많이 하는 것으로 알려진 미국 사람들의 가정에는 집집마다 쓸데없는 물건들을 쌓아놓는 창고가 따로 있다. 오죽하면 충동구매를 억제하는 방법까지 나왔을까.

그 한 가지 방법은 자신의 신용카드를 물잔 속에 집어넣고, 그 잔을 냉동실에 넣어 얼리는 것이다. 그렇게 하면 충동적으로 물건을 구매하고 싶더라도 얼음이 다 녹을 때까지 카드 사용을 미뤄야 한다. 얼음이 다 녹을 때쯤이면 충동적인 구매 욕구가 많이 가라앉은 상태가 된다.

흡연이 건강에 무척 나쁘다는 것은 많은 사람이 잘 알고 있다. 그런데도 우리 주위에 담배를 피우는 사람들이 많을 뿐만 아니라 흡연 태도도 그리 좋지 못하다. '빨리빨리' 문화의 탓인지, 우리나라 흡연자는 외국인들처럼 느긋하고 여유 있게 담배를 피우기보다는 졸속으로 담배를 피운다고 한다. 질병관리청의 조사에 따르면 담배 한 대를 피울 때 우리나라 흡연자는 외국인과 비교해서 더 자주, 더 많이, 그리고 더 빠르게 담배 연기를 흡입한다. 이 결과 한 개비당 우리나라 흡연자의 담배 연기 흡입량은 국제 표준과 비교해서 세 배 이상 많은 것으로 나타났다.[32] 좋게 말하면 우리나라 흡연자는 아주 알뜰하게 담배를 피우는 셈이다. 그러나 흡연이 건강에 나쁜 것이 사실이라면 알뜰하게 담배 피우는 행위는 비합리적이다.

세기의 천재로 꼽히는 뉴턴은 돈벌이에도 관심이 많았다고 한다. 그는 당시 영국에서 한창 잘나가는 기업의 주식을 대량 매입해서 보유하고 있었다. 경기가 나빠지자 뉴턴은 주가 폭락이 올지도 모른다는 우려에서 자신이 소유한 주식을 대량 처분했다. 하지만 그 후에도 그 회사의 주식이 계속 오르자 뉴턴은 자신의 경솔한 행동을 후회하고 더 비싼 가격에 그 회사의 주식을 다시 매입했다. 그러자 얼마 지나지 않아 주가가 떨어지기 시작했다. 그럼에도 뉴턴은 자신의 주식을 팔지 않았다. 또다시 경솔한 행동을 반복하지 않으려는 심산이었을 것이다. 그러나 얼마 후 큰 불황이 닥쳐왔고, 주식시장이 무너지면서 뉴턴이 소유한 주식이 폭락하여 깡통 주식이 됐다. 결과적으로 뉴턴은 막대한 재산상의 손실을 입었다. 이때 뉴턴은 유명한 말을 남겼다. "나는 천체의 운동은 계산할 수 있지만, 인간의 광기는 계산할 수 없다."[33] 아마도 그때 뉴턴은 인간 감정의 위력을 실감했을 것이다.

자동차 운전을 할 때 청소년이 교통사고를 더 많이 낸다는 것은 잘 알려진 사실이다. 성인보다 청소년이 감정에 치우치기 쉽기 때문이다. 한 통계에 따르면 청소년이 교통사고를 일으킬 확률이 성인보다 40퍼센트나 높다고 한다. 그런 데다가 청소년이 운전하는 차에 같은 청소년이 한 명 동승하면 사고율이 두 배 높아지고, 한 명이 더 동승하면 사고율은 다시 두 배로 올라간다고 한다.[34] 그만큼 감정에 치우칠 가능성이 높다는 것이다. 감정에 휘둘리면 비합리적인 행동을 할 가능성이 농후해진다.

감정은 행동에 영향을 미칠 뿐만 아니라 기억에도 상당한 영향을 끼친다. 슬플 때는 슬픈 일들이 주로 회상되는 경향이 있다. 그래서 더욱너 슬퍼진다. 감정은 위험을 지각하는 데에도 영향을 미친다. 어떤 자극을 받으면 그것이 구체적으로 무엇인지를 자세히 파악하기도 전에 감정적으로 대응하는 경우를 종종 경험하게 된다. 다시 말해 감정이 인식에 앞선다. 예를 들어 거무튀튀하고 흉측하거나 핏빛 나는 것을 보면, 그것이 무엇인지도 모르면서 두려움으로 우선 경계부터 한다. 이런 감정적 반응은 자동적으로 신속한 행동을 가능하게 한다. 동물도 마찬가지다. 낯선 사람이 나타나면 개들은 무조건 짖는다.

우리는 이상하게 생긴 생소한 물건이 아니라 익숙한 물건에 대해서도 때로는 감정적으로 대응하기도 한다. 예컨대 고급음식점에서 정갈하게 다듬어진 생선회가 나왔다고 하자. 평소 생선회를 좋아하는데 그날따라 배가 고플 때는 생각할 겨를도 없이 그 생선회를 집어 먹게 된다. 다시 말해 행동이 자동적으로 이루어진다. 그러나 생선회를 먹고 배탈이 나서 고생한 적이 있고 그래서 생선회를 꺼리게 되었다면, 아무리 배가 고파도 생선회를 보는 순간 멈칫하게 된다. 거의 반사적으로 경계심이 작동하기 때문이다. 사실 지저분한 뒷골목의 비위생적인 음식점에서 생선회를 먹었기 때문에 배탈이 났을 가능성이 높지만, 세월이 많이 지나면 생선회와 결부된 그런 구체적인 사실은 잊어버리고 그저 생선회는 위험하다는 감정만 남게 된다. 그래서 제대로 된 음식점에서 위생적으로 다듬어진 생선회인데도 그것을 보자마자 께름칙한 감정이 앞서서 멈칫하게 되는 것이다.

어떤 사람과 과거에 좋지 않은 경험을 했을 경우, 후에 그 사람을 만나면 왠지 기분이 나빠진다. 과거 경험의 구체적 내용을 전혀 기억하지 못하면서도 그 사람을 싫어하는 감정만 떠올리게 되는 경우가 많다. 구체적인 사실은 사라지고 감정의 앙금만 남게 되기 때문이다. 사물의 경우에도 마찬가지다. 인간관계에서처럼 사물에 대한 감정이 그것과 결부된 구체적 내용에 관한 기억과 동떨어질 수 있다는 것이다. 많은 경우, 우리 인간의 뇌는 우리가 만나는 사람과 사물에 대해 감정의 꼬리표를 붙이는 경향이 있다. 후에 그것을 만나면 그 감정의 꼬리표만 재빨리 연상하게 되고, 자연히 감정적으로 대응하게 된다. 예를 들어보자. 한 의사가 하루는 손바닥에 압정을 붙이고 기억상실증 환자에게 악수를 청했다. 악수하는 순간 압정에 찔리자 그 환자는 움찔했다. 그 후로 이 환자는 그 의사만 만나면 움찔하면서 회피했다. 그 의사와 악수했던 것은 잘 기억하지 못하지만, 입정에 찔린 고통의 감정은 남아 있기 때문이다. 그런 감정적 대응이 나쁜 결과를 몇 차례 초래하면 그때야 비로소 반성하면서 깊이 생각해보게 되고, 때로는 감정을 억제하는 여러 가지 노력을 하게 된다. 다시 말해 여러 가지 형태의 자제 노력이 나타나게 된다는 것이다.

이처럼 사람들이 생각 없이 감정에 따라 행동하는 경우가 많은데도 경제학은 득과 실의 계산이 인간의 행동을 주도한다고 가정한다. 예를 들어 경제학자들은 범죄행위의 경우, 벌을 더 무겁게 하고 더 엄격하게 집행하면 범죄가 줄어든다고 주장한다. 범법자는 범죄로 얻는 것과 잃는 것을 계산한 다음 범죄행위를 저지르기 때문에 범죄로 얻는 것보다 잃는 것을 훨씬 크게 하면 자연히 범죄행위를 더 자제하게 된다는 논리다.

그러나 계산이 아니라 감정이 사람의 행동을 주도한다면 얘기가 아주 달라진다. 심리학계에서는 감정이 인간의 행동을 주도한다는 데 대체적인 공감대가 형성되어 있다고 한다.[35] 실제로 많은 범인이 순간적 충동을 억제하지 못하고 욱하는 심정에서 범죄를 저지른다. 만일 심리학자들의 주장이 옳다면 범죄를 저지르는 사람은 합리적인 사람이 아닐 가능성이 높다. 따라서 범죄행위에 대한 징벌을 더욱더 강화해야 한다는 경제학자들의 주장은 설득력이 떨어진다.

인간도 본능적으로, 기계적으로 행동하는 경우가 무척 많다

데카르트의 말대로 동물들은 매사 기계적으로 행동하는 것처럼 보인다. 배고픈 염소는 풀을 보는 순간 기계적으로 풀을 뜯어 먹으며, 배고픈 사자는 영양을 보는 순간 기계적으로 쫓아간다. 그러므로 어떤 동물이 처한 상황과 그 동물의 상태를 알면 거의 정확하게 그 동물의 행동을 예측할 수 있다.

그러나 사실 일상에서 인간도 기계적으로 움직이는 경우가 매우 많다. 이런 점에서 인간도 동물과 별반 다를 바가 없다. 논리를 따지고 계산하는 것은 의외로 많은 에너지를 소모하는 두뇌활동이다. 생각을 오래 하다 보면 지치고 골치가 아프고 스트레스를 많이 받는다. 그래서 인간의 뇌가 가능하면 생각을 적게 하면서 본능적으로 행동하는 방향으로 진화해온 탓에 우리는 거의 무의식적으로 행동하는 경우가 너무나 많다. 달리 말하면 우리 인간은 일상생활의 대부분을 동물처럼 기계적으로 행동하게 되어 있다는 것이다.

예를 들어보자. 우리가 자전거 타기를 처음 배울 때는 신경을 아주 많이 쓰게 된다. 속도, 방향, 주변 상황 등을 일일이 생각하면서 페달을 밟아야 하므로 자전거 타기가 무척 힘들다. 하지만 그것도 잠깐이다. 차츰차츰 운전에 익숙해지고 숙달되면 그다음부터는 별생각도 겁도 없이 자전거를 몰게 된다. 때로는 노래를 흥얼거리거나 옆 사람과 농담을 하면서 자전거를 타기도 한다. 자전거 몰기가 무의식적으로, 기계적으로 이루어지기 때문이다. 심리학자들은 이런 현상을 우리의 두뇌활동과 연결해서 설명한다. 다시 말해 우리의 두뇌에서 자전거 타기가 생각하는 과정에서 기계적으로 행동하는 과정으로 넘겨졌다는 것이다.

익숙해지면서 기계적으로 수행하게 되는 것은 자전거 타기만이 아니다. 거의 모든 행동이 그렇다. 예를 들어 고급 두뇌활동도 마찬가지다. 우리는 흔히 법률가·의사·교수·회계사 등 전문가들은 매사 머리를 많이 쓰면서 행동한다고 믿는다. 그러나 전문가들의 업무를 과학적으로 분석한 과학자들에 따르면 반드시 그런 것은 아니다. 변호사를 예로 들어보자. 초보 변호사는 업무에 관해 많은 법률 문헌을 읽으면서 배우고 고민하고 생각하면서 조심스럽게 법률활동을 수행한다. 그래서 고달프다. 그러나 경험을 쌓으면서 업무에 익숙해지고 요령이 생기면 변호사의 두뇌는 업무의 많은 부분을 자동화 과정으로 넘긴다. 고참 변호사가 그렇다. 이들은 별생각 없이 거의 기계적으로 업무를 수행한다. 그래도 별 탈이 없다. 가끔 새로운 과제가 나타나거나 이변이 발생하면 그때 가서 새로 배우고 생각하면서 업무를 수행한다. 이처럼 인간은 많은 고차원 두뇌활동도 거의 무의식적으로, 기계적으로 수행한다. 마치 본능적으로 행동하는 것처럼 보인다. 그런 점에서는 고급 노동을 하는 인간도 동물과 크게 다를 바 없어 보인다.

우리는 거의 무의식적으로 혹은 기계적으로 행동하는 사례들을 일상생활에서 아주 많이 볼 수 있다. 하품하기도 그중 하나다. 한 사람이 하품하면 이것을 본 다른 사람들도 따라서 하품하는 경우를 종종 보게 된다. 일부러 따라 하는 것이 아니라 무의식적으로 따라 한다. 그러다 보면 하품이 전염된다. 하품 전염은 '남 따라 하기'의 일종이며 공감과 관련이 있다고 한다. 하품에 잘 전염되는 사람은 다른 면에서도 공감능력이 뛰어나다고 한다. 여성은 대체로 공감능력이 뛰어나기 때문에 다른 사람의 하품에 더 민감하다. 반면에 자폐증 장애가 있는 사람처럼 공감 결핍증이 있는 사람은 하품에 잘 전염되지 않는다. 이런 하품의 전염과 같이 남 따라 하기는 '거울신경세포'가 발견되면서 과학자들의 주목을 받게 되었다. 이 거울신경세포는 다른 사람의 상황을 마치 자신의 상황인 것처럼 느끼게 한다.

산부인과 병원의 유아보호소에서는 한 갓난아이가 울면 다른 갓난아이들도 따라 우는 일이 자주 발생한다. 단순히 우는 소리에 반응해서 따라 우는 것이 아니다. 연구 결과에 따르면 특히 같은 나이 또래의 아기들이 우는 소리에 더 민감하게 반응하는 것으로 나타났다. 이것을 보면 하품이나 흉내 내기만 전파되는 것이 아니라 '남이 느낀 것을 느끼는 것'도 전염된다는 것을 알 수 있다. 이런 '감정 전염'은 태어날 때부터 시작된다. 아기가 다른 아기의 울음소리를 듣고 우는 것이 바로 그런 경우다. 이 감정 전염은 우리가 모든 포유류와 공유하는 능력이라고 한다. 하품 전염을 비롯한 남 따라 하기는 많은 경우 거의 무의식적으로 이루어진다. 옷차림이나 머리 모양에 새로운 유행이 나타났을 때, 득과 실을 일일이 계산하고 생각해본 다음 그것을 따르는 사람은 아마 거의 없을 것이다. 보통은 별생각 없이 그냥 좋아 보여서 유행에 따르는 경우가 대부분이다.

이같이 일상에서 별생각 없이 기분에 따라 기계적으로 행동하는 경우가 너무나 많다면, 인간이 동물과 뭐가 그렇게 다른지를 되짚어보게 되고, 나아가 경제학이라는 학문을 다시 한 번 생각해보게 된다. 경제학이 가정하는 인간은 득과 실을 계산해보고 나서 행동하는 존재다. 그러나 경제학은 최대한 많은 일을 자동화 과정에 넘기려는 우리 두뇌의 중요한 특징을 제대로 짚어내지 못하고 있다는 비판을 받는다. 물론 경제학도 인간이 늘 득과 실을 계산하면서 활동한다고 가정하지는 않는다. 다만 시장과 같이 손익계산을 해야 하는 영역에서는 그렇게 행동한다고 본다. 하지만 시장에서조차 인간이 득과 실을 꼼꼼히 따져가면서 행동하는지 의심스러운 사례들이 적지 않다. 충동구매는 그중 하나일 뿐이다.

베블런Thorstein B. Veblen은 우리 두뇌의 자동화 과정을 인간 본능이라는 말로 바꾸어 인간 문화의 발달을 설명했다. 그는 인간이 세 가지 성향을 가지고 있다고 보았다. 근로 본능, 번식·보호 본능, 그리고 착취의 성향이다. 그가 말하는 본능이란 충동impulse에 가까운 개념이다. 베블런은 인간성에 관한 근대 심리학의 새로운 통찰을 높이 평가했는데, 이에 따르면 인간은 단순히 외부 자극에 따라 수동적으로 쾌락과 고통을 느끼는 존재가 아니라 끊임없이 무언가를 하려는 성향을 가지고 있다. 이것이 인간의 두드러진 특징이라는 것이다.

걸핏하면 싸움이나 하는 사회보다는 비교적 평화스러운 사회의 사람들이 근로 본능과 번식·보호 본능을 더 한껏 발휘할 수 있다. 근로 본능의 결과 가축 사육과 같은 실용적 지식이 개발되었다. 근로 본능 덕분에 차츰 생산성이 높아지면서 잉여가 창출되었고, 이에 발맞추어 인간에게 내재한 약탈의 성향 혹은 착취 성향이 꿈틀대기 시작했다. 이 성향은 생물학적·잠재적으로 원시인에게 내재해 있었다. 잉여가 생겨나게 되자 이 성향이 정교한 일련의 행동양식으로 발현되었다. 원시사회가 문명사회로 바뀜에 따라 잉여가 더 많이 창출되었고, 이것을 차지하려는 소유계층과 유한계층이 동시에 출현했다. 이 결과 사회적 지위를 뽐내는 과시적 소비, 낭비적 소비가 판을 치게 되었다고 베블런은 주장했다.

베블런에 따르면 근로 본능이 제대로 발현되기 위해서는 평화 분위기가 충분히 조성되어야 하며, 그렇게 되도록 문화적 여건이 갖추어져야 한다. 베블런은 산업혁명 당시 영국을 대표적인 예로 꼽았다. 서구 세계에서 영국이 가장 먼저 산업혁명의 꽃을 피우게 된 것은 외국의 침략으로부터 비교적 안전해서 근로 본능이 잘 발휘되었기 때문이다. 반면에 유럽 대륙에서는 서로 간에 끊임없는 갈등과 약탈 전쟁으로 근로 본능이 제대로 발휘되지 못했다는 것이 베블런의 주장이다.

'두 마음'을 가진 인간

동물은 대체로 욕망에 따라 행동하므로 동물의 행동은 예측 가능하다. 우리는 개나 돼지가 어떤 상황에서 어떻게 행동할 것인지 어느 정도 예측할 수 있다. 이런 점에서 동물이 훨씬 더 믿음직스럽게 행동한다고 말할 수도 있다. 그러나 인간의 경우에는 이랬다저랬다 하는 일이 잦다. 담배를 끊었다가 다시 피우기를 반복하는 사람들, 금주했다가 폭주하기를 반복하는 사람들, 헤어졌다가 만나기를 반복하는 연인들을 우리 주위에서 흔히 보게 된다. 그래서 인간의 행동에는 이랬다저랬다 일관성이 없어 보이는 경우가 많다.

물론 흡연자들도 흡연이 건강에 좋지 않다는 사실을 잘 알고 있을 것이다. 그러나 담배를 피우고 싶은 욕구와 건강에 해롭다는 생각이 충돌하면서 흡연자의 마음에서 갈등을 일으킨다. 다시 말해 '인지 부조화' 현상이 나타난다. 그런데도 담배를 피우는 이유는 피우고 싶은 욕구가 피우지 말아야 한다는 생각을 압도하기 때문일 것이다. 하지만 대체로 흡연자들은 이런 사실을 노골적으로 인정하기 싫어한다. 그러면서 담배를 피우는 여러 가지 이유를 댄다. 젊은 사람들은 적당히 피우다가 곧 끊을 거라고 말한다. 마음먹으면 언제든지 끊을 수 있다는 믿음을 가지고 있기에 이들은 태연히 흡연을 즐긴다. 다만 지금은 그냥 '안' 끊고 있을 뿐이다. 하지만 시간이 흐르고 몇 번의 금연시도가 실패를 거듭하면서 끊을 수 있다는 믿음이 서서히 무너진다. 그러면 어느 순간부터 태도를 바꾼다. 흡연이 스트레스 해소에 도움이 된다는 둥, 식후에 담배를 피우지 않으면 소화가 잘 안 된다는 둥, 담배를 피우며 생각하면 아이디어가 잘 떠오른다는 둥, 담배를 피우다 보면 담배 맛을 알게 된다는 둥의 여러 가지 그럴듯한 변명을 늘어놓으며 흡연의 좋은 점을 강조하기 시작한다. 그러다가 늘그막에 이르면 담배를 끊을 생각을 아예 하지 않게 된다. 이제 얼마 남지 않은 인생, 마치 담배나 실컷 피우다가 세상을 떠나겠다는 듯이 편안하고 태연하게 흡연을 즐긴다.

　왜 인간은 동물과 달리 자주 이랬다저랬다 할까? 과학자들은 인간이 '두 마음'을 가지고 있기 때문이라고 말한다. 그러다 보니 앞뒤가 맞지 않는 행동이나 이상한 행동을 하게 된다는 것이다. 살을 빼기로 결심했으면서도 케이크나 치킨, 피자 등 열량이 높은 음식을 폭식한다든가, 시험에 대비해서 열심히 공부하겠다고 맘먹었지만 친구와 신나게 컴퓨터 게임을 즐긴다든가, 과음이 나쁘다는 것을 알면서도 과음하는 등 우리는 기분에 따라 행동하기 일쑤다. 그러다가도 때로는 감정을 억제하고 이성에 따라 행동하기도 한다. 그래서 동물의 행동과는 달리 인간의 행동은 그만큼 예측하기도 어렵다.

과학자들은 인간의 '두 마음'을 좀 더 과학적으로 설명한다. 인간의 두뇌에는 생각이나 인식의 문제를 다루는 부분인 인식체계가 있고, 감정을 다루는 부분인 감정체계가 있다고 한다.[36] 우리는 흔히 돈을 지금 쓸 것인가 나중에 쓸 것인가, 위험을 감수할 것인가 말 것인가, 이성 친구와 헤어질 것인가 말 것인가 등을 결정할 때 망설이는 경우가 많은데, 이것은 그 두 체계가 충돌하기 때문이다. 쉽게 말하면 생각과 감정이 대립하는 상황이다. 이럴 때 사람들은 자신이 '두 마음'을 가지고 있음을 분명히 의식하게 된다. 그럼에도 많은 경우 우리는 감정에 휘둘린다. 한 신경과학자는 생각과 감정이 충돌하면 대부분의 경우에 감정이 이기도록 우리 두뇌가 구조화되어 있다고 말한다.[37] 그래서 무엇을 해야 하는지를 '아는 것to know'만으로는 부족하고, 그것을 '느끼는 것to feel'이 필요하다고 한다.

물론 인간의 경우, 감정이 생각을 항상 압도하는 것은 아니다. 결국 감정의 강도가 중요하다. 감정의 강도가 강할 경우에는 감정이 생각을 압도하면서 이성을 잃고 감정에 따라 행동하게 된다. 어떤 일에 매우 화가 나서 고가의 물건을 부숴버리고는 곧 후회하는 경우처럼 감정이 너무 강하면, 사람들은 생각할 겨를도 없이 자제력을 잃고 자기 자신에게 해로운 일을 종종 하게 된다.

생선회를 먹을 최적기는 바로
대형 식중독 사건이 터졌을 때

이같이 현실에서는 인간이 기분에 따라 비합리적으로 행동하는 경우가 적지 않다고 해서 비합리적인 것이 항상 나쁜 것만은 아니다. 투표행위를 예로 들어보자. 중요한.선거 때마다 국민 대부분이 한 표를 행사한다. 경제학이 가정하듯이 인간이 매사 이해득실을 계산하면서 합리적으로 행동한다면 투표하지 말아야 한다. 대통령 선거나 국회의원 선거에서 내가 어느 특정 후보에게 한 표를 던진다고 해서 나에게 돌아오는 가시적인 이익은 거의 없다. 그저 시간만 낭비하고 발품을 팔 뿐이다. 따라서 경제학의 관점에서 보면 투표하기는 합리적인 행위가 아니다. 그런데도 현실에서는 매우 많은 사람이 투표장으로 간다.

많은 시간과 노력을 들여 소프트웨어를 개발한 뒤 공짜로 제공하는 사람들이 적지 않다. 순전히 금전적인 면만 생각하면 이런 행동은 손해를 자초하는 행동이요, 미련한 짓으로 보인다. 하지만 그런 소프트웨어의 개발은 오직 이기적인 계산에 따라 이루어지는 것은 아니라고 할 수 있다. 사람들의 실제 행동이 경제학에서 말하는 합리적인 것과는 거리가 먼 경우가 적지 않다는 사실이 수많은 실험실 연구에서 확인되었다. 가장 많이 인용되는 대표적인 실험을 예로 들어보자.

서로 전혀 모르는 두 사람 중 한 사람에게 10만 원을 주고 다른 사람과 나누어 가지라고 말했다고 하자. 상대방에게 얼마를 나누어줄 것인지는 전적으로 돈을 가진 사람이 결정한다. 7대 3으로 나눌 수도 있고, 6대 4로 나눌 수도 있다. 다만 돈을 받는 사람이 거부하면 그 10만 원은 회수되고 두 사람 모두 빈털터리가 된다. 예컨대 10만 원에서 100원만 떼어준다고 하면 상대방은 아마도 이를 거절할 것이고, 결과적으로 두 사람 모두 한 푼도 갖지 못하게 된다. 이런 게임의 상황에 있다면 사람들은 어떻게 행동할까?

전문가들이 흔히 '최후통첩 게임'이라고 부르는 이 게임은 워낙 유명해서 여러 나라의 수많은 학자가 실험을 해보았다. 그 결과, 돈을 가진 사람이 상대방에게 떼어주는 금액은 평균 45퍼센트였다. 절반을 나누어주는 사람도 상당히 많았다. 의외로 많은 사람이 생면부지의 남에게 관대하다는 사실이 드러났다.

이에 못지않게 또 한 가지 주목되는 것은 돈을 받는 처지에 있는 사람의 태도다. 만일 돈을 가진 사람이 30퍼센트 이하의 금액을 떼어주면, 받는 처지에 있는 사람들의 절반 정도가 그 돈을 거절했다. 경제학의 이론에 따르면 이런 행동은 아주 미련한 짓이다. 돈을 받는 처지에 있는 사람은 단돈 천 원이라도 받는 것이 합리적이다. 아무것도 받지 않는 것보다는 껌값이라도 공짜로 받는 것이 이익이기 때문이다. 그런데도 거절하는 사람들이 그같이 많다는 것은 경제학자들의 생각과는 달리 비합리적인 사람들이 무척 많다는 뜻이다.

　그렇다면 30퍼센트 이하의 금액을 왜 거절할까? 주된 이유는 자존심이 상한다든가 공평하지 않다는 것이다. 의외로 많은 사람이 자존심이 강하고 공정성에 민감하다. 동물이 불공평한 처사에 분노하듯이 사람들 대부분이 불공평에 반발하며, 한걸음 더 나아가서 불공평한 행동을 응징하려는 마음을 가지고 있다. 이런 심리가 우리 사회를 공정하게 만드는 활력소라고 하면, 그들의 행동을 슬기롭지 못하다고 말할 수는 없다. 한 역사학자가 "우리는 뻔뻔스럽게도 자신에게 '호모 사피엔스'란 이름을 붙였다"라고 말했다는데, '슬기로운 사람'이라는 뜻의 '호모 사피엔스'에게는 합리성도 중요하지만, 그에 못지않게 공정성도 중요하다.

　정의감 때문에 자신의 손해를 감수하는 행동이 경제학적으로 비합리적일지 모르지만, 이런 행동은 수많은 실험에서 일관되게 관찰된다. 경제학자가 아닌 심리학자 두 명이 노벨경제학상을 수상한 이례적인 사례가 있는데, 1978년에는 허버트 사이먼이, 2002년에는 대니얼 커너먼이 바로 그 주인공이다. 인간의 일상 생각이나 행동이 얼마나 비합리적이고 왜곡

투성이인지를 밝히는 이들의 논문이 발표될 때마다 수많은 학자, 특히 경제학자들의 집중 공격을 받았다. 하지만 오늘날에는 이들의 논문이 인간의 비합리성에 대한 표준적 참고문헌이 되었다.

사실 조금만 깊이 생각해보면 합리적인지 비합리적인지 딱 잘라 말하기 어려운 행동의 사례들을 우리 주위에서 흔히 보게 된다. 예를 들어 생선회를 먹고 집단 식중독에 걸렸다거나 비브리오 패혈증으로 누군가 사망했다는 소식이 알려지면 순식간에 횟집이 텅텅 빈다. 물론 생선회가 패혈증이나 배탈을 초래할 수도 있다는 것을 많은 사람이 알고 있다. 하지만 일단 그런 소식을 들은 다음에는 갑자기 과거 대수롭지 않게 생각했던 위험의 확률이 사실은 상당히 높다고 느끼게 된다. 그렇다면 자제하는 것이 합리적이다. 이것을 바보 같은 짓이라고 말할 수는 없다. 그러므로 횟집이 텅텅 비는 것은 개인들의 그런 합리적 행동의 결과로 보인다.

그러나 한걸음 더 깊이 생각해보자. 언론에 대대적으로 보도됐으니 보건당국이 횟집을 상대로 일제 점검에 들어갔을 테고, 횟집 주인들은 위생에 각별히 더 신경을 쓸 것이며, 아마도 오래된 생선을 버리고 수조도 새로 청소하고 최대한 깨끗하게 유지할 것이다. 따라서 언론에 대대직으로 보도된 바로 그때가 사실은 가장 안전한 생선을 가장 값싸게 먹을 수 있는 때라고 할 수 있다. 이렇게 조금 더 깊이 생각하는 사람들은 이럴 때 얼씨구나 싶어 횟집을 즐겨 찾을 것이며, 파리를 날리고 있던 횟집은 그들을 극진히 대접할 것이다. 그야말로 꿩 먹고 알 먹기다. 어떻게 보면 이런 사람들이야말로 지극히 합리적인 사람들이다. 하지만 현실에서는 이 정도로 합리적인 사람들은 그리 많지 않은 것 같다.

구제역으로 전국이 난리가 날 때면 고기집도 텅텅 비는데, 바로 그때가 가장 안전하고 값싸게 삼겹살을 먹을 수 있는 시기라고 할 수 있다. 2001년 9·11 테러 사건처럼 대형 비행기 사고가 터지면 해외여행 예약이 줄줄이 취소되면서 비행기 좌석이 텅텅 비게 된다. 그러나 바로 이때야말로 비행기 여행이 가장 안전하다고 할 수 있다. 그러므로 큰 사건에 관한 언론의 대대적인 보도를 보고 움찔해서 행동을 자제하는 것이 반드시 합리적이라고 볼 수는 없다.

합리적이라고 보기 어려운 이상한 생각이나 행동을 느닷없이 자주 한다고 해서 반드시 천방지축이라는 의미는 아니다. 비합리적으로 행동하더라도 예측할 수 있게 행동하는 경우가 얼마든지 있다. 바로 그런 행동들을 체계화하고 해설하는 경제학의 한 분야가 '행동경제학'이다. '인간은 합리적인 존재'라는 전통 경제학의 전제를 부정하는 데서 출발한 행동경제학은 심리학·사회학·생리학 등 다양한 시각으로 인간의 행동을 분석함으로써 인간을 이해하는 데 많은 도움을 주고 있다.

chapter

7

인간과 동물의 만남

전 세계의 대형 야생 초식성 육서 포유류는 148종에 달하며,
그중 겨우 14종만이 가축화 시험을 통과했다.
물론 소형 포유류나 조류도 가축화되었다.

인간이 바빠지면서 개도 바빠졌다

경제적으로 여유가 생기면서 반려동물을 기르는 가정이 점점 더 늘어나는 추세다. 어느새 반려동물 인구 1,000만 시대라는 말이 일상적으로 들려온다. 그러다 보니 반려동물의 먹이, 옷, 집기, 심지어 장난감 등을 파는 가게들이 도처에 생겨났고 동물병원도 어렵지 않게 찾을 수 있다.

한 조사에 따르면 인류 역사에서 반려동물은 무척 오래전부터 모든 대륙의 전통적 인간 사회에 거의 빠짐없이 존재했다. 인간이 동물과 친밀한 동반관계를 맺게 된 최초의 동물은 아마도 개일 것이다. 인류가 농경민이 되어 영구적으로 마을에 정착하고 소·양·말 등 농장 동물을 기르기보다 훨씬 오래전, 적어도 1만 5,000년 전보다 더 오래전부터 개가 인간과 함께 생활했을 것으로 추정된다. 그렇게 오랫동안 인간과 함께 지내다 보니 개는 인간과 의사소통이 가장 잘될 뿐 아니라 인간과 생활하기에 유리한 방향으로 학습능력을 키워왔으며, 오늘날에 와서는 우리가 통상 생각하는 것보다 훨씬 더 많은 일을 한다.

예를 들면 아주 옛날부터 북아메리카에서는 개가 경계의 임무와 함께 짐을 운반하는 일도 많이 해왔다. 지금도 북미의 추운 지역에서는 개썰매가 흔하다. 개는 보모의 역할도 한다. 오스트레일리아 서부에는 척박한 땅이 도처에 널려 있는데, 이곳에 아직도 다수의 수렵채집민이 거주한다. 이 지역에는 딩고라는 개가 있는데 대부분 야생 상태로 살고 있지만 일부는 가축화되어 있다. 이 가축화된 딩고는 어른들이 일하러 밖에 나가 있는 동안 집과 어린애들을 지킨다. 끼니때가 되어 어린 애들이 배고파하면, 딩고는 자기 새끼들에게 해주듯이 어린애들을 위해 먹은 것을 게워낸다. 그러면 어린애들은 그것을 구워서 맛있게 먹는다. 그런 다음 딩고 옆에 바짝 다가가 누워서 딩고의 따뜻한 체온을 받으며 잠을 잔다.

인간과 개의 동반관계가 친밀하다 보니 인간이 바빠지면서 개도 바빠졌다. 사람이 하는 일이 점점 더 복잡해지고 다양하게 전문화되었듯이 개도 그 어느 때보다 더 많은 일을 하면서 개의 활동까지 전문화되고 있다. 맹인에게는 안내견, 사냥꾼에게는 인도견, 목축업자에게는 가축 몰이꾼, 경찰에게는 수색견 등 개는 여러 가지 일을 전문적으로 한다. 이뿐만이 아니다. 세관견은 불법 수입물을 탐지하고, 암 탐지견은 흑색종이나 대장암을 탐지하며, 군견은 폭발물을 찾아내고, 경찰견은 경비나 보초를 서며, 치료견은 요양원과 병원을 방문해서 환자의 기운을 돋우고 회복을 앞당겨준다. 미국에는 빈대 탐지견이 있다. 이 개는 벌레의 냄새를 탐지할 수 있도록 훈련받는데, 이런 개를 고용해서 호텔의 침대에 숨어 있는 빈대나 벌레를 탐지해주는 업체도 있다. 한 연구에 따르면 이 개는 95퍼센트의 정확도로 빈대와 빈대의 알을 탐지한다. 빈대의 수가 늘어나기 때문인지 이 업체의 서비스에 대한 수요도 점차 많아지고 있다고 한다.

개는 인간의 손짓과 몸짓을 이해하는 거의 유일한 동물이다. 이에 관한 실험은 아주 많다. 한 실험에서 두 개의 컵 가운데 하나의 밑에 개가 보지 않게 음식을 몰래 넣어놓았다. 그러고 나서 실험자가 두 컵의 중앙에 서서 음식이 들어 있는 컵을 손으로 가리키면서 개에게 "찾아!"라고 명령했다. 실험 대상의 개는 실험자가 가리키는 컵을 향해 똑바로 걸어갔다. 실험자가 손이 아닌 발로 가리키거나 심지어 머리를 돌려 컵을 쳐다보기만 해도 개는 그 컵 쪽으로 갔다. 또 다른 실험도 있다. 세 개의 공을 연못에 던져놓고 실험자가 그중 하나를 손가락으로 가리키면서 "찾아!"라고 명령하면 개는 정확하게 그것을 찾아냈다. 여러 차례 실험해도 개는 매번 실험자가 가리키는 방향으로 갔다. 과거에 이런 심부름을 해보지 않았던 개도 실험자가 시키는 대로 공을 찾아왔다.

개는 주인이나 친숙한 사람의 몸짓만을 알아보는 것이 아니었다. 낯선 사람의 몸짓과 시선도 알아보고 그 몸짓과 시선이 향하는 컵을 선택했다. 그러나 개들은 의사소통의 의도가 있는 인간의 몸짓이나 시선에만 반응했고 그렇지 않은 단서는 무시했다. 예를 들어 실험자가 음식이 든 컵을 똑바로 보고 있으면 개는 사람의 시선을 단서로 이용하지만, 머리만 그 컵 쪽으로 향한 채 그 컵을 똑바로 보지 않고 다른 곳을 응시하면 개는 음식이 들어 있는 컵을 찾지 않았다.

개는 사람의 시선과 몸짓뿐만 아니라 다른 개의 시선과 몸짓도 이해한다. 예를 들어 오직 한 마리의 개가 보는 앞에서 컵 두 개를 2미터쯤 떨어지게 놓고 그중 하나에 음식을 숨겼다. 이 개는 음식이 숨겨진 컵을 쳐다보기만 했는데, 이것을 본 다른 개는 그 개의 시선을 따라 음식이 든 컵 쪽으로 걸어가서 쉽게 음식을 찾았다.

다른 동물들을 상대로 비슷한 실험을 해보았다. 두 개의 용기 중 한 곳에 음식을 감춘 뒤, 음식이 들어 있는 용기를 손으로 가리키거나 바라보는 식으로 동물에게 음식이 어디 있는지에 관한 단서를 주었다. 처음에 꼬리감는원숭이를 테스트했으나 처참하게 실패했다. 성공하기 위해서는 수백 번의 시행착오를 거치며 훈련해야만 했다. 침팬지는 영리하고 복잡한 집단생활에 익숙하므로 원숭이보다 더 잘 해내리라고 생각되지만, 침팬지도 사람의 손짓이나 눈짓을 이해하지 못했다. 그러나 이런 결과를 놓고 개가 침팬지보다 더 영리하기 때문이라고 단정할 수는 없다. 때로는 침팬지도 인간의 다양한 몸짓을 보고 음식을 찾는데, 단 사람의 손에 키워진 침팬지만 그런다.

지금까지 나온 여러 연구 결과에 따르면, 개는 생후 6개월이 되면 사람의 여러 가지 몸짓을 자연적으로 이해하고 이용할 줄도 안다. 이건 정말 놀라운 일이다. 생후 6개월이면 강아지가 간신히 눈을 뜨고 걸음마를 배우는 시기라서 인간과의 교류를 충분히 경험했다고 보기는 어렵기 때문이다. 그러니까 아주 어린 강아지들도 큰 개 못지않게 사람의 시선과 몸짓을 자연스럽게 이해할 수 있다는 것이다. 사람의 집에서 자라지 않고 형제들과 어울려서 자란 강아지도 사람이 기른 강아지 못지않게 사람의 손짓과 몸짓을 잘 이해한다고 한다.

인간은 모방을 통해 배우기도 하는데 동물도 마찬가지다. 개의 모방능력을 살펴보는 한 실험에서 구멍이 뚫린 투명한 큰 플라스틱 통 속에 음식을 놓아두었다. 그 음식에는 줄이 달려 있고 그 줄의 끝은 그 구멍의 밖에 놓여 있으므로 이 줄 끝을 잡아당기기만 하면 음식을 먹을 수 있다. 한 실험에서는 훈련받은 시범개가 입으로 줄을 당겨서 음식을 끌어내 먹게 했다. 그것을 본 다른 개도 입으로 줄을 당겨 음식을 끌어내 먹었다. 실험방식을 약간 바꾸어보았다. 이번에는 훈련받은 시범개가 발끝으로 줄을 당겨서 음식을 꺼내 먹게 했다. 이것을 본 다른 개도 발끝으로 줄을 당겨 음식을 먹었다. 분명히 개에게는 입으로 줄을 당기는 것이 발끝으로 당기는 것보다 훨씬 더 쉬운데도 그랬다. 개는 모방을 할 줄은 알지만, 어떤 방식의 모방이 더 좋은지는 모르는 것 같다.

또한 개는 수량을 어느 정도 계산할 줄 안다. 한 실험에서 두 접시에 음식을 담아놓았다. 똑같은 음식이지만 두 접시에 놓인 음식의 양은 달랐다. 한 접시에는 먹이가 두 조각 있었고,

다른 접시에는 다섯 조각이 있었다. 개들에게 접시를 선택하게 하자 망설임 없이 먹이가 많은 쪽을 선택했다. 하지만 한 접시에는 세 조각을, 다른 접시에는 두 조각을 놓아두자 개들은 어느 쪽을 선택해야 할지 어려워했다. 두 개와 세 개처럼 차이가 적을 때는 개가 잘 구별하지 못했지만, 양의 차이가 클수록 개들은 쉽게 선택했다.

　어느 학자는 두 무리의 개가 서로 으르렁거리면서 대치하는 상황을 관찰했다. 이 학자는 더 큰 무리에 속하는 개들이 거의 항상 더 공세적이었음을 발견했다. 더 큰 무리가 안전하다는 것을 개들이 안다면, 상대적으로 더 큰 무리에 속한 녀석들이 더 대담해질 것이다. 이 학자는 한 무리가 다른 무리보다 월등히 클 경우, 작은 무리의 개들은 절대로 공세에 나서는 실수를 범하지 않는다는 사실도 알아냈다. 그렇다면 개는 각기 다른 무리의 상대적 크기를 평가할 줄 안다고 할 수 있다.

총각은 개와 함께 있을 때
여성의 환심을 더 많이 산다

　개의 조상은 늑대로 알려져 있다. 학자들이 늑대 개체군의 DNA와 개 개체군의 DNA를 비교한 결과, 개의 궁극적 조상이 늑대였음이 분명히 확인되었다.[38] 늑대에도 두 종류가 있었다. 공격성과 경계심이 매우 강한 놈들이 있었고 그렇지 않은 놈들이 있었다. 공격성과 경계심이 덜한 녀석들이 수십만 년 전 수렵채집민의 거주지에 자주 얼쩡거렸다. 이들은 수렵채집민이 버린 쓰레기를 뒤져 음식을 찾아 먹기도 했지만, 수렵채집민이 배설한 대변도 잘 찾아 먹었다. 인간이 배설한 대변은 의외로 영양가가 많을 뿐 아니라 한번 인간의 소화기관을 거친 것이므로 동물이 먹을 경우에 소화도 잘된다. 그래서 수렵채집민의 주거지 근처를 얼쩡대던 늑대들은 번성할 수 있었고 차츰 인간과 가까워지면서 애완동물인 개가 되었다는 것이다.

늑대가 개로 변하는 과정에서는 사회적 변화뿐만 아니라 생물학적 변화도 일어났다. 그 변화의 일부는 식성의 변화와 관련된다. 인간은 잡식성이므로 집에서 기르는 어린 늑대는 고기와 함께 식물의 찌꺼기를 먹는 데도 적응해야 했다. 이런 식습관의 결과, 몸집이 더 작아지는 쪽으로 적응하면서 먹는 양도 줄어들었다. 이렇게 변하는 과정에서 성적 성숙이 일찍 일어났다. 가축화된 개는 야생 늑대보다 훨씬 빨리 사춘기에 도달한다. 이런 변화는 소나 돼지 등 다른 가축의 경우에도 나타났다.

마지막 빙하기의 매서운 추위가 한풀 수그러들기 시작하던 무렵, 인간의 동반자로서 개가 처음 출현했다는 사실은 우연이 아니었을 것이다. 마지막 빙하기 이후 수천 년 동안 진행된 온난화와 환경변화에 유럽으로부터 서남아시아에 이르는 광범위한 지역에서 수많은 수렵인과 채집인은 다양한 방식으로 적응했다. 일부 수렵 집단은 유럽의 북부로 이동했다. 환경이 변화함에 따라 홀로 다니는 동물과 하늘을 나는 새와 물새가 많아졌고, 이들이 중요한 사냥감이 되었다. 그러자 처음으로 개가 인간 사냥꾼보다 육체적으로 더 뛰어남을 보이면서 동반자 이상의 진가를 발휘하게 되었다.

개의 탁월한 후각과 조용한 추적능력은 숲속에서 사슴이나 작은 설치류를 추적할 때 큰 효과를 발휘했다. 잘 훈련된 사냥개는 물새가 튀어 오르게 만들었고, 화살에 맞은 사냥감을 호수나 강에서 건져올 수 있었다. 오늘날에는 수많은 품종의 사냥개가 있다. 사냥개는 기본적으로 냄새로 사냥감을 추적하지만, 어떤 품종은 시력이 좋고 달리기가 빨라서 먼 거리에 있는 사냥감을 찾아내고 쫓아가서 죽인다. 어떤 사냥개는 사냥감이 튀어나오게 만드는 재주가 있으며, 또 어떤 사냥개는 굴을 찾아내고 굴 밖으로 나온 동물을 잡는 데 능하다. 수영을 잘해서 땅 위에서뿐만 아니라 물속으로 떨어진 새를 찾아오는 사냥개도 있다. 온갖 종류의 새, 그중에서도 특히 물새가 더 중요한 식량 공급원이 되는 상황에서 개는 울창한 덤불숲이나 물속으로 떨어진 사냥감을 회수하는 데 큰 도움을 주었다. 이런 모든 품종은 그들의 주인이 선택적 교배를 통해 만든 것이기도 하고, 훈련을 통해서 만든 것이기도 하다.

유럽, 특히 영국에서는 수 세기 전부터 애완동물 기르기가 유행했고, 살아 있는 동물의 거래가 성업을 이루면서 런던에만 2만 개의 노점상이 있을 정도였다. 개목걸이에서 개빗에 이르는 온갖 애견용품도 불티나게 팔렸다. 부유한 귀족들은 사냥개의 충직함을 높이 샀고, 귀부인들은 작은 애완견을 데리고 다니면서 애지중지했다. 영국의 제임스 1세는 국민보다 사냥개에 더 애정을 쏟았다는 비아냥도 받았다. 사냥에 푹 빠져 있던 일부 귀족 가정에서는 사냥개가 하인보다 더 나은 대접을 받았고, 지역 주민들보다 훨씬 더 잘 먹었다고 한다.

영국과 프랑스에서는 애견대회도 열렸는데, 곧바로 큰 인기를 끌었다. 그러자 애묘대회도 열렸고, 이 역시 큰 인기를 끌었다. 그만큼 부유한 가정에서는 애완동물로 개와 고양이를 많이 키웠다. 17세기에 살았던 프랑스의 정치가이자 추기경이었던 한 유명 인사는 여러 마리의 애완묘를 끔찍이 아꼈고, 고양이의 양육비로 유산을 남기기까지 했다.

오래전부터 수많은 연구를 통해 반려동물, 특히 개를 키우면 외로운 감정을 덜 수 있다는 사실이 알려져 왔다. 물론 한때는 이에 대한 반론도 있었다. 반려동물이 비위생적이고 질병을 옮길 위험을 안고 있다는 것이다. 그러나 공중보건 관련 의학이 발달함에 따라 질병의 위험은 크게 감소했다. 오히려 동물을 키우는 것이 질병 예방과 치료에 도움이 된다는 과학적 연구들이 1980년대 이후에 여러 나라에서 줄줄이 나타났다.[39] 그러면서 반려동물 덕분에 사람들이 덜 외로워졌다는 믿음에는 의심의 여지가 없게 되었다. 우울증이나 조증과 같은 정신병을 앓고 있는 환자들에게 동물을 이용한 치료, 이른바 '동물매개치료'가 효과를 보면서 이 치료가 의료 현장에서 빠르게 지지를 얻게 되었다. 그러자 의사들은 그런 환자들에게 개를 키우라고 권고하기에 이르렀다. 특히 동물매개치료는 어린이에게 효과가 있다고 한다. 휠체어에 의지하는 아이들은 보조견과 함께 있으면 미소와 친근한 눈길을 받거나, 심지어 다른 아이들이 말을 걸 확률이 훨씬 높아진다.

일상생활에서도 이런 현상이 흔히 나타난다. 예를 들면 개와 함께 있는 총각은 미소로 여성의 환심을 살 가능성이 그만큼 더 높아진다고 한다. 이에 대한 실험도 있다. 한 잘생긴 총각이 혼자일 때는 9퍼센트의 여성만이 그의 미소에 넘어갔지만, 개와 함께 있을 때는 그의 미소가 성공할 확률이 28퍼센트로 껑충 뛰었다. 이와 비슷한 또 다른 실험도 있다. 한 사람은 혼자 있게 했고, 다른 한 사람은 개를 데리고 있게 했다. 실험 결과, 개를 옆에 데리고 있는 남자에게는 미소를 짓거나 말을 거는 사람의 수가 열 배나 많았다. 그가 어떤 용모를 가지고 있고 어떤 복장을 하고 있느냐에 상관없이 옆에 붙어 있는 개들은 모든 종류의 행인을 자석처럼 끌어당겨 "안녕"이라고 말하게 했다.

개나 고양이 같은 반려동물의 큰 단점은 생명이 짧다는 점이다. 반려동물의 죽음은 주인의 마음에 큰 상처를 안긴다. 유럽에서는 옛날부터 반려견이나 반려묘가 죽으면 잘 묻어주었다. 19세기 초 영국의 유명한 낭만주의 시인이자 정치가로 활약했던 바이런은 자신의 개가 죽었을 때, "악의는 없고 오로지 사람의 선만 지녔다"라는 비문과 함께 고이 묻어주었다. 바이런의 시대에는 서민들 사이에도 반려동물 키우기가 서서히 일

부유한 귀족들은 사냥개의 충직함을 높이 샀고,
귀부인들은 작은 애완견을 데리고 다니면서 애지중지했다.
영국의 제임스 1세는 국민보다 사냥개에 더 애정을 쏟았다는
비아냥도 받았다.

사냥개 사랑이 남달랐던 제임스 1세

반화되었다. 이렇게 반려동물을 매장하다 보니 매장된 동물의
유골이 많이 발견된다.

유럽에서는 반려동물이 죽으면 묻어주는 관습이 오래전
부터 있었던 것 같다. 1914년 독일의 한 지역에서 고대의 무덤
이 발견되었는데, 개와 함께 주인으로 보이는 남자와 여자가 묻
혀 있었다. 이 무덤이 세간의 특별한 관심을 끌었던 까닭은 그
개가 1만 4,000년 전에 살았던 진짜 고대의 개였기 때문이다.
개 매장 전통은 수렵 사회와 농경 사회를 아울러 수만 년에 걸
쳐 이어져 온 것으로 보인다. 이스라엘의 어느 마을에서도 1만
1,000년 전의 무덤이 발견되었다. 이 무덤에는 한 노인과 함께
개이거나 늑대일 수도 있는 동물이 묻혀 있었고, 노인의 손이
그 동물의 가슴에 놓여 있었다. 역시 이스라엘에 있는 한 유적
에서 발견된 두 마리의 개는 기원전 9000~8500년의 사람들과
함께 묻혀 있었다. 스웨덴에서 발견된 무덤에는 열네 마리의
개가 있었는데, 그중 네 마리는 사람과 함께 묻혀 있었다. 북아
메리카 대륙에서도 개 무덤이 다수 발견되었고, 아시아에서도
반려동물 무덤이 발견되었다. 반려동물의 공동묘지가 일본 도
쿄에만 80군데가 넘는다고 한다.[40]

고대 사회에는 왜 이렇게 개가 사람과 함께 묻히는 일이
흔했을까? 사람들이 개를 끔찍이 아꼈기도 했겠지만, 아마도
개에 관한 미신도 한 요인이었을 수 있다. 옛날의 매장의식을
보면 많은 고대 사회에서 개는 영적인 존재로 취급되기도 했음
을 짐작할 수 있다. 힌두교는 개를 천국과 지옥의 수호자로 여

겼고, 고대 스칸디나비아인들은 개가 지옥문을 지키고 있다고 믿었다. 메소포타미아와 고대 이집트는 물론 그리스와 로마 사회에서도 개가 신화적으로 강력한 의미를 지니고 있었다는 사실은 분명하다. 개를 안치하는 위치가 망자의 영혼이 몸을 빠져나가는 머리나 얼굴 근처라는 점도 개가 장례의식에서 어떤 역할을 하는지 상징적으로 보여준다.

개가 마냥 귀여움만을 받았던 것은 아니다. 아직도 여러 나라에 개를 잡아먹는 풍습이 남아 있다지만, 개에 대한 가장 잔인한 학대는 투견일 것이다. 투견에 이용되는 개의 삶은 대체로 짧고 비참했다. 투견에서 패한 개는 죽임을 당하거나 주인의 냉대를 받는 경우가 흔했고, 승리한 개도 부상 때문에 고생하거나 죽는 경우가 많았다. 투견이 너무 잔혹하다 보니 전 세계 대다수의 나라가 이를 불법으로 금지하고 있다. 일례로 미국에서 투견은 1874년에 처음 금지되었지만, 미국의 모든 주에서 불법화된 것은 1976년이라고 한다.

개의 수가 대폭 늘어나자 영국에서는 개에 세금을 부과하자는 말이 나왔지만 성공을 거두지는 못하다가, 마침내 1796년 광견병 유행에 대한 우려가 개에 대한 세금 부과로 이어졌다. 많은 사람이 개가 광견병의 원인이라고 생각했지만, 광견병에 대한 우려가 지나치게 과장되기도 했다. 그래서 광견병의 위험이 있을 때마다 다수의 개, 때로는 수만 마리의 개들이 도살되었다. 한 역사학자에 따르면 19세기에 도살된 개 중에서 실제로 광견병에 걸린 개는 5퍼센트에 불과했다. 실제로 사람이 고대 사회에는 왜 이렇게 개가 사람과 함께 묻히는 일이 흔했을까?
사람들이 개를 끔찍이 아꼈기도 했겠지만, 아마도 개에 관한 미신도
한 요인이었을 수 있다. 옛날의 매장의식을 보면 많은 고대 사회에서
개는 영적인 존재로 취급되기도 했음을 짐작할 수 있다.

이집트의 개 미라를 묘사한 그림

광견병에 걸릴 확률은 극히 낮다고 한다. 과학자들의 말에 따르면 개뿐만 아니라 소·말·원숭이·토끼 등 대부분의 포유류가 광견병의 숙주가 될 수 있다.

가축화된 동물이 없으면 식인종이 된다?

인간과 말의 오랜 애착관계는 사냥터와 경마장에서 시작되었다고 하는데, 이때도 개가 끼어들었다. 유럽에서 사냥의 역사는 꽤 길다. 43년에 로마인들이 영국 본토에서 사냥개를 들여왔다는 기록이 있다. 중세 유럽의 귀족들은 정기적으로 여우 사냥을 했다. 많은 귀족이 사냥개를 따라다니기 위해 어릴 적부터 말을 탔으며, 경마가 인기 있는 스포츠가 되었다. 이미 18세기 후반 계몽주의 시대 이래 애완동물이 권력의 상징이 되었다. 왕이나 귀족의 초상화에는 애완동물의 모습이나 충직한 말을 타는 모습이 자주 등장했으며, 심지어 동물 초상화가 유행하기도 했다. 영국에서는 이미 이 시기에 말의 혈통서가 영국 말의 공식 등록 대장이 되면서 오늘날까지 이어져 온다. 18세기가 되자 도시가 팽창하고 도시 중산층이 등장하면서 애완동물 키우기가 유럽의 부유한 가정뿐만 아니라 중산층에서도 흔한 일이 되었다.

개와 고양이가 가장 흔한 반려동물이 되었지만, 19세기 유럽 사람들은 온갖 종류의 반려동물을 키웠다. 귀족들은 아시아와 아프리카의 이국적인 동물을 키웠고, 심지어 도심에서도 열대 조류와 뱀과 물고기를 길렀다. 토끼도 애완동물로 길렀고, 애완 토끼 대회까지 열렸다.

오늘날 반려동물의 범위가 확대되다 보니 이들 중에는 우리가 반려동물이라고 상상조차 하기 어려운 종들도 많다. 애완용 캥거루, 애완용 수달, 애완용 물수리, 심지어 애완용 뱀도 있다. 뉴기니 섬에서는 애완용 캥거루나 주머니쥐를 기르는 유럽인들을 가끔 보게 된다고 한다. 그렇게 유럽에서 온 정착민들도 토착민들과 똑같이 각 지역의 수많은 포유류와 조류를 길들이거나 반려동물로 삼았다. 화식조는 뉴기니 섬과 오스트레일리아 동북부 열대림에서만 서식하는 매우 큰 새인데, 날지는 못한다. 뉴기니인은 야생 화식조의 새끼를 잡아서 애완용으로 기르다가 어느 정도 자라면 별식으로 잡아먹는다. 다 자란 화식조는 종종 사람들의 배를 찢어놓을 정도로 지극히 위험하기 때문이라고 한다. 독수리는 가끔 조련사를 죽이는 것으로 알려져 있다. 일부 아시아 민족은 치타와 같은 사나운 반려동물을 길들여 사냥에 이용했다. 고대 이집트인이나 아시리아인이 그랬듯이 현대 인도인도 길들인 치타를 사냥에 이용한다.

동물의 가축화는 야생 동물을 개량하는 과정을 거쳤다. 대체로 가축은 가두어놓은 상태에서 인간의 용도에 맞도록 선택적으로 번식시킴으로써 야생 조상을 개량한 동물이다. 소는 젖의 양을 늘리는 방향으로 개량되었고, 이리는 사냥용 개, 애완용 개, 경주용 개 등으로 개량되었다. 코끼리는 길들이기는 했지만 가축이 되지는 못했다. 길들인 코끼리란 대체로 야생 코끼리를 잡아서 길들인 것이지 감금 상태에서 번식시킨 것이 아니다.

동물의 가축화는 최종 빙하기가 끝나고 정주형 농경 목축 사회가 생겨난 후 처음 몇천 년 동안 일어난 일이었다는데, 당시 농경민이 가축화 대상으로 주목한 것은 대형 초식성 육서 포유류다. 이들은 인간 사회에서 매우 귀중한 자원이었다. 가축은 고기·유제품·가죽·털·비료 등을 공급했을 뿐만 아니라 이외에도 육상 운송, 쟁기 끌기, 군대의 공격용 탈것 등 수없이 많은 역할을 감당했다. 그 엄청난 유용성 때문에 가축화에 적합한 대형 포유류라면 이미 고대 농경민이 빠짐없이 가축으로 길들였다. 고고학적 증거에 따르면 가축화된 동물은 모두 기원전 8000~2500년경에 인간이 길들인 것으로 알려졌다. 이 가운데 대형은 모두 14종으로 양·염소·소·돼지·말은 '주요 5종'에 속하며 낙타·라마·당나귀·순록·물소 등은 '기타 9종'에 속한다. 대형 포유류의 가축화는 이 14종으로 끝을 맺었으며, 전 세계에 두루 퍼진 주요 가축은 앞에 소개한 '주요 5종'뿐이다. 기원전 2500년 이후 그 14종 이외에 새로 생긴 중요한 가축은 하나도 없다.[41]

한 가지 놀라운 것은 그 많은 야생 동물 중 가축화된 동물은 이같이 극소수에 불과하다는 점이다. 전 세계의 대형 야생 초식성 육서 포유류는 148종에 달하며, 이들 모두 가축화 후보라고 할 수 있다. 하지만 그중 겨우 14종만이 가축화 시험을 통과했다. 물론 소형 포유류나 조류도 가축화되었다. 토끼·닭·오리·거위 등이 그 예다. 넓은 의미로 보면 꿀벌이나 누에나방과 같은 곤충도 가축화된 동물이라고 할 수 있다. 토끼는 중세에 와서야 비로소 식용으로 가축화되었고, 훨씬 뒤에 햄스터가 애완용으로 가축화되었다. 쥐와 생쥐는 20세기에 와서 실험용 동물이 되었다. 그러나 이런 소형 포유류나 조류들 대부분은 그 유용성이 제한적이라는 의미에서 대형 포유류 14종과는 비교가 되지 않는다.

　한 가지 신기한 것은 가축화된 대형 포유류 14종은 고대부터 유라시아에 집중되어 있었다는 점이다. 남아메리카에는 1종밖에 없었다. 이 1종에서 나온 것이 라마와 알파카라고 한다. 북아메리카·오스트레일리아와 사하라 이남 아프리카에는 단 1종도 없었다. 특히 사하라 이남 아프리카에 가축화된 토종 포유류가 없다는 것은 놀라운 사실이다. 오늘날 많은 관광객이 아프리카를 찾는 이유가 그곳에 야생 포유류가 매우 많고 다양하기 때문인데 말이다.

　이와 대조적으로 '주요 5종'을 포함해서 14종 중 13종의 야생 조상은 고대부터 모두 유라시아에 국한되어 있었다.[42] 그 이유를 어떻게 설명해야 할까? 먼저 한 가지 이유는 간단하다. 유라시아에는 대형 야생 육서 포유류의 종수가 가장 많았다.[43] 유라시아가 세계에서 가장 넓은 땅덩어리이기도 하고, 광활한 열대우림은 물론이고 온대림, 사막, 소택지 그리고 광활한 툰드라에 이르기까지 생태학적으로도 각양각색의 생물 서식지가 많이 있다. 따라서 다른 지역에 비해 동식물의 부류가 가장 다양할 수 있었다. 오스트레일리아와 남북아메리카는 홍적세 말기에 닥친 엄청난 멸종의 파도 속에서 대부분 후보종을 잃고 말았지만, 유라시아와 아프리카는 그렇지 않았다. 한참 지난 후 오스트레일리아·남북아메리카·아프리카 등지에서 각양각색의 문화를 가꾸고 살아가던 수많은 원주민들도 결국 대형 동물의 가축화를 기꺼이 받아들였지만, 유라시아에 비하면 수천 년이나 늦었다.

가축화할 수 있는 대형 포유류가 전혀 없었던 지역은 대체로 극빈 지역이다. 예를 들면 1인당 국민소득이 3,000달러에도 못 미치는 뉴기니가 그렇다. 현재 뉴기니에 존재하는 가축이라고는 돼지와 닭과 개뿐이고 그나마도 모두 불과 몇천 년 전에 동남아시아와 인도네시아를 거쳐 들어온 것들이다. 뉴기니 저지대 사람들은 물고기를 잡아서 단백질을 얻지만, 고지대 사람들은 심각한 단백질 부족으로 고생하고 있다. 뉴기니 고지대의 어린이들은 올챙이배를 하고 있는데, 이것은 단백질이 부족한 식사를 할 때 나타나는 특징이라고 한다. 뉴기니의 고지대에서 식인 풍습이 만연했던 궁극적인 이유도 단백질 결핍 때문이었을 것으로 추정된다.[44] 뉴기니인은 남녀노소를 불문하고 다른 지역에서는 잘 먹지 않는 생쥐·거미·개구리를 비롯한 작은 동물들을 일상적으로 잡아먹는다.

가축을 위한 헌혈제도가 필요하다

동식물의 가축화와 작물화는 곧 식량 생산의 급증을 가져왔고, 이는 가파른 인구증가와 조밀한 인구밀도로 이어졌다. 산업혁명 이전에는 대체로 인구가 늘어나면 식량과 각종 재화의 생산도 증가했다. 그러면 자연히 인구도 늘어났다. 다시 말해 생산과 인구 사이에는 선순환이 존재했다. 이 선순환을 깨뜨리는 최고의 악재는 전염병이 급속도로 퍼져 나가는 것이다. 과거 중세 때 흑사병이 유럽 인구의 4분의 1을 몰살시켰고, 이것이 유럽의 암흑기를 초래한 한 가지 요인이었다고 한다. 반대로 가축화와 작물화는 그 선순환을 촉진하는 중요한 요인이 되었다. 실제로 가축화와 작물화는 한 사회의 번성에 지대한 영향을 끼쳤다.

우선 앞에서 살펴본 대형 포유류 14종, 그중에서도 특히 '주요 5종'은 많은 지역에서 인간 생활의 판도를 엄청나게 바꾸어놓았다. 예를 들면 아메리카 나바호족 인디언이 스페인 사람으로부터 양을 얻은 후 이들의 사회가 크게 바뀌었다. 이들의 아름다운 양털 담요는 나바호족의 명성을 널리 알렸다. 유럽인이 개를 데리고 오스트레일리아 남쪽에 있는 외딴 섬, 태즈메이니아에 정착할 때까지 이곳 원주민은 개를 본 적도 없었다. 그 후 채 10년도 지나기 전에 원주민은 개를 대량으로 번식시켜서 사냥에 이용하기 시작했다. 다른 종에 비해서 주요 5종을 빨리 받아들인 아프리카의 원주민은 그곳의 원래 수렵채집민보다 크게 유리해짐으로써 재빨리 그들을 밀어냈다. 특히 소와 양을 얻은 반투족이나 코이산족 농경민들은 서아프리카의 고향 땅을 벗어나 짧은 기간에 사하라 이남 아프리카의 나머지 대부분 지역으로 진출하면서 전에 살던 수렵채집민을 괴멸시켰다.

주요 5종 중에서 말은 세계 여러 지역에서 전쟁의 양상을 완전히 변화시켰다. 기원전 1674년, 말 덕분에 이방인인 힉소스인이 당시 말이 없었던 이집트를 정복해 잠시나마 파라오로 군림하기도 했다. 마차와 같이 말에 멍에를 씌워 탈것에 연결하기 시작하면서 말의 유용성은 배가되었다. 말이 끄는 전차가 기원전 1800년경에 발명된 이래 근동, 지중해 연안, 중국 등지에서 벌어진 전쟁의 양상을 획기적으로 바꾸어놓았다. 다시 그 이후 안장과 등자(말을 탈 때 발을 디딜 수 있도록 안장에 달아 말의 양 옆구리로 늘어뜨린 발 받침대)가 발명되자, 훈족을 비롯한 아시아 지역의 여러 민족이 이것을 이용해 기마병을 대폭 강화할수 있었고, 나아가 로마제국과 그 뒤를 이은 국가들을 차례로 위협할 수 있었다. 그 영향은 13세기와 14세기에 몽골이 아시아와 러시아의 많은 지역을 정복하면서 절정에 달했다.

서아프리카에 말이 들어오면서 이 지역에는 기병대에 의존하는 여러 왕국이 들어섰다. 이런 현상은 근대에도 전 세계에서 두루 발견되었다. 예를 들면 19세기에 북아메리카의 대평원 인디언은 이미 능숙한 기마 전사이자 들소 사냥꾼으로 유명했다. 하지만 우리는 아메리카 원주민이 실로 오랫동안 말과 소총을 전혀 몰랐다는 사실을 쉽게 잊어버린다. 이 원주민이 처음 말을 갖게 된 것은 17세기 말엽이었다. 이 모든 사례는 가축화된 동물을 가지거나 그것을 더 잘 이용하는 방법을 알고 있었던 민족은 그렇지 못한 민족에 비해 막강한 군사적 이점을 누렸음을 일깨워준다.

스페인이 아메리카 대륙을 침입할 때도 말은 엄청난 이점이었다. 맨 처음 스페인 군대에 맞서 싸웠던 원주민 병사들은 우선 말을 보자마자 엄청난 공포감에 휩싸일 수밖에 없었다. 그들은 말을 난생처음 보았기 때문이다. 말은 공포심을 유발한 것으로 그치지 않았다. 스페인 기마병들은 인디언 파수꾼이 배후의 아군에게 적의 출현을 알리기 전에 손쉽게 이들을 앞지를 수 있었으며, 도망치는 인디언도 금방 쫓아가 쓰러뜨리고 죽일 수 있었다. 말이 돌진해 부딪칠 때 엄청난 충격을 준다는 점, 말은 조종하기 쉽다는 점, 그리고 신속한 공격이 가능하다는 점 때문에 탁 트인 벌판에서 보병들은 말 앞에서 거의 무력할 수밖에 없었다. 말은 20세기 초반에 이르기까지 장장 6,000년 동안이나 엄청난 위력을 발휘한 군사무기였으며 결국에는 모든 대륙에서 이용되었다. 그러다가 기병대의 군사적 우월성이 마침내 종말을 맞이한 것은 제1차 세계대전에 이르러서였다.

가축화된 대형 포유류는 19세기에 철도가 개발될 때까지 육상 운송의 주요 수단으로 이용됨으로써 인간 사회를 더욱 발전시켰다. 가축이 효과적인 운송 수단이 되려면 바퀴가 있어

이구에루엘라 전투에서 접전을 벌이는 스페인 기마병들의 모습(1431)

야 한다. 바퀴는 기원전 3400년경 흑해 부근에서 처음 나타났
는데, 그 후 몇 세기 이내에 유럽과 아시아의 많은 지역에 두루
모습을 드러냈다. 바퀴는 근대 산업사회에서 매우 유용한 물
건임에도 유독 유라시아에서만 그 전파 속도가 눈에 띄게 빨랐
다. 유라시아에는 대형 포유류 가축이 많았기 때문이다. 사실
바퀴는 고대 멕시코 원주민이 처음 발명했다고 한다. 하지만
놀랍게도 이들이 생각해낸 용도는 바퀴 달린 장난감이었다.
이들에게는 바퀴 달린 탈것을 끌게 할 만한 큰 가축이 없었기
때문이다.

유라시아에서는 바퀴에서 곧 톱니바퀴가 출현했다. 톱니
바퀴 장치에 연결해서 수력이나 풍력을 이용하는 시설들이 개
발되자 이 시설이 곡물 분쇄, 설탕 추출, 용광로의 풀무 작동,
광석 분쇄, 종이 제조, 기름 추출, 직물 생산 등 온갖 제조 작업
에 활용되면서 산업화가 급속도로 이루어지게 되었다. 이와는
대조적으로 그런 시설이 없었던 남북아메리카에서는 15세기
말까지만 해도 그 모든 작업을 여전히 인간의 근력으로만 해냈
다. 흔히 '산업혁명'이 18세기 영국에서 증기력을 이용했을 때
시작되었다고 보지만, 사실 산업혁명은 톱니바퀴를 이용하는
수력과 풍력을 기반으로 중세 유럽의 많은 지역에서 이미 시작
되었다는 견해도 있다.

가축화된 포유류가 인류에게 매우 유용하지만 한 가지 아
쉬운 점이 있다. 바로 대형 육서 초식동물의 종수가 놀라울 만
큼 적다는 것이다. 그러므로 이들은 인류에게 그만큼 더 소중

했다. 가축화·작물화된 동식물이 있었느냐 없었느냐, 이것이 유라시아에서 문자, 철제무기, 제국 등이 가장 먼저 발달했고 다른 지역에서는 늦어지거나 끝까지 발달하지 못했던 이유를 설명해주는 궁극적 요인이 된다는 주장도 있다.

가축이 유용하기 위해서는 우선 가축이 건강해야 한다. 인간처럼 가축도 각종 질병에 걸린다. 그래서 동물병원이 필요하다. 반려동물 인구 1,000만 시대에 걸맞게 그동안 동물병원의 수도 대폭 늘어났다. 동물병원의 수가 늘어나면서 이들이 당면한 문제 중 하나는 '동물의 피'다. 예를 들어 집에서 기르던 반려견이 교통사고를 당해 피를 많이 흘리면 긴급 수혈을 받아야 한다. 사실 역사적으로 보면 동물에 대한 수혈이 인간에 대한 수혈보다 먼저 있었다고 한다. 17세기에 영국에서 개에 대한 수혈이 성공한 지 얼마 뒤 인간에 대한 수혈도 성공했다. 하지만 인간에 대한 수혈은 20세기 세계대전 때에 와서야 비로소 본격화되었고, 총상을 입은 군인들 옆에는 '야전 수혈부대'가 있었다. 동물 수혈이 성공한 덕분에 인간에 대한 수혈도 성공했다고 하는데, 오늘날 인간에 대한 수혈은 크게 활성화된 반면 동물에 대한 수혈은 그렇지 못하다.[45] 여기에는 그럴만한 이유가 있다.

일반적으로 수혈치료는 대형 동물병원에서만 시행되며 치료비도 비싸다. 그런데 동물의 수혈에 필요한 피는 도대체 어디에서 나오는 걸까? 예를 들어 개의 경우, 우리나라에서 그 피는 주로 이른바 '공혈견'에서 나온다. 수색탐지를 위한 군견이 있고, 시각장애인을 보조하는 인도견이 있듯이 공혈견이라는 개가 있는데, 이들의 평생 임무는 다른 개를 위해 피를 제공하는 일이다. 주로 대형견이 공혈견으로 채택되는데, 많게는 한 달에 한 번씩 피를 뽑히며 평생을 산다. 공혈견을 기르는 곳은 동물혈액업체와 대형 동물병원이라고 한다.

　우선 공혈견의 숫자가 많지 않아 혈액공급이 원활치 않으므로 많은 동물병원이 개의 혈액을 구하는 데 어려움을 겪고 있다. 오직 대형견만이 공혈견이 될 수 있는데, 선진국과 달리 우리나라에서는 소형견을 많이 기르므로 개의 혈액을 구하기가 그만큼 더 힘들다고 한다. 게다가 돈벌이를 위해 특정 개가 평생 피를 뽑히면서 산다면 윤리적 문제가 제기될 수도 있다. 동물보호 운동이나 동물권 운동이 활발해지는 추세가 이런 윤리적 문제를 더욱더 심각하게 만든다. 가장 좋은 대안은 인간의 경우처럼 헌혈제도를 도입하는 것이다. 캐나다·영국·미국 등은 이미 공혈견 제도에서 헌혈견 제도로 전환하는 추세라고 한다.

　개는 스스로 헌혈하고 싶다고 말할 수 없다. 따라서 개의 보호자가 결정해야 한다. 보호자가 헌혈을 결정했다고 해서 헌혈에 대한 대가를 보호자에게 줄 수는 없다. 그렇게 되면 돈은 주인이 차지하고 개는 피만 뽑히는 신세가 되니, 여기에서도 윤리적인 문제가 발생한다. 따라서 헌혈에 대한 보상은 마땅히 해당 개에게 주어져야 한다. 그래서 통상 보호자에게 돈으로 보상하지 않고 헌혈하는 개에게 건강검진을 비롯한 여러 가지 서비스가 제공된다. 인간의 경우에는 헌혈이 권장되고 있고 헌혈 운동도 활발히 벌어지고 있지만, 동물의 경우에는 헌혈의 필요성을 일반 시민이 아직 잘 느끼지 못하고 있다. 그래서 동물병원 의사들은 동물 헌혈의 필요성을 일반 시민들이 잘 인식해주기를 권한다.

　　가축의 유용함은 말할 나위가 없지만, 가축화된 동물이 끼치는 해악도 없지 않다. 동물과 결부된 전염병이 대표적인 예다. 과거 식민지 시대에 유럽인이 아메리카, 오스트레일리아, 아프리카, 태평양의 여러 섬 등의 원주민을 정복할 때도 가축화된 동물에게서 나온 병원균들이 결정적인 역할을 했다. 유럽인은 이미 이 병원균들에 면역되어 있었지만, 일찍이 그 병원균에 노출된 적이 없었던 원주민들이 유럽인과 접촉하면 금방 치명적인 유행병이 돌기 시작했다. 심한 경우, 원주민 전체 인구의 99퍼센트까지 몰살되기도 했다. 쥐는 가축이 아니지만 가축처럼 인간과 가까이 사는 동물이라서 인간에게 치명적인 질병의 원인이 되기도 한다. 14세기에 유럽을 휩쓴 흑사병은 유럽 총인구의 30~60퍼센트의 목숨을 앗아갔다는데, 화물선의 검은 쥐에 기생하는 쥐벼룩이 이 병의 원인이었던 것으로 알려져 있다.

안나 카레니나의 법칙:
가축화되지 못한 이유는 가지각색

고대 14종은 신속하게 가축화되었으나 그 이후 새로운 가축을 개발하려는 노력은 현대에 이르기까지 제한적인 성공밖에 거두지 못했다. 그 이유는 고대 이후 농경민이나 목축민들이 가축화를 게을리 했기 때문이 아니다. 모든 대륙에서 이들은 가축화를 크게 환영했다. 심지어 유럽에서 다른 대륙으로 이주한 목축민이나 농경민들도 그 지역의 토종 동식물을 가축화·작물화하려고 많은 노력을 기울였지만 별 성과를 거두지 못했다. 이같이 현대에 이르기까지 더 많은 동물의 가축화 노력이 실패를 거듭했다는 사실은 그 실패가 사람 때문이 아니라 후보 종들의 단점 때문이었음을 시사한다.

물론 미국의 슈퍼마켓에는 가끔 들소 고기가 등장하기도 하고, 스웨덴이나 러시아에서는 말코손바닥사슴을 타고 다니거나 젖을 짜거나 썰매를 끌게 한다. 이 동물들을 가축화하려고 수많은 사람이 노력했지만, 다수 목장주의 관심을 끌 만큼 그 동물들의 경제적 가치가 올라가지는 않았다. 특히 놀라운 것은 최근 아프리카에서 일런드영양을 가축화하려고 했던 몇 차례 시도마저도 인기를 끌지 못했다는 점이다. 일런드영양은 이미 아프리카의 질병에 대한 저항력과 기후에 대한 내성이 있으므로 아프리카의 풍토병에 잘 걸리는 유럽산 야생 동물보다 훨씬 더 유리할 텐데도 말이다. 아무튼 수천 년 동안 많은 가축화 후보 종들을 접할 수 있었던 토착 목축민 그리고 현대의 유전학자들도 최소한 4,500년 전에 이미 가축화된 고대 14종 이외의 다른 대형 포유류를 유용한 가축으로 만드는 일에 성공하지 못했다.

그렇다면 전 세계의 대형 야생 초식성 육서 포유류 148종 중 14종을 제외한 나머지 134종은 왜 가축화 시험에서 떨어졌을까? 이들은 모두 '안나 카레니나의 법칙'에 따라 실격된 것이다. 톨스토이의 소설 『안나 카레니나』에는 다음과 같은 말이 나온다. "행복한 집집마다 행복한 이유는 비슷하지만, 불행한 집집마다 그 이유는 제각각이다." 예를 들면 담배를 안 피우는 이유는 비슷하지만, 담배를 피우는 이유는 제각각이다. 담배를 안 피우는 이유는 대체로 한 가지, 바로 건강 때문이다. 그러나 담배를 피우는 이유는 일이 잘 안 풀려서, 식구가 속을 썩여서, 술에 취해서, 맛이 있어서, 담배 연기가 구수해서, 심심해서 등 가지각색이다. 동물이 가축화된 이유는 그것이 우리에게 유용하기 때문이지만, 가축화할 수 없는 동물의 경우에는 '안나 카레니나'의 법칙이 시사하듯이 그 이유도 여러 가지인데, 적어도 다음과 같이 여섯 가지가 열거된다.[46]

① 식생

체중이 450킬로그램인 소를 키우려면 옥수수 4,500킬로그램이 필요하다. 그러나 똑같은 체중의 육식동물을 키우기 위해서는 옥수수 4만 5,000킬로그램을 먹고 자란 초식동물

4,500킬로그램을 먹여야 한다. 이렇듯 애초 너무나 효율이 떨어지기 때문에 육식성 포유류는 단 1종도 식용으로 가축화되지 못했다. 고기가 너무 질기다거나 맛이 없어서가 아니다. 우리는 육식성의 야생 물고기도 많이 먹는다. 사자 햄버거는 맛도 좋다고 한다. 물론 개를 잡아먹는 지역도 있다. 아스텍 시대의 멕시코, 폴리네시아, 고대 중국을 포함하여 아시아 일부 지역에서는 식용으로 개를 기르기도 했다. 그러나 개를 일상적으로 잡아먹는 풍습은 육류를 달리 구할 수 없는 인간 사회에서 마지막으로 취하는 수단이었다. 육식동물이 아닌 야생의 초식동물이나 잡식동물의 경우, 그들 대부분 목장에서 키우기에 자격 미달이다. 그들은 코알라처럼 즐겨 먹는 식물을 너무 까다롭게 고집하기 때문이다.

② 성장 속도

어떤 동물은 성장하기까지 오랜 기간이 걸린다. 고릴라나 코끼리가 다 자랄 때까지 장장 15년이 걸리는데, 그때까지 묵묵히 기다려줄 목장주가 어디 있을까? 현대의 아시아인이 사역용 코끼리를 얻고자 할 때도 차라리 야생 상태에서 사로잡아 길들이는 편이 훨씬 싸게 먹힌다고 한다.

③ 감금 상태에서 번식시키는 문제

인간은 남이 보는 앞에서 성행위 하기를 좋아하지 않는다. 귀중한 가축이 될 만한 동물 중에도 그런 녀석들이 있다.

지상에서 가장 빠른 동물인 치타를 옛날부터 수천 년 동안이나 인류가 몹시 가축화하기를 원했지만 그 노력이 번번이 틀어진 것도 바로 그 문제 때문이었다. 고대 이집트인이나 아시리아인, 현대 인도인 등에게도 길들인 치타는 수렵용으로 개보다 월등히 유용하고 소중한 존재였다.

현대 생태학자들조차 1960년에 와서야 처음으로 동물원에서 치타를 탄생시킬 수 있었다. 야생 상태에서는 치타 수컷 몇 마리가 암컷 한 마리를 며칠 동안이나 쫓아다닌다. 암컷은 이 난폭하고 긴 구애과정을 거쳐야만 배란을 하거나 교미 준비가 되는 듯하다. 그런데 우리에 갇힌 치타들은 대개 이처럼 피곤한 구애에 나서려고 하지 않는다.

안데스의 야생 낙타인 바쿠냐를 번식시키려는 계획도 비슷한 문제 때문에 번번이 좌절되었다. 이 동물은 털이 그 어떤 동물의 털보다도 섬세하고 가벼워서 귀한 대접을 받는다. 고대 잉카인은 야생 바쿠냐들을 울타리에 몰아넣고 털을 깎은 후 다시 풀어주는 방식으로 그 털을 얻었다. 오늘날에도 이 최고급 털을 원하는 상인들은 똑같은 방식을 이용하거나 야생 바쿠냐를 죽여서 털을 얻는 수밖에 없다. 이렇게 돈과 과시욕이라는 강력한 동기가 있는데도 털을 얻기 위해 바쿠냐를 감금 상태에서 번식시키려는 시도는 모두 실패하고 말았다. 그 이유는 바쿠냐들이 교미하기 전에 길고 복잡한 구애과정을 거치는데 감금 상태에서는 이 의식을 행하기가 어렵고 수컷들끼리는 사납게 싸우는 습성이 있기 때문이다.

④ 골치 아픈 성격

다른 면에서는 모두 가축화에 이상적인 후보 종인데도 단지 사람을 해치거나 죽이는 위험성 때문에 불합격 판정을 받은 동물이 많다. 가장 대표적인 예가 회색곰이다. 곰 고기는 값비싼 별미 음식으로 알려져 있다. 회색곰은 무게가 770킬로그램까지 나가고 주로 초식성이며 먹는 식물도 매우 다양하다. 또 인간이 남긴 쓰레기도 잘 먹고 비교적 빨리 자라는 편이다. 그러므로 가두어둔 상태에서 얌전하게만 굴면 회색곰은 훌륭한 비육동물이 될 것이다. 일본 아이누족은 회색곰 새끼를 일상적으로 길렀으므로 그러한 실험을 해본 셈인데, 이들은 새끼가 한 살가량 되었을 때 잡아먹는 편이 현명하다는 것을 알고 있었다. 회색곰을 그 이상 기르는 것은 자살행위이기 때문이다. 다 자라나서도 길이 들어 얌전한 회색곰은 본 적이 없었던 것이다.

다른 면에서는 적합한 후보 종이면서도 역시 불합격 판정을 받은 또 하나의 동물은 아프리카들소다. 아프리카들소는 빨리 성장해 금방 1톤이 넘고 서열 위계가 잘 갖추어진 무리를 이루어 산다. 다만 이들이 아프리카에서도 가장 위험하고 예측할 수 없는 대형 포유류라는 문제가 있다. 이들을 가축화하려고 했던 미치광이들은 그 과정에서 목숨을 잃는 위험을 감수해야 했다. 따라서 들소가 너무 크고 거칠어지기 전에 죽여야만 했다. 몸무게가 3~4.5톤에 달하는 하마도 그렇게 위험하지만 않았다면 훌륭한 가축이 되었을 것이다. 그러나 녀석들은 해마다 사자를 포함해 그 어떤 아프리카 포유류보다도 더 많은 사람을 죽인다.

위험성이 잘 알려지지 않은 후보 종들도 많다. 북아프리카산 나귀와 말은 성공적으로 가축화되었지만, 이들의 가까운 친척인 야생 당나귀 오나거는 가축화되지 못했다. 오나거는 난폭한 성격과 사람을 잘 무는 못된 버릇을 가지고 있다. 그래서 다른 면에서는 조상 당나귀와 비슷한데도 오나거는 끝내 가축화되지 못했다. 아프리카의 얼룩말 4종은 이보다 더 심하다. 이 4종을 가축화하려는 노력은 수레를 끌게 하는 데까지 진행되었다. 그러나 안타깝게도 얼룩말은 나이가 들면서 점점 더 걷잡을 수 없을 정도로 위험해진다. 물론 말 중에도 성질 못된 녀석들이 없지는 않지만, 얼룩말이나 오나거는 대부분 그렇다고 한다. 얼룩말은 사람을 꽉 물고 악착같이 놓지 않는 나쁜 버릇이 있다. 그런 이유로 미국의 동물원에서는 해마다 호랑이보다 얼룩말 때문에 부상당하는 관리자들이 더 많다고 한다. 그리고 얼룩말은 매우 민첩해서 밧줄을 던져서 잡기가 상당히 어렵다. 밧줄 올가미가 날아오는 것을 빤히 지켜보다가 재빨리 머리를 피해 번번이 벗어나기 때문이다.

⑤ 겁먹는 버릇

신경이 아주 예민한 종들은 감금 상태로 관리하기가 어렵다. 가두어놓으면 겁을 집어먹고 그 충격으로 죽어버리거나 탈출하려고 울타리를 마구 들이받다가 머리가 깨져 죽기 십상이기 때문이다. 가젤이 그러한 경우다. 가젤은 서남아시아 여러 지역에서 수천 년 동안 가장 자주 잡힌 사냥감이었다. 게다가 이 지역 최초 정착민들에게는 가젤이야말로 다른 어떤 동물보다도 가축화할 기회가 많은 동물이었다. 그러나 가젤류는 단 1종도 가축화되지 못했다.

⑥ 사회적 구조

가축화된 대형 포유류의 야생 조상들은 거의 대부분 사회성을 가진 동물이었다. 다시 말해 무리를 이루어 살고, 무리 구성원들 사이에 서열 위계가 잘 발달해 있다. 야생마 무리는 수컷 한 마리와 암말 대여섯 마리, 그 새끼들로 구성되어 있다.

이러한 사회적 구조는 가축화하기에 이상적이다. 인간이 그 위계질서를 고스란히 물려받아 이용할 수 있기 때문이다. 가축화된 말 무리는 우두머리를 따라가듯 줄지어 인간 지도자를 따라간다. 양·염소·소 등은 물론이고 개의 조상 무리에도 그와 유사한 서열 위계가 있었다. 이런 사회적 동물들은 목축에 적합하다. 서로 잘 싸우지 않으므로 한꺼번에 많이 모아둘 수 있다. 군거 동물들은 비좁은 우리 속에 갇혀서도 잘 지낼 수 있다. 야생 상태에서도 조밀한 집단을 이루고 살아가는 일에 익숙해져 있었기 때문이다.

이와 대조적으로 각자 독자적 세력권을 갖고 혼자 살아가는 동물들은 몰고 다니기가 거의 불가능하다. 자기들끼리 싸우고 인간을 알아보지도 않으며 본능적으로 복종하지도 않기 때문이다. 고양이 여러 마리가 한 줄로 늘어서서 사람을 졸졸 뒤따르거나 사람이 몰고 가는 대로 순순히 응하는 모습을 본 적이 있는가? 고양이를 좋아하는 사람들도 개와는 달리 고양이가 본능적으로 인간에게 복종하지 않으며, 이들에게 일을 시키기는 매우 어렵다는 사실을 잘 알고 있다. 고양이나 흰족제비는 그냥 반려동물로 기를 뿐이다. 그래서 세력권을 갖고 혼자 사는 동물들은 대부분 가축화되지 않았다. 그렇다고 반대로 무리를 이루고 사는 동물들 대부분이 가축화될 수 있느냐하면 그렇지는 않다. 대부분은 불가능하다. 그 이유는 여러 가지다.

첫째, 동물들의 무리는 다른 무리를 만났을 때 서로 섞여 어울리지 않고 각기 배타적인 세력권을 지키는 경우가 많다. 그 같은 동물의 두 무리를 한곳에 가둬놓는다는 것은 혼자 사는 동물의 수컷 두 마리를 한곳에 가둬놓는 것만큼 매우 어려운 일이다.

둘째, 연중 무리를 이루어 생활하던 동물도 교미 철이 되면 각자 세력권을 지키는 경우가 많다. 이때는 다른 개체의 접근을 참지 못하고 싸움을 벌인다. 대부분 사슴류와 영양류가 그렇다고 한다. 아프리카는 무리 지어 사는 영양류가 많기로 유명하지만, 그 영양들을 가축화하지 못한 주된 이유 중 한 가지도 바로 그것이었다. 흔히 아프리카의 영양을 떠올릴 때 가장 먼저 연상되는 것은 '넓은 지평선을 가득 채우며 밀집해 있는 영양 떼'겠지만 실제로 영양 무리의 수컷들은 교미 철이 되면 흩어져서 따로따로 세력권을 지키며 무섭게 싸운다. 이런 영양들을 양이나 염소나 소처럼 비좁은 울타리 속에 가둬놓기란 불가능하다.

마지막 이유 역시 대부분 사슴류와 영양류에 해당한다. 군거 동물 중에는 서열 위계가 분명하지 않고 우월한 지도자를 본능적으로 기억하지도 않는 종들이 많다. 결과적으로 사슴류나 영양류를 길들인 경우는 있지만 그렇게 길들인 사슴이나 영양을 떼로 몰고 다니는 광경은 볼 수 없다.

인간과 동물의 조화로운
공존은 가능한가?

반려동물 인구 1,000만 시대라고 하지만 한 해 버려지는 유기동물이 10만 마리가 넘는다는 어두운 이면이 있다. 이 10만 마리라는 숫자는 공식적인 것이고, 실제로는 그 서너 배는 될 것이라고 한다.

인간의 공격성과 잔인성

우리는 흔히 동물이 무척 공격적이라고 생각한다. 동물이라고 하면 으레 호랑이나 사자, 곰, 침팬지 등을 많이 연상하기 때문일 것이다. 하지만 매우 온순한 동물도 있다. 보노보나 양, 거북이를 보면 전혀 공격적인 동물이라는 생각이 들지 않는다.

그렇다면 인간은 어떨까? 인간의 공격성이나 잔인성은 타고난 것일까? 이 질문에 어느 학자는 "그렇다"라고 대답한다. 세계 어느 역사를 보더라도 가장 조직화된 공격기술을 뜻하는 전쟁은 수렵채집 사회부터 산업국가에 이르기까지 모든 형태의 사회를 설명하는 하나의 특징이 되어왔다. 예컨대 대부분의 유럽 국가들은 지난 3세기 동안의 대략 절반을 전쟁으로 보냈다고 한다. 인간은 외부의 위협에 비합리적인 증오심으로 반응하고, 필요 이상으로 강한 적개심을 품는 성향이 강하다. 인간은 사람들을 동료와 이방인으로 구분하려는 성향을 가지고 있으며, 이방인들의 행동에 두려움을 느끼고 공격을 통해 갈등을 해결하려는 성향이 있다는 것이다.

이런 연유로 인간의 공격성이나 잔인성을 바탕으로 전쟁을 설명하는 학자들이 적지 않다. 한마디로 인간의 공격 성향이 전쟁을 낳는다는 것이다. 최근 역사에서 우리는 전쟁과 관련된 학살을 너무나도 많이 보아왔기 때문에 자연히 우리의 유전자에 전쟁 성향이 새겨져 있다고 생각하기 쉽다. 하지만 최소한 현대의 전쟁에 관해서는 이런 주장을 그대로 적용하기는 어려울 것 같다. 예를 들어 나폴레옹의 병사들이 러시아인들에게 잔뜩 화가 나서 러시아 전쟁에 참여했다가 시베리아에서 얼어 죽었다고 생각하기는 힘들다. 그들은 대부분 명령에 따랐을 뿐이다. 베트남 전쟁에 참전한 미국 군인들이나 한국 군인들이 베트남인에 대한 분노를 가슴에 잔뜩 안고 그곳에 갔다는 말을 들어본 사람은 없을 것이다. 그들도 대부분 명령에 따랐을 뿐이다. 이라크를 침공한 미국의 병사들이 후세인 독재를 증오해서 그 먼 곳까지 기꺼이 갔다고 생각하기도 어렵다. 이렇게 보면 현대의 전쟁이 인간의 공격 본능 탓이라고 단정하기는 어려워 보인다. 그런데도 전쟁이라는 아주 복잡한 문제를 아직도 공격 본능과 결부 짓는 경우가 많다.

만일 인간의 공격성이나 잔인성이 타고난 것이라면, 그것은 길고 긴 수렵채집 시대를 거치면서 인간에게 체질화된 유산이라고 할 수 있다. 약 1,500만 년 전 기후가 크게 변하면서 유인원들의 본거지인 숲이 대폭 줄어들었다는 사실을 우리는 알고 있다. 그래서 당시 유인원들은 둘 중 하나를 택할 수밖에 없었다. 비좁아진 숲속의 안식처를 고수하든가, 아니면 성서에도 쓰여 있듯이 에덴동산을 떠나든가. 침팬지와 고릴라, 긴 팔원숭이, 오랑우탄 등의 조상들은 숲에 남았고, 그때부터 그들의 수는 서서히 줄어들기 시작했다. 반면에 인류의 조상들은 숲을 떠나 들판으로 내려왔다. 그러나 그곳에는 이미 오래전부터 들판의 삶에 효율적으로 적응한 동물들이 득실거렸다. 이들 중에는 맹수도 있었다. 그래서 인류의 조상은 이들과 맞서 싸우기도 하고 공격해서 포획해야 했다. 그러니 자연히 공격적일 수밖에 없었다. 비록 인류의 조상들이 야생 동물들보다 체력도 약하고 빠르지도 못했지만, 높은 지능 덕분에 효과적인 집단활동을 할 수 있었고 강력한 살상무기도 만들 수 있었다. 이것을 바탕으로 인류의 조상은 강력한 집단 사냥꾼이 되었다. 『털 없는 원숭이』의 저자는 오늘날 인류가 폭발적인 과학혁명을 이루었고 고도의 문화생활을 달성했지만, 그 번지르르한 껍데기 밑에는 아직도 '영장류의 본성'이 많이 남아 있다는 사실을 잊지 말아야 한다고 경고하면서, 아무리 아름다운 비단옷을 걸쳐도 원숭이는 원숭이고, 망나니는 망나니라고 꼬집는다.[47]

인간의 공격성이 타고난 것이라는 주장에 관해서는 반론도 있다. 어떤 학자는 인간의 공격성이 타고난 것이 아니라 전적으로 나쁜 환경 탓이라고 주장하면서 평화로운 사회의 사례들을 줄줄이 열거한다. 하지만 인간이 태생적으로 공격성을 가지고 있다고 믿는 학자들은 이런 주장에 반대하면서, 평소 아주 온순하고 평화로운 사람들이 어느 날 갑자기 잔인한 공격자로 돌변하는 사례들을 다수 제시한다. 예를 들어 아프리카 쿵족의 어른 세계에서는 폭력을 거의 찾아볼 수 없어서 이들은 "무해한 사람들"이라고 불렸다. 그러나 그리 오래전도 아닌 약 50년 전, 이 종족의 인구밀도가 높아지고 중앙정부의 통제가 느슨했던 시기에 그들의 1인당 살인율은 미국의 대도시에 맞먹는 수준이었다고 한다.

말레이반도의 세마이족은 더 극단적인 사례를 보여준다. 평소에 그들은 공격이라는 개념조차 모르는 것처럼 보였다. 살인은 전혀 찾아볼 수 없고, '죽이다'에 해당하는 단어도 없으며, 아이들은 매를 맞지 않고 자라며, 부모는 아이에게 비폭력의 관습을 정성 들여 가르친다. 1950년대 초 영국 식민 정부가 공산주의 게릴라들과 전투를 벌일 때 세마이족 남성들을 징집했다. 그러자 어느 인류학자가 이에 대해 비판적인 견해를 내놓았다. 세마이족을 아는 사람은 그들이 결코 군인이 될 수 없다는 것을 안다고 주장했다. 그러나 이런 견해가 틀렸음이 증명되었다. 전투 명령이 떨어지자 세마이족 병사들은 '피에 만취되어' 광기에 휩쓸린 듯이 보였다. 세마이족의 한 용사는 다음과 같이 말했다. "우리는 죽이고, 죽이고, 또 죽였다. (중략) 우리는 진정 피에 취해 있었다."[48]

이렇게 잔혹한 사례들이 많다 보니 여러 학자나 언론인들이 인류를 피에 굶주린 존재로 묘사해왔지만, 이들의 주장 역시 너무 과장되었다는 비판도 나왔다. 싸움에서 동물이 원하는 것은 살상이 아니라 패배요, 공격의 목표는 파괴가 아니라 지배라고 한다. 하지만 모든 동물이 다 그런 것은 아닌 것 같다. 다시 말해 그런 주장은 일반화하기 어렵다는 것이다. 동물들을 자세히 관찰한 결과를 보면, 목숨을 건 싸움과 영아 살해가 인간 사회보다 더 빈번하다. 심지어 어떤 동물들은 동족을 잡아먹기도 한다.

사실 인간이 공격적이라는 말은 애매모호하다. 공격적이라는 말은 상대적인 개념이다. 과연 어떤 기준으로 공격적인지 아닌지를 말할 수 있는가? 전체 개체의 총수에서 살해되는 개체의 수, 즉 살해율을 기준으로 삼아보자. 하이에나·사자·원숭이 등의 동물들을 대상으로 연간 1,000개체당 살해되는 개체 수를 추정해본 최근의 한 연구에 따르면, 인간은 공격적인 동물의 목록에서 꽤 낮은 순위를 차지하는 것으로 나타났다. 비록 공격 성향이 뚜렷하다고는 해도 우리 인간은 몹시 폭력적인 동물과는 거리가 멀다. 우발적으로 일어나는 전쟁까지 포함한다고 해도 별 변동이 없다. 암살, 소규모 전투, 총력전을 일상적으로 수행하고 있는 개미와 비교하면, 인간은 아주 얌전한 평화주의자처럼 보인다.

종교의 폭력성

동물과 구별되는 인간의 가장 큰 특징 중 하나는 아마도 종교일 것이다. 고대 그리스의 괴짜 철학자 디오게네스에 따르면 동물은 땅만 보고 살지만 인간은 땅뿐만 아니라 하늘도 보면서 사는 까닭에 종교를 가질 수 있게 되었다. 만일 종교가 인간을 온순하게 만들고 인간 사회를 평화롭게 한다면, 종교를 가진 인간 사회에는 다툼도 없고 전쟁도 없어야 할 것이다. 그런데 인간 사회에서 한 가지 아이러니는 사랑과 자비를 부르 짖는 종교가 인간의 공격성과 잔혹성을 자극하는 사례가 무척 많다는 점이다.

　　인류 역사를 보면 같은 신을 믿는 종교인들끼리도 서로 헐 뜯고 싸우는 일이 비일비재했다. 신의 말씀을 해석하는 방식 이나 신을 섬기는 방식이 다르다는 이유에서였다. 십자군 전 쟁을 비롯해 기독교도와 이슬람교도가 싸우는 사례들이 많았 기 때문에 우리는 흔히 기독교도가 믿는 신과 이슬람교도가 믿 는 신이 다르다고 생각한다. 하지만 이들은 같은 신을 믿는다. 이슬람교도가 믿는 '알라'는 하느님이라는 단어의 아랍어일 뿐이다. 기독교와 이슬람교가 같은 신을 믿게 된 이유는 이들 이 과거 유대교의 신을 받아들였기 때문이다. 그러니까 기독 교와 이슬람교는 고대 유대교의 분파라고 할 수 있다. 기독교 성경의 전반부는 순수하게 유대교의 경전이고, 이슬람교의 성 서인 『쿠란』의 일부는 유대교 경전들에서 유래했다. 『쿠란』은 가장 위대한 예언자 중 한 사람으로 예수를 꼽고 있으며, 그를 '메시아'라고 언급한다. 유대교 전통에서 '메시아'는 왕 또는 군사 지도자를 부르는 명칭이었다. 『쿠란』은 예수가 수행한 기적들을 자세히 기록하고 있는데, 그중에는 기독교 복음서에

나와 있지 않은 것도 있다. 『쿠란』은 예수뿐만 아니라 예수의 어머니인 마리아에 대해서도 자세히 언급하고 있다. 마리아는 『쿠란』에서 언급된 유일한 여성이며, 그녀의 이름은 기독교 복음서보다 『쿠란』에 더 자주 나온다고 한다.

　기독교·유대교·이슬람교는 같은 신을 섬기지만 각각 자신들이 믿는 신에 대한 해석이나 신을 섬기는 방식이 다르다. 로마제국 시대에 기독교가 공인된 직후 교회 지도자들 사이에 갈등이 불거졌는데, 바로 예수의 정체성을 둘러싼 의견 충돌이었다. 한쪽에서는 예수가 하느님에 의해 창조되었으므로 하느님과 동등하지 않다고 주장했고, 다른 쪽에서는 예수가 하느님에 의해 창조되지 않은 하느님의 아들이며 하느님과 동등하다고 주장했다. 더 심각한 의견 충돌은 '믿음'과 '실행'의 문제를 둘러싼 것이었다. 신을 굳게 믿는 것과 신의 가르침을 잘 실천하고 선행을 베푸는 것 모두 중요하지만, 어느 것에 더 무게를 두느냐는 교파에 따라 달라진다. 바로 이에 관한 견해 차이로 16세기 종교개혁 시기에 서방 기독교가 여러 종파로 분열되었다. 가톨릭교는 성모 마리아도 신격화해서 숭배하지만, 신교도는 오직 하느님만을 숭배한다. 신교도들이 정한 신조는 '오직 믿음으로만'이었는데, 이 신조의 밑바탕에는 선행보다 하느님에 대한 올바른 믿음이 구원에 가장 중요하다는 생각이 깔려 있다. 이에 반해 가톨릭교·유대교·이슬람교는 하느님의 말씀(계율)과 이것의 '올바른 실천'을 강조하는 경향이 강하다.

　같은 신을 믿는 신자들 사이의 다툼 중에서 16~17세기 유럽을 휩쓸었던 가톨릭교와 개신교 사이의 종교전쟁은 특히 악명 높다. 제3자의 입장에서 보면 사소해 보이는 견해 차이가 전쟁의 빌미가 된 적이 많았다. 가톨릭교와 개신교 모두 예수의 신성 그리고 사랑과 관용이라는 그의 복음을 믿었지만, 하느님이나 예수의 가르침에 대한 해석에서는 의견의 차이가 있었다. 예컨대 선행과 믿음 중에서 가톨릭교는 선행을 더 강조하는 반면, 개신교는 믿음을 더 강조하는 경향이 있었다. 이런 신학 논쟁은 16~17세기에 매우 격렬해져서 가톨릭교도와 개신교도 사이의 다툼으로 수십만 명이 살해되었다. 1572년 8월, 프랑스에서 가톨릭교도들이 개신교 공동체를 공격했다. 성 바르톨로메오 축일의 대학살로 불리는 이 공격에서 5,000~1만 명의 개신교도가 살해되는 데는 하루가 채 걸리지 않았다. 이 소식을 들은 로마 교황은 몹시 기뻐하며, 이 사건을 기념하기 위한 축하 기도회를 열었다.

이 대학살보다 더 참혹한 것은 독일에서 가톨릭교도들과 신교도들이 1618년부터 1648년까지 벌인 30년 전쟁이다. 이 전쟁은 유럽에서 로마 가톨릭교회를 지지하는 국가들과 개신교를 지지하는 국가들 사이에서 벌어진 종교전쟁이다. 이 전쟁은 유럽뿐만 아니라 인류의 전쟁사에서 가장 잔혹하고 사망자가 많은 전쟁 중 하나였으며, 사망자 수는 무려 800만 명에 이른다고 한다. 이 전쟁으로 독일 인구의 15~30퍼센트, 독일 남성의 거의 절반이 사망한 것으로 추정된다.[49]

약 600만 명의 유대인 생명을 앗아간 나치 독일의 홀로코

스트Holocaust도 종교와 관련이 있다. 유대인이 예수를 고발함으로써 예수가 처참한 죽음에 이르게 되었다고 믿는 기독교인에게 유대인은 실로 오랫동안 혐오의 대상이었다. 1517년 유럽에서 종교개혁을 선도한 루터Martin Luther가 유대인을 증오했음은 잘 알려진 사실이다. 심지어 루터는 유대인을 죽여야 할 기독교의 의무를 다음과 같이 함축성 있게 언급했다. "그들을 죽이지 않으면 그 책임은 우리에게 있다." 루터를 독일의 위대한 천재로 추켜세운 히틀러는 유대인 대학살을 감행하면서 『나의 투쟁』이라는 자신의 저서에서 다음과 같은 말을 했다. "오늘 나는 내가 전능한 창조주의 의지에 따라 행동하고 있다고 믿는다. 다시 말해, 나는 유대인들에 맞서 나 자신을 지킴으로써 주의 작품을 위해 싸우고 있는 것이다."[50] 흔히 자비의 종교로 알려진 불교의 역사도 폭력으로 얼룩져 있다. 예를 들면 불교가 국교인 스리랑카 정부의 힌두교도 탄압이 내전으로 비화하면서 8만~10만 명이 죽었다.

이같이 역사상 종교와 결부된 갈등이나 전쟁이 빈발하자 종교가 본디 폭력적이라는 주장이 제기되었다. 종교는 '우리'와 '그들'을 구분하는 하나의 명백하면서도 손쉬운 기준을 제공한다. 예컨대 '믿는 자'와 '믿지 않는 자'는 대체로 손쉽게 구분되고, 믿는 자들은 '올바르게 믿는 자'와 '올바르게 믿지 않는 자'로 구분된다. 마음에 들지 않는 신자는 올바르게 믿지 않는 사람으로 몰아붙인다. 종교는 '선'과 '악', '우리'와 '그들'을 구분하면서 상호 배타적인 흑백논리로 세상을 바라보기 때문에 필연적으로 폭력을 불러일으킬 수밖에 없다는 주장도 있다. 어느 학자는 다음과 같은 말을 했다. "특정 집단이 자기 집단을 신으로부터 선택받은 것으로 생각하고 자기 집단과 다른 집단들 사이에 명확한 선을 그으면, 적이 누군지 분명해지므로 폭력이 자행될 수 있다."[51]

종교학·사회학·정치학·역사학 등을 전공한 수많은 학자가 인류 역사상 종교와 폭력의 특별한 연관성을 고찰한 저서들을 펴냈다. 물론 그 많은 종교 관련 다툼이나 전쟁이 순전히 종교 탓이라고만 말할 수는 없다. 하지만 그 특성상 종교는 편 가르기에 아주 좋은 빌미가 되고, 그래서 종교가 정치와 결부되어 다툼이나 전쟁으로 치닫는 경우가 많았다. 최근의 좋은 예로는 1990년대의 보스니아 전쟁을 꼽을 수 있다. 보스니아에는 동방 정교회를 믿는 세르비아인, 로마 가톨릭교를 신봉하는 크로아티아인, 이슬람교를 믿는 보스니아인 등 세 민족 집단 사이에 갈등이 있었는데, 1980년 말에 등장한 어떤 정치가가 자신의 정치적 이익을 위해 오래된 이 민족 갈등을 부추긴 결과 보스니아 내전이 터졌고, 결국 무려 20만 명이나 되는 사망자를 낳았다.[52] 이를 두고 제2차 세계대전 이후 유럽 최대의 인종청소였다고 말한다.

종교가 본디 폭력적이라고 주장할 때의 종교는 대체로 일신교다. 일신교는 다신교에 비해 훨씬 더 광신적이고, 전도에 헌신하는 경향이 있으며, 다른 종교를 인정하는 데 인색하다. 단 한 분밖에 없는 신의 모든 메시지를 자신들만이 갖고 있다고 믿기 때문이다. 그래서 특정 일신교가 힘을 얻으면 다른 종교를 핍박해서 내쫓는 경향이 있다. 대표적인 일신교인 기독교는 로마제국의 국교가 된 이래 다른 종교를 축출하면서 계속 팽창하게 되었다. 기독교의 성공은 7세기 아라비아반도에서 출현한 또 다른 일신교인 이슬람교에 좋은 모델이 되었다. 이슬람교도 기독교와 마찬가지로 세상의 구석진 곳의 작은 분파로 시작했지만, 기독교보다 더 이상하고 놀라운 정복의 업적을 이룩했다. 아라비아 사막을 벗어나 대서양에서 인도에 이르는 어마어마한 제국을 건설하기에 이른 것이다. 이 시기를 기점으로 기독교와 이슬람교를 아우르는 일신교는 세계사에서 중심적 역할을 하게 되었다.

동물과 달리 인간은
살상무기와 종교를 가지고 있다

인간이나 동물들이 서로 싸울 때는 그럴만한 이유가 있다. 계급사회에서 우위를 확보하기 위해, 어떤 이익을 차지하기 위해, 특정 영역에 대한 텃세권을 확보하기 위해 싸운다. 정해진 영역이 없는 동물은 단순히 계급 우위를 확보하기 위해 싸우며, 계급제도가 없는 동물은 순전히 텃세권을 확보하기 위해 싸운다. 인류는 정해진 영역에서 계급사회를 이루고 있는 동물이다. 따라서 인간은 두 가지 이유, 다시 말해 계급사회에서 우위를 차지하기 위해, 또 텃세권을 지키기 위해 서로 싸워야 했다.

사회적 동물의 위계질서가 얼마나 엄격한지는 동물에 따라 다르다. 인간과 사촌지간인 침팬지나 원숭이 사회의 위계는 매우 엄격하며, 우두머리는 거의 폭군처럼 행세한다. 그러나 원래 인간 사회의 위계질서는 다른 동물의 위계질서에 비해 좀 덜 엄격했으며, 그럴 수밖에 없었다. 수렵채집 시대 인간의 주된 활동이 사냥이었기 때문이다. 사냥에는 고도의 협동이 필요할 뿐만 아니라 사냥꾼 각자가 치명적 무기를 가지고 있으므로 인간 사회의 우두머리는 침팬지 사회에서 보듯이 폭군처럼 행세할 수도 없었고, 부하를 함부로 다룰 수도 없었다. 따라서 수렵채집 시대부터 인간 사회는 비교적 온건한 계급제도를 택하게 되었고, 이에 따라 우두머리의 위상도 달라질 수밖에 없었다.

그러나 이같이 온건한 계급제도를 채택하면, 우두머리의 지도력이 그만큼 약할 수밖에 없다. 인간 사회의 지도자는 침팬지나 원숭이처럼 구성원들의 절대적 충성을 요구할 수도 없었기 때문에 그만큼 지도력에 공백이 생길 수밖에 없었다. 종교학자들에 따르면 이런 이유로 우리 조상들은 전지전능한 신을 창조함으로써 이 빈자리를 메웠다고 한다. 이렇게 창조된 신의 영향력을 인간 지도자들은 자신의 제한된 영향력을 보완하는 데 이용할 수 있었다. 이런 점을 이용해 종교가 막강한 영향력을 행사하는 경우가 많았지만, 사회의 응집력을 높이는 수단으로 중요한 역할을 맡기도 했다. 그런 종교는 또한 우리 인간이 집단적으로 다른 집단을 공격할 때 이것을 정당화하는 구실이 되는 경우가 너무나 많았다.

수백만 년 전부터 약 1만 년 전까지 이 지구에는 우리 인간의 조상을 비롯해 네안데르탈인, 호모 에렉투스 등 적어도 여섯 종의 인간이 살고 있었다고 한다. 여기에서 이상한 점은 옛날에 여러 종이 살았다는 사실이 아니라 오히려 지금 딱 한 종만 살아 있다는 사실이다. 아마도 우리 인간의 조상이 자원을 둘러싼 경쟁과정에서 다른 종을 대량 학살했을 것으로 추정된다. 현대의 경우를 보아도 인간 집단이 피부색이나 언어, 종교의 작은 차이만으로도 곧잘 다른 집단을 몰살했다는 사실에 비추어 볼 때, 관용은 인간의 특성이 아니라고 주장할 수도 있다. 『구약성서』를 보면 주님의 명령에 따라 다른 집단을 '쳐 죽인다'는 말이 무수히 나온다. 어쩌면 인류는 가장 잔인한 종일지도 모른다.

물리적 싸움이 벌어졌을 때 인간의 반응과 다른 영장류의 반응은 재미있는 대조를 이룬다. 다른 영장류에게는 대개 이빨이 가장 중요한 무기지만, 우리 인간에게는 손이 가장 중요한 무기다. 영장류는 움켜잡고 물어뜯지만, 우리는 움켜잡고 조이거나 주먹으로 때린다. 한걸음 더 나아가 인간은 손에 무기를 들 수 있다. 아주 어린 아이들이 싸울 때도 돌을 던지거나 손에 막대기를 쥐고 휘두른다. 침팬지나 원숭이들이 손에 무기를 들고 자기들끼리 싸운다는 것은 생각하기 어렵다. 인간은 상대가 누구든 긴급할 때는 언제든지 무기를 휘두르게 되었다.

　　동물들의 싸움에서는 싸움 당사자들 사이의 거리가 가깝다. 하지만 무기를 이용하는 인간의 경우에는 그렇지 않다. 역사적으로 볼 때 인간의 싸움방식에서 나타나는 한 가지 특징은 전투 당사자들 사이의 물리적 거리가 점점 더 멀어지는 경향이 있다는 점이다. 창보다는 활을 이용하면 먼 거리에서 살상이 가능하고, 총을 이용하면 훨씬 더 먼 거리에서 살상이 가능하며, 지대지 미사일을 이용하면 눈에 보이지 않는 아주 먼 곳에 이르기까지 대량 살상이 가능하다. 거리가 멀어진다고 해서 무기의 살상 효과가 줄어드는 것은 아니다. 이 결과 패배자는 멀리 있거나 가까이 있거나 상관없이 무차별로 살해당한다. 이런 경향이야말로 인류를 참사로 몰고 가는 한 요인이다. 다른 동물의 경우, 공격의 목적은 적을 죽이는 것이 아니라 복종시키는 것이다. 적은 궁지에 몰리면 달아나거나 복종하기 때문에 보통 생명을 파괴하는 마지막 단계는 오지 않는다. 그러나 인간의 경우, 전쟁 당사자들 사이의 거리가 너무 멀어서 승자가 패자의 복종 신호를 읽을 수 없을 때가 많고, 따라서 격렬한 공격이 계속되고 대량 살상이 발생한다.

　　특별히 발달한 우리 인간의 단합정신은 이 파괴행위를 거들고 부추기는 요인이 된다. 이 과정에서 종교도 한몫한다. 집단 내 협동정신은 사냥과정에서 개발된 중요한 자질이지만, 오늘날에는 다른 동물이 아니라 우리 자신한테 큰 피해를 미치고 있다. 같은 인간끼리 싸울 때도 자기편을 도우려는 강력한 충동을 느끼게 된 것이다. 오래전 함께 사냥할 때 동료에게 바치던 충성이 인간끼리 싸울 때 동지에게 바치는 충성으로 바뀌었고, 이것이 전쟁을 부추겼다.

수렵채집 시대의 인류는 사냥감을 죽이는 전문 사냥꾼으로 진화했기 때문에 자연히 경쟁자를 죽이는 살인자가 되었고, 적을 죽이는 것이 우리가 타고난 성향이 되었다는 주장도 있다. 하지만 이런 주장은 지나친 면이 있다. 우리 인간의 성향이 동물의 성향과 근본적으로 다르다는 증거보다는 오히려 비슷하다는 증거가 더 많다. 동물이 원하는 것은 살상이 아니라 상대를 패배시키는 것이요, 공격의 목표는 파괴가 아니라 지배다. 이 점에서는 우리도 근본적으로 다른 동물과 차이가 없어 보인다. 다만 인간의 경우에는 공격이 너무 멀리서 이루어지며, 집단이 협동정신으로 똘똘 뭉쳐 있으므로 전쟁에 동원되는 사람들은 원래의 목표가 무엇인지 잘 알 수 없게 되어버렸다. 그들은 이제 적을 지배하기 위해서가 아니라 동료를 돕고 적을 죽이기 위해 공격하게 되었다. 적이 직접 복종의 몸짓을 보였을 때, 이를 관대하게 받아들이는 타고난 성향을 발휘할 기회가 거의 없거나 전혀 없어졌다. 이 불행한 변화가 인류를 파멸시키는 원인이 되어 인류의 급속한 멸종으로 이어질 것인지는 두고 봐야 할 일이다.

동물학대와 동물의 멸종

인류와 가장 가깝고 살아 있는 친척이라고 할 수 있는 대형 유인원 3종인 고릴라·침팬지·보노보(피그미 침팬지) 등의 분포는 모두 아프리카에 국한되어 있다. 이런 사실은 풍부한 화석 증거와 더불어 인류 진화의 초기 단계가 바로 아프리카에서 진행되었다는 증거다. 인류의 역사는 그곳에서 대략 900만 년 전부터 500만 년 전 사이에 시작되었다고 한다. 아프리카에 살던 인류는 틈만 나면 유럽이나 아시아로 진출했지만, 자연재해 특히 혹한 때문에 번번이 실패했다. 그러다가 대략 1만 년 전부터 기후가 온난해지고 안정되면서 인류가 본격적으로 유럽과 아시아로 뻗어나가는 데 성공했다.

시베리아는 예나 지금이나 항상 추웠다. 극한의 추위에 대처하는 데 필요한 기술이 생긴 것은 약 4만 년 전 인류가 유럽에 진입한 시기였고, 시베리아에 사람이 살게 된 것은 그로부터 2만 년 후였다. 그리고 그 후 인간은 시베리아를 거쳐 아메리카 대륙으로 진출했다. 아메리카 대륙에 인간이 살았음을 확실하게 증명하는 가장 오래된 유적은 기원전 12000년경으로 추정되는 알래스카 유적들이다. 그다음으로는 미국과 멕시코 지역에 이 무렵의 것으로 추정되는 유적이 많이 남아 있다. 3만~4만 년 전에는 오스트레일리아와 뉴기니에도 인간이 살기 시작했다. 오스트레일리아와 뉴기니에 사람이 살게 되었다는 것은 곧 배가 있었다는 뜻이며, 현재로서는 그것이 역사상

처음으로 배가 사용되었다는 증거라는 점에서 중요한 의미가 있다.

인간이 일단 어느 대륙에 진출하면 그 대륙이 인간으로 가득 차는 데는 오랜 세월이 걸리지 않았다. 예를 들면 아메리카 대륙 전역에 사람이 가득 차는 데는 채 1,000년이 걸리지 않았다. 호기심과 창의성이 발휘되면서 다른 지역들을 탐사하고 적응하는 일도 신속하게 진행되었을 것이다. 그리고 해안지방의 수렵채집 사회로부터 새로운 식량 저장 방식들을 활용하는 농경 사회에 이르기까지 다양한 사회 형태가 나타나는 것도 단 몇 세기로 충분했다.

흔히 아프리카는 대형 포유류의 대륙으로 첫손에 꼽힌다. 그러나 현대 유라시아에도 대형 포유류는 많다. 가령 아시아에서는 코뿔소와 코끼리, 호랑이가 있고 유럽에는 말코손바닥사슴과 곰 등이 있다. 유럽에는 고대까지 사자가 있었다고 한다. 물론 유라시아에는 아프리카처럼 대형 포유류가 눈에 띄게 많지는 않았다. 비록 그 대형 동물들의 숫자가 크게 줄어들었다고는 하지만, 그 대부분이 그런대로 명맥을 유지하고 있다. 다만 호랑이를 비롯한 몇몇 종은 멸종위기에 처해 있다고 알려져 있다. 그러나 다른 대륙, 예컨대 오스트레일리아와 아메리카 대륙의 경우에는 다수의 대형 포유류가 아예 사라졌다.

최초의 인류가 오스트레일리아·뉴기니·아메리카 대륙까지 진출한 것은 인류 역사상 중요한 사건 중 하나로 꼽히지만, 지구 동식물의 입장에서 보면 매우 치명적인 사건이기도

하다. 이 침입자들은 현지의 생태계를 알아볼 수 없을 정도로 바꿔버렸다. 예를 들면 인간이 침입하기 전 오스트레일리아에는 다른 곳에서 볼 수 없었던 각종 진기한 초대형·중소형 동물들이 서식하고 있었다. 특히 유대목의 포유동물이 오스트레일리아에서 크게 번성했다. 인근의 뉴기니도 비슷했다. 물론 오스트레일리아는 가장 작고 고립된 대륙이라서 과거 어느 시점에서 보더라도 유라시아·아프리카·남북아메리카보다는 훨씬 적은 수의 대형 야생 포유류가 있었을 것이다. 하지만 예전에는 오스트레일리아와 뉴기니에도 거대한 캥거루를 비롯한 대형 유대류나 소 정도 크기의 코뿔소·표범 등을 비롯한 다양한 대형 포유류가 있었다. 또한 180킬로그램에 달하는 타조 비슷한 날지 못하는 새도 있었고, 1톤이나 나가는 도마뱀, 땅에 사는 악어, 거대한 뱀 등 인상적인 대형 파충류도 있었다고 한다.

그러나 인간이 오스트레일리아와 뉴기니에 진입한 이후 몇천 년 지나지 않아 대형 동물은 사실상 모두 사라졌다. 현재 오스트레일리아와 뉴기니에는 체중이 45킬로그램인 캥거루보다 큰 포유류는 아예 찾아볼 수 없다. 과거 몸무게 50킬로그램이 넘는 오스트레일리아의 동물 24종 중 23종이 멸종했다. 이보다 작은 종도 대량으로 사라졌다. 오스트레일리아 부근의 여러 섬에서도 여러 가지 동물이 전멸하는 경우가 많았다. 모리셔스 섬의 도도새는 그러한 희생물의 하나로 거의 멸종의 상징이 되었다. 그리고 선사 시대에 인간이 이주했던 대양 섬(대륙에서 멀리 떨어진 대양 속의 섬)의 경우에도 자세히 조사된 곳에서는 많은 동물이 멸종했음이 밝혀졌다. 그중에는 뉴질랜드의 모아새, 마다가스카르 섬의 거대 여우원숭이, 하와이의 날지 못하는 대형 거위 등이 포함되어 있다.

이와 똑같은 일이 아메리카 대륙에서 반복되었다. 인류가 진출하기 전 남북아메리카에는 아프리카와 거의 맞먹을 만큼 대형 야생 포유류가 많았다고 한다. 약 1만 5,000년 전까지만 해도 미국 서부는 오늘날의 아프리카 세렝게티 평원과 비슷한 모습이었다. 코끼리 떼와 말 떼가 수두룩했고, 그 뒤를 사자와 치타들이 쫓아다녔다. 곰 크기의 설치류, 낙타, 무게 8톤에 키 6미터에 이르는 거대한 땅나무늘보, 산양 등 이색적인 종도 많았다. 이 밖에도 오늘날에는 전혀 알려지지 않은 대형 동물 수십 종이 있었다. 아메리카 대륙은 진화의 거대한 실험실로서 아프리카와 아시아에는 알려지지 않은 동식물이 진화하고 번성했던 곳이다. 그러나 인류가 발을 디딘 지 2,000년이 지나지 않아 이들 유일무이한 종 대부분이 사라졌다. 오늘날의 추정에 따르면 그 짧은 기간 동안 북아메리카에서 대형 동물 47속 중 34속이, 남아메리카에서는 60속 중 50속이 사라졌다. 남북 아메리카 대륙에서 멸종된 포유류들의 뼈가 대단히 많이 발견되었다는 사실이 그 증거다.

세계자연기금WWF은 최근 발표한 한 보고서에서 1970년 부터 2016년까지 불과 50년도 안 되는 짧은 기간에 전 세계에서 동물 개체군의 68퍼센트가 사라졌다고 밝혔다. 특히 오스트레일리아와 남북아메리카 등지에서 수많은 거대 동물이 한꺼번에 멸종했다. 이 멸종의 원인으로 어떤 학자들은 기후변화를 꼽기도 한다. 그러나 이런 설명에 대해서는 강한 의문이 제기된다. 물론 기후변화의 영향을 무시할 수는 없지만, 오스트레일리아의 기후변화는 눈에 띨 만큼 급격한 것도 아니었고, 지구상에서 기후는 항상 변하게 마련이다. 과거 오스트레일리아·뉴기니·남북아메리카의 대형 동물들은 이미 수차례에 걸친 빙하기를 겪으면서도 살아남았다. 그런데 왜 하필 현대에 와서 그렇게 많은 동물이 한꺼번에 멸종했을까? 만일 그 학자들의 주장처럼 오스트레일리아의 기후변화가 대량 멸종을 초래했다면, 해양 생명체도 큰 타격을 받았어야 한다. 하지만 지난 수천 년 동안 오스트레일리아 해양 동물의 개체 수가 현저하게 줄었다는 증거는 없다.

멸종에 관한 한 가지 유력한 단서는 그 멸종 시기가 대부분 인류가 오스트레일리아와 남북아메리카 대륙에 진출했던 시기와 일치한다는 것이다. 예를 들면 미국 그랜드캐니언 부근의 대형 동물들이 멸종한 시기가 이 지역에 수렵인들이 도착한 시기와 일치한다. 더욱이나 이 지역에서 늑골 사이에 창촉이 박힌 매머드의 유골이 많이 발견된다는 사실은 그 멸종이 우연이 아니라 인간 때문임을 암시한다. 역사적 기록은 인류를 생태계의 연쇄 살해범으로 보이게끔 만든다. 사실 오스트레일리아에서 일어난 것과 유사한 대량 멸종이 지난 수천 년간 인류가 새로운 지역으로 진출해서 정착할 때마다 거듭거듭 벌어졌다. 인류와 가장 가까운 친척이라고 할 수 있는 대형 유인원 3종인 고릴라·침팬지·보노보(피그미 침팬지)가 멸종하지 않은 이유는 이들이 인류의 고향인 아프리카에서만 서식하고 있었기 때문인지도 모른다.

특히 놀라운 사실은 유라시아에서는 이미 많은 포유류가 가축화되었는데도 유독 오스트레일리아나 아메리카 대륙에서는 비슷한 포유류가 가축화되지 않은 경우가 많다는 점이다. 왜 그럴까? 유라시아와는 달리 왜 오스트레일리아와 아메리카 대륙에서 수많은 동물이 한꺼번에 멸종되었을까? 한 가지 유력한 설명은 동물을 살상하는 무기의 개발에 시차가 있었다는 것이다. 아프리카나 유라시아에서는 동물을 살상하는 무기들이 오랜 세월에 걸쳐 서서히 개발되었고, 동물들도 이에 적응할 충분한 시간을 가질 수 있었다. 그러는 동안 동물의 가축화가 얼마나 이로운지를 인간이 잘 알 수도 있었으므로 동물을 함부로 죽이지 않았을 것이다.

그러나 아메리카 대륙이나 오스트레일리아와 뉴기니의 경우에는 이미 고도로 발달된 살상무기가 개발된 후에 이를 장착한 인종들이 신대륙에 진출하는 통에 그곳 동물들이 아주 손쉬운 사냥감이 되는 운명에 처했다. 예를 들어 마오리족의 조상이 뉴질랜드에 도착한 후, 세계에서 지형이 가장 험한 곳까지 모아새를 한 마리도 남기지 않고 전멸시키는 데는 몇 세기밖에 걸리지 않았다. 캥거루를 제외한 수많은 야생 동물이 멸종한 결과, 오스트레일리아와 뉴기니의 원주민에게는 토종 가축이 단 한 종도 남지 않게 되었다. 이것이 오스트레일리아와 뉴기니 원주민이 계속 원시적인 생활을 영위할 수밖에 없는 근본 원인이 되었다.

이런 잔인한 사례들을 보면 우리 조상들이 자연과 더불어 조화롭게 살았다는 급진적 환경보호 운동가의 말은 믿기 어렵다. 산업혁명 훨씬 이전부터 인류는 지구상에서 가장 많은 동물과 식물을 멸종으로 몰아넣은 가장 치명적인 종이라는 불명예 기록을 보유하고 있었다. 바다의 대형 동물은 육지의 대형 동물들에 비해 인간 폭력의 피해를 상대적으로 덜 받았다. 하지만 오늘날 바다 생물의 많은 종이 산업공해와 인간의 해양자원 남획 탓에 멸종의 기로에 놓여 있다.

동식물 보호를 위한 범지구적 노력

이같이 동식물 멸종이 급격하게 진행되자 이에 대한 지구인의 우려도 한층 깊어졌다. 이 결과 멸종을 방지하고 동식물을 보호하기 위한 노력이 다양하게 전개되고 있다. 우선 국제적인 노력으로는 '멸종위기에 처한 야생동식물종의 국제거래에 관한 협약CITES'을 꼽을 수 있다.[53] 1973년 미국의 수도 워싱턴에서 이 협약이 체결된 까닭에 이를 '워싱턴 협약'이라고도 한다. 이 협약은 야생 동식물종의 국제적인 거래가 동식물의 멸종을 촉진하는 한 원인이라는 문제의식 아래 그러한 거래를 제한함으로써 상어·천산갑·회색 앵무새 등 3만 3,000종의 생물 종을 보호하는 데 그 목적을 두고 있다. 천산갑은 등껍질을 가진 포유류로 아시아와 아프리카의 열대 지역에 주로 서식한다. 최근 이 '멸종위기에 처한 야생동식물종의 국제거래에 관한 협약'을 통해 밀렵이 동식물 멸종의 한 원인임을 널리 알림으로써 밀렵에 대한 경각심이 크게 높아지기도 했다. 아프리카에서는 코끼리와 코뿔소가 밀렵의 주된 대상이 되면서 그 개체 수가 급격히 감소하고 있는 것으로 알려져 있는데, 2021년 케냐에서는 상아를 모아 불에 태우는 행사를 통해 밀렵꾼들에게 강한 메시지를 전달하기도 했다. 밀렵에 대한 경각심이 높아지면서 여러 나라가 밀렵을 방지하기 위한 대책을 내놓고 있다. 코끼리 상아에 대한 가장 큰 수요처인 중국은 2021년 상아 수입 금지령을 발표한 바 있다. 코끼리는 넓은 지역에 흩어져 살고 있으므로 코끼리 서식지를 보호하는 것만으로도 다른 많은 종을 보호할 수 있다.

동식물을 보호하기 위한 또 하나의 중요한 국제협약은 '유엔 생물다양성협약'이다. 여러 차례의 협의를 거쳐 1993년에 발효된 이 협약에 우리나라는 154번째 회원국으로 가입했다. 이 협약이 발효된 이래 사라져가던 동물 48종이 멸종위기에서 벗어났다. 그 대표적인 예가 몽골 초원지대를 누비던 야생말이다. 거의 사라져가던 이 말을 보호하기 위한 노력이 진행되면서 지금은 760마리로 늘어났는데, 이 정도면 인간의 도움 없이 군집을 유지할 수 있다고 한다. 푸에르토리코 앵무새도 1975년 야생 상태로 13마리만 남았지만, 이 역시 복원사업

밀렵에 대한 경각심이 높아지면서 여러 나라가
밀렵을 방지하기 위한 대책을 내놓고 있다.
코끼리 상아에 대한 가장 큰 수요처인 중국은
2021년 상아 수입 금지령을 발표한 바 있다.

중국 경찰과 세관원들이 압수한 상아를 폐기하는 모습(© plavi011 / Shutterstock.com)

덕분에 이제는 멸종위기에서 벗어났다. 이 밖에도 유럽의 이베리아 스라소니, 미국의 캘리포니아 콘도르, 인도의 피그미 멧돼지도 멸종위기에서 벗어난 것으로 확인됐다.

우리나라에는 '야생생물 보호 및 관리에 관한 법률'이 있고 동물보호법도 있다. 야생생물 보호 및 관리에 관한 법률은 멸종위기 종에 관한 각종 금지행위와 의무사항을 명시하고 있으며, 서식지 보전과 멸종위기 종에 관한 조사·연구, 멸종위기 종의 복원사업 추진을 규정하고 있다. 동물보호법은 동물학대 행위를 금지하고 있다. 동물보호단체가 조사한 바에 따르면, 해외 선진국들은 동물의 소유자에게 동물의 보호·관리 의무를 부과하고, 이를 어기면 처벌한다. 예를 들면 미국의 수도에서는 극한의 날씨에 적절한 피난처 없이 동물을 15분 이상 방치해서는 안 된다는 규정이 있고, 이를 어길 때는 벌금을 부과한다. 미국의 33개 주는 혹한·혹서·악천후 등에 대한 기준을 명시하고 이로부터 동물을 보호하고 있다. 예컨대 미국의 수도와 펜실베이니아 주는 '기온 0도 이하 또는 32도 이상'에서 동물을 보호조치 없이 야외에 방치하는 행위를 금지하고 있다. 캘리포니아 주는 동물을 영구적으로 묶어서 기르는 것을 금지하며, 독일·스위스·오스트레일리아 등 또한 동물을 묶어 기르는 것을 원칙적으로 금지하고 있다.

사실 유럽에서는 일찍부터 동물학대 방지를 위한 법률이 있었다. 동물 생체 해부와 각종 동물학대 행위가 이런 법률을 제정하는 계기가 되었다. 기독교의 교리가 지배하고 있는 유럽에서 동물학대 행위가 성행했다는 것은 언뜻 이해가 되지 않는다. 그러나 인간을 모든 생물의 정점에 올려놓고, 하느님이 인간에게 동물을 이용할 권리를 부여했다는 성경의 교리가 동물학대를 용인하는 편리한 근거가 되었다는 견해도 있다. 심지어 동물을 기르는 것조차 좋지 않게 보는 교파도 있다. 예를 들면 프란체스코 수도회가 1260년 나르본 총회에서 정한 강령에는 다음과 같은 내용이 명시되어 있었다. "어떤 수사나 수녀도 동물을 길러서는 안 된다. (중략) 다만 청결하지 않은 것을 치우기 위한 고양이나 특정 종류의 새는 예외로 한다." 동물에 대한 이런 부정적 시각도 있었지만 여러 나라에서는 동물학대를 방지하기 위한 법률이 제정되었다. 1635년에 아일랜드에서는 양털 뽑기를 금지하고, 대신 자르거나 깎도록 하는 법률이 통과되었다. 영국 식민지였던 미국 매사추세츠 주에서 1641년에 통과된 한 법에는 "인간은 이용을 위해 기르는 짐승에 대해 어떤 잔혹한 행위도 해서는 안 된다"라고 명시되어 있다.[54]

수소를 묶어놓고 개가 물어뜯게 하는 '소 괴롭히기'나 투견 같은 대중놀이가 성행했던 영국에서도 동물학대를 방지하기 위한 제도적 시도가 있었다. 소 괴롭히기 방지를 겨냥해 1800년 최초의 동물보호 법안이 영국 하원에서 심의되었지만, 의원들의 관심을 얻지 못해서 기각되자 동물 괴롭히기와 투견을 반대하는 대중운동이 펼쳐졌다. 이 투쟁의 결과, 1822년 '소 학대 방지법'이 제정되었고, 2년 후에는 동물학대방지협회가 발족했다. 그러나 낚시나 여우 사냥, 기타 총기를 이용한 사냥

같은 귀족들의 야외 스포츠는 법의 테두리에 구애받지 않고 계속 유지되었다.

우리나라의 경우, 동물을 죽음에 이르게 하는 학대행위를 더욱 강하게 처벌하도록 동물보호법이 개정되었지만, 끔찍한 동물학대 범죄가 반복되고 있다. 공영방송의 촬영현장에서 동물을 소모품처럼 이용하는 사건들이 이어지면서 공분을 사는 경우가 많다. 최근에는 KBS 방송국이 사극을 제작하는 과정에서 주인공이 낙마하는 장면을 촬영하려고 말을 넘어뜨려 죽인 사건이 터지자 한 동물보호단체가 "그동안 지속적으로 제기돼온 촬영현장에서의 동물학대 문제를 여실히 드러낸 사건"이라고 비난했고, 동물학대 유형을 더 구체화하는 등 관련 법을 보완할 필요가 있다는 전문가의 지적도 나왔다.

인간과 동물의 건전한 공존은
결국 우리를 위한 것

반려동물 인구 1,000만 시대라고 하지만 한 해 버려지는 유기동물이 10만 마리가 넘는다는 어두운 이면이 있다. 이 10만 마리라는 숫자는 공식적인 것이고, 실제로는 그 서너 배는 될 것이라고 한다.[55] 유기동물만 문제가 되는 것이 아니다. 잇따른 길고양이 살해, 끈끈이에서 발버둥 치는 새끼 고양이, 고양이 매질, 강아지 매단 채 오토바이 질주하기 등 동물학대가 나

날이 잔혹해지고 있고, 이에 관한 영상의 공유도 빈번해지고 있다. 그런 끔찍한 동물학대 장면이 언론에 자주 고발되면서 많은 사람이 분노한다. 그러면서 각종 동물보호단체도 많이 생겼다.

우리나라뿐만 아니라 거의 대부분의 문화에서 동물을 잔혹하게 다루는 것은 비윤리적인 행위로 간주된다. 그래서 각종 법률로 그런 비윤리적인 행위를 규제한다. 우리나라 현행 동물보호법은 동물학대와 살해에 각종 벌금형과 징역형을 규정하고 있지만, 고의로 동물을 학대하지 않는 한 법의 잣대를 적용하기 어려우므로 법의 실효성이 의문스럽다고 동물보호단체들은 지적하고 있다. 형량이 너무 낮을 뿐만 아니라 그나마도 현장에서는 제대로 실시되지 않고 있다고 한다. 최근 여러 동물보호단체가 국내 개 농장과 도살장의 동물학대를 지자체에 고발했지만, 이에 대해 적절한 조치가 내려진 사례는 별로 없다고 비판한다. 이들은 동물학대 범죄에 대한 수사와 처벌을 강화하고, 각종 동물학대에 대한 감시와 예방 사업 등을 적극적으로 실시할 수 있는 행정적 토대를 조성하며, 동물을 실질적으로 보호하는 환경을 만들어야 한다고 주장한다. 이에 따라 농림부는 단계적으로 동물학대 형량을 높이며, 법무부는 동물을 물건으로 취급하는 현행법을 개정하려는 움직임을 보이고 있다.

이런 가운데 교육기관의 각종 동물실험도 시빗거리가 되고 있다. 동물보호론자의 입장에서 보면 많은 동물실험이 잔인해 보일 것이다. 동물보호단체는 진통제를 투약한 쥐를 50도로 달궈진 철판 위에 올려놓고 쥐의 고통 반응을 확인하는 실험이라든지, 쥐에게 항우울제를 투여하고 수조에 빠뜨린 뒤 언제까지 포기하지 않고 수영을 계속하는지 살펴보는 실험 등을 예로 든다. 동물보호법은 잔인한 동물실험을 제한하기 위한 원칙들을 명시하고 있지만, 현장에서는 제대로 지켜지지 않고 있다고 한다.[56]

그러나 동물보호를 주장하다 보면 부정적인 반응에 직면할 때가 많다. 동물보호를 위한 모금활동은 "불우한 이웃이 많은데, 동물에게 쓸 돈이 있으면 사람부터 살려야지"라는 꾸짖음을 듣게 되고, 동물이 고통을 느끼지 않게 도축하자고 주장하면 "그러려면 아예 잡아먹지를 말든가"라는 핀잔을 듣게 되며, 고기를 먹지 말자는 채식주의자들의 주장에는 "고기를 안 먹고 어떻게 살아!"라는 반발이 나온다. 동물실험을 금지하자고 주장하면, "동물실험을 통해 개발된 약으로 수많은 사람을 치료하는데도?"라는 비난을 사게 된다. 동물에 대한 사람들의 주장은 이같이 앞뒤가 맞지 않는 부분이 너무 많다.

그렇다고 중구난방만 있는 것은 아니다. 동물보호를 정당화하는 철학도 있다. 그중 하나는 공리주의다. 공리주의는 동물도 인간처럼 고통과 쾌락을 느끼는 존재임을 전제한다. 그렇다면 인간이 느끼는 쾌락과 고통 그리고 동물이 느끼는 쾌락과 고통을 똑같이 고려해야 한다고 공리주의는 말한다. 그러나 동물권을 내세우는 사람들은 이런 철학을 강하게 거부한다. 그런 식으로 생각한다면 인간에게 큰 이익을 가져다주는 인간실험도 정당화되며, 전체의 큰 이익을 위한 소수의 희생도 정당화된다. 공리주의 사고방식은 결국 인간에게도 해로울 수 있다는 것이다. 공리주의의 또 한 가지 근본적 난점은 쾌락과 고통의 총량만 따질 뿐 '권리'에 무심하다는 사실이다. 이익을 추구할 수 있는 존재만이 권리를 가질 수 있다는 말이 있다. 길거리의 돌멩이는 이익을 추구하지 않는다. 따라서 돌멩이에게는 권리가 인정되지 않는다. 그러나 동물도 인간과 다름없이 자신의 이익을 추구한다. 따라서 동물 역시 자신의 이익에 부합한 삶을 추구할 권리를 가지며, 이러한 권리를 인정하는 것으로부터 동물권에 관한 논의를 시작하자는 것이다. 동물을 끔찍이 사랑했다고 알려진 공리주의 철학자 벤담은 '동물권'이라는 개념의 토대를 세운 사상가 중 한 사람으로 꼽힌다. 근대 교육 이론의 창시자로 알려진 로크는 "보이는 모든 동물에게 부드럽게 대하도록" 어린이를 가르치는 것이 중요하다고 강조했다.[57]

　각종 동물보호단체의 요구는 단순히 동물을 보호하자는 데서 그치지 않는다. 근래에 이들도 동물권을 열심히 외치기에 이르렀다. '동물권'은 생명체로서 동물이 생명을 유지할 권리, 즉 생명권을 핵심으로 한다. 그러나 근래에는 동물권이 단순히 생명권만을 의미하는 것이 아니라 고통을 피하고 학대당하지 않을 권리도 포함한다. 독일과 오스트리아 등 선진국들은 헌법에 동물의 생명권을 명시하고 있다는데 우리나라에서도 한때 동물권을 헌법에 명시하자는 주장이 제기되었지만 아직까지는 입법화되지 못했다.[58] 동물 관련 단체들은 현행 각종 동물보호 조치들이 그저 인간의 너그러움을 보일 뿐이지 동물의 권리를 적극적으로 인정하는 것은 아니라고 비판하면서, 단순히 동물을 보호하는 차원을 넘어 동물권을 확실하게 인정해야 한다고 주장한다.

그렇다면 왜 굳이 동물권을 인정해야 하는가? 물론 동물학대가 비윤리적이기 때문에 동물권을 인정함으로써 애초 그런 비윤리적인 행동을 차단하자는 뜻도 있다. 하지만 현실적으로 더 중요한 것은 동물권 인정이 인권보호와 무관하지 않다는 점이다. 동물을 학대하는 사람은 언젠가는 인간도 학대하게 된다. 동물을 학대하는 행동은 그만큼 사회성이 결핍되어 있다는 증거라는 것이다. 반대로 동물을 잘 배려하는 습관은 사회성을 기르는 데도 큰 도움이 된다고 한다. 인도의 사상가 간디는 동물을 대하는 태도를 보면 그 나라의 인권보장 수준을 알 수 있다고 말한 적이 있다. 동물은 사회적 약자다. 한 사회가 동물권을 보장하는 정도는 그 사회가 약자를 대하는 태도에 관해 하나의 좋은 척도가 될 수 있다. 동물권 옹호 단체들 역시 비슷한 얘기를 한다. 이들은 동물들 역시 인간과 함께 살아가는 사회 구성원의 일부로서 보호받을 권리가 있다고 주장하면서, 동물권의 옹호는 결과적으로 인권신장에도 도움이 된다고 말한다.

동물학대 범죄는 사람을 대상으로 한 강력 범죄와 상관관

계가 높다고 보고하는 다수의 연구 결과들은 이런 동물권 옹
호론에 힘을 실어주고 있다. 미국의 한 동물구조단체가 1975년
부터 1996년까지 21년 동안 고발된 동물학대범을 전수조사한
결과에 따르면, 이들 중 45퍼센트는 살인, 36퍼센트는 가정폭
력, 30퍼센트는 아동 성범죄를 저질렀던 것으로 나타났다. 동
물학대범이 사람을 폭행할 확률은 일반인보다 다섯 배 더 높다
는 점도 밝혀졌다. 2005년 미국의 가정폭력 피해 여성 4,700여
명을 조사한 보고서에 따르면, 가해자의 83퍼센트가 반려동물
을 폭행 또는 살해한 전과가 있었다.[59] 우리나라에도 이런 연
구 결과를 뒷받침하는 사례들이 많이 있다. 한때 우리 사회를
떠들썩하게 했던 연쇄살인범들을 조사해본 결과 이들의 동물
학대 전력이 다수 드러났고, 그중 한 명은 기르던 개 여섯 마리
를 망치로 때려 살해한 사실도 밝혀졌다. 이런 사례들은 동물
학대 전력이 사회적 약자인 노인·여성·어린이에 대한 폭력으
로 이어질 수 있음을 강하게 시사한다.

　　반대로 동물권이 존중되고 동물학대가 줄어든다면, 그만
큼 인권존중 풍토가 더 잘 조성될 것이다. 다른 생명체의 고통
을 충분히 인식하고 이를 배려하는 사회라면 성차별, 인종 혐
오, 아동학대를 묵과할 리 없지 않겠는가. 이런 주장을 뒷받침
하는 자료들도 많이 나오고 있다. 실제로 미국에서 동물권 논
의가 널리 퍼진 이후 동물학대 건수가 급감하고, 이와 함께 성
차별, 아동학대, 인종 혐오 등의 범죄도 줄어들었음을 보여주
는 방대한 자료가 있다.[60] 국내의 전문가들 역시 동물을 학대

동물도 인간과 다름없이 자신의 이익을 추구한다.
따라서 동물 역시 자신의 이익에 부합한 삶을 추구할
권리를 가지며, 이러한 권리를 인정하는 것으로부터
동물권에 관한 논의를 시작하자는 것이다.

하는 습관이 사람을 향한 범죄로까지 이어질 수 있다고 말한다. 국내외 연쇄살인범 다수가 동물학대 전력이 있는 것으로 보고됐다. 이에 관련된 한 연구 논문은 "동물학대는 학교폭력, 가정폭력 등 대인범죄와 밀접한 관련이 있는 것으로 꾸준히 보고되어왔다"고 지적하고, 대인범죄를 방지하기 위해서라도 동물학대에 대한 처벌을 강화해야 한다고 주장한다.[61]

반려동물을 기르는 가정이 많아지고 있지만, 동물을 귀여워하는 것과 동물권을 인정하는 것은 다른 얘기다. 반려동물을 기르는 사람들은 자신들이야말로 동물의 권리를 잘 보호하는 사람들이라고 주장할지도 모른다. 그러나 반려동물을 기르는 사람이 자신의 개를 더 예쁘게 만들기 위해 염색을 하거나 귀와 꼬리를 자르는 행위는 동물을 존중하는 행위라고 보기 어렵다. 엄밀히 말해 남녀평등권을 주장하는 것이 '여성애호'와 다르듯이, 동물권을 요구하는 것은 '동물애호'와 다르다. 애호는 취향이므로 해도 되고 안 해도 된다. 하지만 권리의 문제는 좋고 싫음의 영역이 아닌 당위의 영역이다. 그럼에도 미국의 경우를 보면, 초창기에는 동물권에 관한 논의가 주로 '동물애호가'들 사이에서만 오고 가다가 결국 미국 사회 전반으로 퍼졌던 것은 사실이다.

동물권을 주장하는 이유는 인간과 동물의 건전한 공존이 중요하기 때문이기도 하지만, 또 한 가지 중요한 점은 동물권 인정이 인간들 사이의 건전한 공존에 기여하기 때문이기도 하다. 다시 말해 인간과 동물의 건전한 공존뿐만 아니라 인간과 인간 사이의 건전한 공존을 위해서도 동물권의 인정이 큰 의미를 가진다는 것이다. 반려동물보호가 아이들의 교육에 좋다는 주장도 있다. 인간에 비하면 매우 짧은 반려동물의 삶이 생로병사를 다 보여주기 때문에 삶과 죽음에 관해 깊이 생각해볼 기회를 주기 때문이라고 한다.

반려동물이나 가축은 대체로 인간과 공존할 수 있도록 잘 길들인 것들이다. 그러나 중요한 것은 반드시 길들인 동물만이 인간과 공존하는 존재가 아니라는 점이다. 분명히 길들이지 않았는데도 인간과 밀접한 상호관계를 가진 야생 동물들은 수없이 많다. 케냐의 목축인과 '꿀잡이새'의 상호관계를 예로 들 수 있다. 꿀잡이새는 벌집을 찾아내고, 목축인인 보란 족은 벌집을 채취한다. 이 둘의 상호관계는 오랜 세월에 걸쳐 이어져 내려왔고 대단히 돈독해서 보란족 사람들에게 꿀잡이새를 죽이는 것은 살인행위나 다름없다.

꿀잡이새는 밀랍과 그 밖의 벌집 성분을 좋아한다. 꿀잡이새는 밀랍을 소화할 수 있는 몇 안 되는 새 중 하나라는데, 문제가 하나 있다. 꿀잡이새는 벌집을 찾을 수는 있지만 꺼내지는 못한다. 인간은 벌집을 뜯어내어 꿀을 꺼낼 수는 있지만 벌집을 찾기가 어렵다. 건기가 끝날 무렵이 되어 곤충이 귀해지면 꿀잡이새는 먹이로 밀랍을 찾는다. 보란족도 그 시기가 되면 식량과 우유가 부족해져서 꿀로 눈을 돌린다. 보란족과 꿀잡이새가 꿀을 찾는 시기는 이 둘이 평소에 먹는 주식이 부족해지는 시기와 일치한다. 그래서 이들은 독특한 공생에 의

존해서 함께 먹이를 찾는 것이다. 이들은 공생관계에 따라 함께 이동하기도 한다. 유목을 하는 보란족은 끊임없이 이동하고, 꿀벌도 이주하는 습성이 있으며, 꿀잡이새는 활동 범위가 넓다. 꿀잡이새의 안내 덕분에 인간은 벌꿀을 찾는 시간을 크게 줄일 수 있고 성공률도 높다. 꿀을 채집한 사람은 벌집의 일부를 꿀잡이새의 몫으로 남겨준다. 이런 예에서 보듯이 인간이 야생 상태의 동물과 좋은 관계를 유지하는 것도 넓은 의미에서 인간과 동물의 공존을 유지하기 위해 꼭 필요한 것이다.

보란족과 꿀잡이새 사이의 이런 협력은 기본적으로 역할 분담을 바탕으로 한 것이고, 그것은 대단히 바람직하다. 꿀잡이새는 벌집을 찾는 데 뛰어나고, 목축인은 그것을 캐는 데 뛰어나기 때문이다. 물론 이같이 능력의 차이가 크지 않을 경우에도 역할 분담이 생산성을 높일 수 있다. 각자 한 가지 일에 집중하다 보면 생산성도 높아질 수 있기 때문이다. 하지만 역할 분담이 고착하면 자칫 시대착오적인 편견을 낳을 수 있다. 예를 들면 노동자는 무식하고 자본가는 유식하다는 식의 편견이다. 우리나라에서나 서구에서도 남성은 직장을 다니고 여성은 집안일을 전담하는 생활방식이 상당 기간 지속된 탓에 남성은 유능하고 여성은 무력하다는 편견이 생기기도 했다.

서양에서 이런 편견을 깨뜨린 획기적인 계기 중 하나는 아이러니하게도 제2차 세계대전이다. 이 전쟁은 인류 역사에서 가장 끔찍한 파괴를 가져왔지만, 또한 몇 가지 놀라운 일을 성취할 길을 닦기도 했다. 유럽에서는 모든 국민에게 의료 혜택을 베푸는 국민보건 서비스를 탄생시켰다. 그리고 성 평등 사회를 움직일 바퀴도 돌렸다. 남성들이 전장으로 떠나자 일손이 모자란 일터를 여성들이 숱하게 채웠다. 미국에서는 제2차 세계대전 기간에 약 600만 명의 여성이 노동시장에 발을 들였다. 그리고 이들은 제 몫을 능숙하게 해냈다. 종래 남성이 주로 하던 일을 여성도 훌륭히 해낼 수 있음을 여실히 보여준 것이다. 그러자 여성이 직장에서 성공을 추구해서는 안 된다는 식의 주장은 전쟁이 끝난 뒤에 거의 사라졌다.[62]

하지만 제2차 세계대전은 인류에게 암울한 교훈을 던지기도 했다. 이 전쟁만으로도 엄청나게 많은 인명이 희생되었지만, 그 후로도 베트남 전쟁, 이라크 전쟁, 아프가니스탄 전쟁, 소말리아 내전, 세르비아 내전 등 수많은 인명을 앗아간 전쟁이 끊이지 않았다. 더욱이 우려스러운 것은 과학의 발달과 더불어 정교한 대량 살상무기가 끊임없이 개발되고 있다는 점이다. 인간의 잔인성, 편 가르기와 타 집단에 대한 적개심 등 인간의 본성이 대량 살상무기의 개발 및 이용과 연결되면, 인류의 멸망이 초래될 수 있다는 우려는 이미 여러 학자가 제기한 바 있다. 인간이 지닌 유전자는 "인간아, 딴 짓 그만하고 새끼나 많이 낳아라!"라고 명령한다. 유전자의 이런 명령을 충실히 따르는 생명체는 번성하고 그렇지 못한 생명체는 도태되는 것이 자연의 법칙이다. 하지만 인간은 딴 짓을 너무 많이 한다. 게다가 생활수준이 높아지면서 그런 유전자의 명령을 어기고 아이를 낳지 않으려는 사람들이 늘어나고 있다. 우리나라도 예외는 아니다. 이런 추세가 계속되면 50년 후에는 대한민국 국민이 이 지구상에서 사라질 것이라는 우려의 목소리가 점점 커지고 있다.

대량 살상무기의 개발, 생태계 파괴와 지구 온난화, 여러 국가의 인구감소 추세 등이 합쳐지면서 근래에는 동물의 멸종과 인류 멸망에 관한 주장이 많이 나오고 있다. 사실 인류의 역사를 되돌아보면 인류는 이미 여러 차례 멸종위기를 맞았다. 약 5만 년 전 인류가 아프리카에 몰려 살 때 화산 폭발과 자연재해로 거의 멸종위기에 처했다고 한다. 물론 종교계에서는 오래전부터 지구 종말론이 나돌았고 그때마다 적지 않은 사람들이 소란을 피웠다.

과거의 인류 멸망론은 대체로 하느님의 심판이나 자연재해를 그 주된 원인으로 꼽았다. 그러나 근래의 인류 멸망론은 대량 살상무기의 개발, 환경 파괴, 인구감소 등과 같은 인위적인 요인을 주된 원인으로 꼽고 있다. 어떻든 이제 인류가 공멸할지 존속할지의 여부는 거의 전적으로 인간의 손에 달려 있다고 해도 과언이 아니다.

미
주

1) 최재천 지음, 『인간과 동물』, 서울: 궁리출판사, 2007, 16장.

2) 신재식 지음, 『예수와 다윈의 동행』, 서울: 사이언스북스, 2013, 89쪽.

3) 데스먼드 모리스 지음, 김석희 옮김, 『털 없는 원숭이 The Naked Ape』, 서울: 정신세계사, 1991.

4) 리처드 도킨스 지음, 홍남식·이상일 옮김, 『이기적 유전자 The Selfish Gene』, 서울: 을유문화사, 2018.

5) 신재식 지음, 앞의 책, 34쪽.

6) 존 그리빈·메리 그리빈 지음, 권루시안 옮김, 『진화의 오리진 On the Origin of Evolution』, 서울: 진선출판사, 2021, 제2장.

7) 이 학자의 이름은 애덤 시지윅 Adam Sedgwick이다.
   다음 문헌 참조: 존 그리빈·메리 그리빈 지음, 권루시안 옮김, 앞의 책, 제5장.

8) 한스 베르너 인겐시프·하이케 바란츠케 지음, 김재철 옮김, 『동물철학 Das Tier』, 서울: 파라아카데미, 2021, 제2장 1절.

9) 에드워드 윌슨 지음, 이한음 옮김, 『인간의 본성에 관하여 On Human Nature』, 서울: 사이언스북스, 2000, 제7장.

10) 프란스 드 발 지음, 이충호 옮김, 『동물의 감정에 관한 생각 Mama's Last Hug』, 서울: 세종서적, 2019, 214쪽.

11) 크레이그 포스터·로스 프릴링크 지음, 이충호 옮김, 『바다의 숲 Sea Change』, 서울: 해나무, 2021, 297쪽.

12) 프란스 드 발 지음, 이충호 옮김, 『동물의 생각에 관한 생각 Are We Smart Enough to Know How Smart Animals are?』, 서울: 세종서적, 2017, 147~150쪽.

13) 프란스 드 발 지음, 이충호 옮김, 『동물의 생각에 관한 생각』, 118쪽.

14) 야콥 윅스킬 지음, 정지은 옮김, 『동물들의 세계와 인간의 세계 A Foray into the World of Animals and Humans』, 서울: 도서출판b, 2012, 제11장.

15) 니컬라 라이하니 지음, 김정아 옮김, 장기권 감수,『협력의 유전자The Social Instinct』, 서울: 한빛비즈, 2022, 15쪽, 142쪽.

16) 에드워드 윌슨 지음, 이한음 옮김, 앞의 책, 제7장.

17) 리사 펠드먼 배럿 지음, 변지영 옮김,『이토록 뜻밖의 뇌과학Seven and a Half Lesson about the Brain』, 서울: 더퀘스트, 2021, 제1장.

18) 전중환, "동양인의 뇌 vs 서양인의 뇌",『뇌로 통하다』, 경기도 파주시: 21세기북스, 2013, 150쪽.

19) 도정일·최재천 지음,『대담: 인문학과 자연과학이 만나다』, 서울: 휴머니스트출판그룹, 2015, 369~371쪽.

20) 프란스 드 발 지음, 이충호 옮김,『동물의 생각에 관한 생각』, 제6장.

21) 니컬라 라이하니 지음, 김정아 옮김, 장기권 감수, 앞의 책, 제7장.

22) 니컬라 라이하니 지음, 김정아 옮김, 장기권 감수, 앞의 책, 143쪽.

23) 최재천 지음, 앞의 책, 제8장.

24) 박찬구, "인간은 동물이다!?",「철학과 현실」117, 2018, 여름호.

25) 최인철 지음,『프레임』, 경기도 파주시: 21세기북스, 2007, 21쪽.

26) 이 둘 사이의 상관관계가 0.66으로 나타났다. 1에 가까울수록 상관관계가 높음을 의미한다.

27) 댄 애리얼리 지음, 장석훈 옮김,『상식 밖의 경제학The Predictably Irrational』, 서울: 청림출판사, 2008, 80쪽.

28) 댄 애리얼리 지음, 장석훈 옮김, 앞의 책, 115쪽.

29) 이런 효과를 '구축 효과crowd-out effect'라고 하는데, 티트머스Richard M. Titmuss가 The Gift Relationship이라는 책에서 주장했다. 구축 효과는 경제학자들이 이에 관심을 가지기 훨씬 이전에 '타락corruption 효과' 혹은 '보상의 숨은 비용hidden costs of reward'이라는 용어로 이미 심리학계에서는 널리 알려져 있었다.

30) 정확하게 말하면 평균금액이 아니라 중위수다. 이같이 사람들이 자신이 기진 물건에 높은 가치를 부여하는 현상을 '보유 효과' 혹은 '부존 효과'라고 부르기도 한다.

31) 허태균 지음,『가끔은 제정신』, 서울: 쌤앤파커스, 2012, 제1장.

32) 예를 들면 담배 한 개비당 우리나라 흡연자의 담배 연기 흡입 횟수는 20.4회로 국제 표준보다 1.6배, 1회 흡입량은 73.0밀리리터로 2.1배에 달했다. 그만큼 건강에는 더 나쁠 것이다.

다음 기사 참조: 『조선일보』, 2022년 2월 8일자.

33) 리처드 피터슨 지음, 조성숙 옮김, 『투자자의 뇌*Inside The Investor's Brain*』, 서울: 이상미디어, 2012, 15~16쪽.

34) 댄 애리얼리 지음, 장석훈 옮김, 앞의 책, 154쪽.

35) Maital, S. edited, *Recent Developments in Behavioral Economics*, U.K. Edward Elgar Publishing Co. 2007, chapter 4.

36) 심리학자들은 감정체계affective system를 시스템 1, 인식체계cognitive system를 시스템 2라고 부르기도 한다.

37) Maital, S. edited, 앞의 책, 4장.

38) 브라이언 페이건 지음, 김정은 옮김, 『위대한 공존*The Intimate Bond*』, 서울: 반니, 2016, 제2장.

39) 자세한 내용은 다음 문헌 참조: 브라이언 해어·버네사 우즈 지음, 김한영 옮김, 『개는 천재다*The Genius of Dogs*』, 경기도 파주시: 디플롯, 2022, 제11장.

40) 브라이언 해어·버네사 우즈 지음, 김한영 옮김, 앞의 책, 제11장.

41) 재러드 다이아몬드 지음, 김진준 옮김, 『총, 균, 쇠*Guns, Germs, and Steel*』, 경기도 파주시: 문학사상, 1998, 제9장.

42) 물론 이 13종의 야생 조상이 모두 유라시아 전역에 존재했던 것은 아니다. 13종이 모두 있었던 지역은 한 군데도 없고, 어떤 야생 조상은 매우 국지적이었다. 가령 야크는 티베트와 인근 고지대에서만 야생 상태로 분포했다.

43) 일단 평균 45킬로그램이 넘는 초식성 또는 잡식성 육서 포유류를 모두 '가축화 후보 종'이라고 하자. 후보 종의 수는 유라시아에 가장 많아서 자그마치 72종이나 된다. 사하라 이남 아프리카에는 51종, 남아메리카에는 24종, 오스트레일리아에는 단 1종뿐이다.

44) 재러드 다이아몬드 지음, 김진준 옮김, 앞의 책, 제8장.

45) 『한겨레』, 2021년 6월 15일자.

46) 재러드 다이아몬드 지음, 김진준 옮김, 앞의 책, 242~252쪽.

47) 데스먼드 모리스 지음, 김석희 옮김, 앞의 책, 28쪽.

48) 에드워드 윌슨 지음, 이한음 옮김, 앞의 책, 제5장.

49) 존 모리얼·타마라 손 지음, 이종훈 옮김, 『신자들도 모르는 종교에 관한 50가지 오해*50 Great Myths About Religions*』, 서울: 한겨레출판사, 2015, 63쪽.

50) 스텐저 지음, 김미선 옮김, 『신 없는 우주*God The Failed Hypothesis*』, 서울:

바다출판사, 2013, 307쪽.

51) 시카고 대학교 교수이자 목사인 마티Martin Marty가 한 말이다.
다음 문헌 참조: 존 모리얼·타마라 손 지음, 이종훈 옮김, 앞의 책, 65쪽.

52) 이 정치가는 밀로세비치다. 다음 문헌 참조: 라이프사이언스 지음, 노경아
옮김, 『지도로 읽는다圖解「宗教地圖」で面白いほど世界がわかる』, 서울:
이다미디어, 2016, 175쪽.

53) CITES는 Convention on International Trade in Endangered Species of Wild Flora
and Fauna의 약어다.

54) 브라이언 페이건 지음, 김정은 옮김, 앞의 책, 336쪽.

55) 『경향신문』, 2021년 9월 5일자.

56) 이른바 '3R 원칙'인데, 동물보호법 제23조는 동물실험을 할 때 실험이
덜 고통스럽도록 개선Refinement하고, 실험에 사용되는 동물 수를
점차 감소Reduction시키며, 궁극적으로는 동물실험을 다른 실험으로
대체Replacement해야 한다고 명시하고 있다. 『경향신문』, 2021년 12월 2일자.

57) 브라이언 페이건 지음, 김정은 옮김, 앞의 책, 336쪽.

58) 『한겨레』, 2020년 3월 17일자.

59) 『국민일보』, 2021년 9월 24일자.

60) KBS 뉴스, 2019년 9월 8일자.

61) 김혜선·박지선 지음, "동물학대의 재범방지 및 처벌강화 인식에 대한 연구",
「교정연구」, 한국교정학회, 2018.

62) 니컬라 라이하니 지음, 김정아 옮김, 앞의 책, 제18장.

인간 같은 동물, 동물 같은 인간
동물과 인간에 대한 편견을 넘어서

2023년 2월 3일 초판 1쇄 발행

지은이 | 이정전
펴낸곳 | 여문책
펴낸이 | 소은주
등록 | 제406-251002014000042호
주소 | (10911) 경기도 파주시 운정역길 116-3, 101-401호
전화 | (070) 8808-0750
팩스 | (031) 946-0750
전자우편 | yeomoonchaek@gmail.com
페이스북 | www.facebook.com/yeomoonchaek

ⓒ 이정전, 2023

ISBN 979-11-87700-47-0 (03300)

여문책은 잘 익은 가을벼처럼 속이 알찬 책을 만듭니다.